A LIBRARY OF
DOCTORAL
DISSERTATIONS
IN SOCIAL SCIENCES IN CHINA

中国
社会科学
博士论文
文库

社会福利转型下的福利多元建构：
西部农村留守儿童的实证研究

Construct Welfare Mix System under the Transition of Social Welfare:

Empirical Investigation of Left-behind Children in Western Rural Area of China

万国威　著

导师　彭华民

中国社会科学出版社

图书在版编目（CIP）数据

社会福利转型下的福利多元建构：西部农村留守儿童的实证研究／万国威著 . —北京：中国社会科学出版社，2016.4
（中国社会科学博士论文文库）
ISBN 978-7-5161-7780-8

Ⅰ.①社… Ⅱ.①万… Ⅲ.①农村—少年儿童—社会救济—福利制度—研究—宜宾市 Ⅳ.①D632.1

中国版本图书馆 CIP 数据核字（2016）第 051445 号

出 版 人	赵剑英	
责任编辑	王　琪	
责任校对	王福仓	
责任印制	王　超	

出　　　版	中国社会科学出版社	
社　　　址	北京鼓楼西大街甲 158 号	
邮　　　编	100720	
网　　　址	http://www.csspw.cn	
发 行 部	010-84083685	
门 市 部	010-84029450	
经　　　销	新华书店及其他书店	

印　　　刷	北京君升印刷有限公司	
装　　　订	廊坊市广阳区广增装订厂	
版　　　次	2016 年 4 月第 1 版	
印　　　次	2016 年 4 月第 1 次印刷	

开　　　本	710×1000　1/16	
印　　　张	18.25	
插　　　页	2	
字　　　数	289 千字	
定　　　价	68.00 元	

总　序

　　在胡绳同志倡导和主持下，中国社会科学院组成编委会，从全国每年毕业并通过答辩的社会科学博士论文中遴选优秀者纳入《中国社会科学博士论文文库》，由中国社会科学出版社正式出版，这项工作已持续了12年。这12年所出版的论文，代表了这一时期中国社会科学各学科博士学位论文水平，较好地实现了本文库编辑出版的初衷。

　　编辑出版博士文库，既是培养社会科学各学科学术带头人的有效举措，又是一种重要的文化积累，很有意义。在到中国社会科学院之前，我就曾饶有兴趣地看过文库中的部分论文，到社科院以后，也一直关注和支持文库的出版。新旧世纪之交，原编委会主任胡绳同志仙逝，社科院希望我主持文库编委会的工作，我同意了。社会科学博士都是青年社会科学研究人员，青年是国家的未来，青年社科学者是我们社会科学的未来，我们有责任支持他们更快地成长。

　　每一个时代总有属于它们自己的问题，"问题就是时代的声音"（马克思语）。坚持理论联系实际，注意研究带全局性的战略问题，是我们党的优良传统。我希望包括博士在内的青年社会科学工作者继承和发扬这一优良传统，密切关注、深入研究21世纪初中国面临的重大时代问题。离开了时代性，脱离了社会潮流，社会科学研究的价值就要受到影响。我是鼓励青年人成名成家的，这是党的需要、国家的需要、人民的需要。但问题在于，什么是名呢？名，就是他的价值得到了社会的承认。如果没有得到社会、人民的承认，他的价值又表现在哪里呢？所以说，价值就在于对社会重大问题的回答和解决。一旦回答了时代性的重大问题，就必然会对社会产生巨大而深刻的影响，你也因此而实现了自己的价值。在这方面年轻的博士有很大的优势：精力旺盛，思维敏捷，勤于学习，勇于创新。但青年学者要多向老一辈学者学习，博士尤其要很好地向导师学习，在导师的指导下，发挥自己的优势，研究重大问题，就有可能出好的成果，实现自己的价值。过去12年入选文库的论文，也说明了这一点。

什么是当前时代的重大问题呢？纵观当今世界，无外乎两种社会制度，一种是资本主义制度，一种是社会主义制度。所有的世界观问题、政治问题、理论问题都离不开对这两大制度的基本看法。对于社会主义，马克思主义者和资本主义世界的学者都有很多的研究和论述；对于资本主义，马克思主义者和资本主义世界的学者也有过很多研究和论述。面对这些众说纷纭的思潮和学说，我们应该如何认识？从基本倾向看，资本主义国家的学者、政治家论证的是资本主义的合理性和长期存在的"必然性"；中国的马克思主义者，中国的社会科学工作者，当然要向世界、向社会讲清楚，中国坚持走自己的路一定能实现现代化，中华民族一定能通过社会主义来实现全面的振兴。中国的问题只能由中国人用自己的理论来解决，让外国人来解决中国的问题，是行不通的。也许有的同志会说，马克思主义也是外来的。但是，要知道，马克思主义只是在中国化了以后才解决中国的问题的。如果没有马克思主义的普遍原理与中国革命和建设的实际相结合而形成的毛泽东思想、邓小平理论，马克思主义同样不能解决中国的问题。教条主义是不行的，东教条不行，西教条也不行，什么教条都不行。把学问、理论当教条，本身就是反科学的。

在21世纪，人类所面对的最重大的问题仍然是两大制度问题：这两大制度的前途、命运如何？资本主义会如何变化？社会主义怎么发展？中国特色的社会主义怎么发展？中国学者无论是研究资本主义，还是研究社会主义，最终总是要落脚到解决中国的现实与未来问题。我看中国的未来就是如何保持长期的稳定和发展。只要能长期稳定，就能长期发展；只要能长期发展，中国的社会主义现代化就能实现。

什么是21世纪的重大理论问题？我看还是马克思主义的发展问

题。我们的理论是为中国的发展服务的，绝不是相反。解决中国问题的关键，取决于我们能否更好地坚持和发展马克思主义，特别是发展马克思主义。不能发展马克思主义也就不能坚持马克思主义。一切不发展的、僵化的东西都是坚持不住的，也不可能坚持住。坚持马克思主义，就是要随着实践，随着社会、经济各方面的发展，不断地发展马克思主义。马克思主义没有穷尽真理，也没有包揽一切答案。它所提供给我们的，更多的是认识世界、改造世界的世界观、方法论、价值观，是立场，是方法。我们必须学会运用科学的世界观来认识社会的发展，在实践中不断地丰富和发展马克思主义，只有发展马克思主义才能真正坚持马克思主义。我们年轻的社会科学博士们要以坚持和发展马克思主义为己任，在这方面多出精品力作。我们将优先出版这种成果。

2001 年 8 月 8 日于北戴河

摘　要

　　伴随着城镇化的大踏步推进，我国数以亿计的农民进入到城市中，成为数量庞大的外来务工人群。他们在为城市发展做出重大贡献的同时，也在默默地承担着本来不应该由他们承担的很多代价，其子女的抚育问题就是其中重要的一个。由于户籍制度的严格限制和隐含在户籍背后的福利排斥，使我国数千万儿童被父母留在了家乡，他们在生活、健康、教育等方面面临着新的社会风险。对于这些留守儿童所遭遇的问题予以研究，不但有利于推动我国社会福利制度的有序发展，而且对优化我国未来城镇化的发展道路具有重要的意义。

　　留守儿童问题的研究自 2005 年以来呈现出了井喷式的发展，这些研究都围绕留守儿童进行了细致的讨论，并为实践领域出台相应的保护政策提供了学理指导。但是，目前的研究也在研究对象、研究视角和研究方法上出现了一定的纰漏，因此无法从社会福利转型的背景下去观察留守儿童的福利建构问题，亟须在学理上进行优化。本书正是从上述问题出发，采取福利多元主义作为核心理论，采取广义社会福利作为观察视角，通过定量和定性相结合的实证调研方式来对留守儿童的福利供应问题展开细致的剖析。本书紧紧围绕留守儿童的福利获取状况及福利供应状况进行针对性的分析，希望通过对福利结构的讨论来研究留守儿童福利的基本状况。

　　基于四川省宜宾市兴文县的实证调查，本书具有三个基本的发现：（1）留守儿童在遭受市民化福利排斥之后又经历了居民化福利排斥。研究结果显示，儿童群体间在福利获取上的整体差距已经显现，留守儿童在福利获取上显著落后于农村普通儿童，且双亲外出务工的留守儿童比单亲外出务工的留守儿童具有更为有限的福利获取，可见留守因素对儿童福利获取所显示出来的负面效应较为明显。同时，留守儿童与普通儿童在福利获取上形成了一定的结构性差异，前者在资金与保护性服务方面所具有的弱势地位较为有限，在照顾性服务方面所具有的弱势地位则异常明显，且在基本生活福利、健康福利和教育福利等方面均有广泛反映，体现出照顾性服务是当前留守儿童福利获取的核心症结。（2）留守儿童多元福利共担机制嬗变为了家庭福利互济。统计结果反映出，留守儿童的福利衰减主要集中在外出家庭的福利供应领域，留守家庭的福利替代则较为明显，国家、社区和志愿组织未能出现积极的福利替代，因此留守儿童的福利责任转移实际上嬗变成了家庭内部之间的责任调整，外出家庭主要负责资金供应，留守家庭主要负责服务供应，留守儿童的福利服务呈现出了祖孙抱团取暖的"空巢化"现象。同时，国家、社区和志愿组织的福利供应往往依据农村家庭的社会资本来分配，留守家庭反而比非留守家庭更难获得福利提供，因而造成留守儿童在遭受到城乡户籍制度市民化福利排斥的同时也进一步受到了社会资本为基础的居民化福利排斥。（3）留守儿童的福利提供问题本质上是儿童福利转型的问题。留守儿童福利提供的表面缺陷在于家庭福利提供的责任转移不畅，但是其深层次的诱因在于以家庭为主体的福利供应体系难以应对巨大的转型风险。换言之，留守儿童的福利供应问题不是一个简单的家庭责任转移问题，而是福利供应中多元主体的责任分担问题，其本质上反映出我国福利多元主体在福利责任的分配上存在严重的不均衡，并充分体现出了我国补缺型儿童福利制度的脆弱性和普惠型儿童福利制度建构的必要性。

基于以上结论，研究建议主要有三个：（1）逐步平衡城市和农村之间的福利供应差异。当前以身份户籍作为基本福利获取前提的政策对于农村人口具有显著的反向剥夺，对于留守儿童的健康成长具有较强的制约，因而未来应当逐步放宽或者取消因身份户籍而形成的福利差异，逐步平衡城市与农村地区的福利供应，并最终形成互联互通、和谐有序的城乡福利供应网络。（2）形成家庭支持型的社会政策。目前以家庭为主体的福利供应体系已经难以应对人员流动造成的社会风险，福利多元主体在福利供应中的责任失衡进一步加大了家庭所承载的福利压力，未来应当逐步强化国家为支撑、社区为基础、志愿组织为辅助的家庭支持型政策，在福利资金与福利服务方面给予农村家庭更大的支持。（3）加快实现儿童福利制度的转型。我国补缺型儿童福利制度自创建以来虽然发挥了巨大的时代功效，但是随着经济社会的发展已经越来越难以满足民众的现实需要，未来应当逐步加快儿童福利制度从"补缺型"向"普惠型"的转型，加速"院内福利"向"院外福利"的转型速度，强化国家在儿童养育过程中的福利责任回归，确保在儿童福利提供过程中具有更为广泛与充裕的国家保障。

关键词：儿童福利，留守儿童，福利多元主义，社会福利，西部农村地区

Abstract

With the great heap in China's urbanization, hundreds of millions of peasants went into cities and form a huge number of migrant population in China. They make a significant contribution to the development of the cities, however they have to face a lot of social problems. The issue of left–behind children seems to be the most important one. Because of urban–rural separate registration system and different benefits beyond it, tens of millions children have been left by their parents in their hometown, and their basic living, health, education and other aspects have to encounter with some new risks. Therefore, finishing some researches on this issue of left–behind children can be not only to promote the development of China's social welfare system, but also have great significance to optimize the path of China's future urbanization.

Researches on left – behind children have shown a sharp increase since 2005, all these researches have finished some analysis on left–behind children's issues and contributed to our policies in practice. However, current researches also encountered with some important problems in research framework, research perspective and research methods, so these researches can not focus on social welfare transformation behind the obvious problems from the regime of welfare mix theory. Based on these problems, this study want to make welfare pluralism as the core theory, take the social welfare as the viewing angle, and carry out a detailed analysis on left–behind children's welfare supplying system with a combination of quantitative and qualitative empirical research methods.

Based on the empirical investigation in Xingwen County of Sichuan Province, the study has three basic findings: (1) Left–behind children's welfare receiving process meets with not only citizenship exclusive but also residential exclusive. My research finds that the overall welfare receiving gap among different groups has really appeared, with left-behind children's welfare lagging significantly behind that of normal children in rural area and double-parents left-behind children felling obviously behind that of single-parent left-behind group, which seems to be a visible negative effect in welfare receiveing of parent-child separation. At the same time, the structural difference between left-behind children and normal children can be also observed in the area of compassionate welfare services, whileas the variance in the aspect of welfare funds and protective welfare sevices is limited, therefore compassionate welfare services should be confined to be the core problem of left-behind children's welfare receiving. (2) Welfare mix system transfores to be familly-supported system. Statistical results reflect that the welfare attenuation of left-behind children is mainly oriented from their migranting families, whileas their stay-in-home families show an obvious increase in left-behind children's welfare providing process, but nation, community and voluntary organizations fails to appear positive alternative. Based on these, left-behind children's welfare supplying system has transfered to be the responsibility of their families, with migranting members being mainly responsible for funding and stay-in-home members mainly for serving, and the provision of left-behind children's welfare services have also gradually become a grandparent-grandson "empty nest" model. Meanwhile, the resources' distribution of our nation, community and voluntary organizations relying on social capitals of rural families makes left-behind children's families more difficult to get their enough welfare funds or welfare services compared with their conterparts, therefore it forms an obvious "residential exclusion" in China's rual society after the traditional "citizenship exclusion" based on household registration. (3) The welfare providing problem of left-behind children is essentially the transformation problem of children's welfare system. Although the imbalance of famillies' responsibility seems to be the scapegoat seen from the outside, the real reason under the imbalance is the family-oriented welfare providing network can not cope with current social risks. In another word, the problem of left-behind children's welfare is not a simple welfare reductions but a structural adjustment in welfare mix, it can obviously reflect the imbalance of subjects' responsibility in a welfare mix system, and behind this problem we can find the vulnerability of residual social welfare system and necessary of universal social welfare.

Due to above conclusions, this study gives us three suggestions: (1) Gradully balancing the unban and rural welfare system. Current household registion policies taking serious harm to rural population has a strong restriction to the welfare receiving progress of left-behind children, so in the future we should gradually relax or concel houshold registion-oriented welfare variation, balance unban-rural welfare differences and form a open and harmonious welfare supplying network. (2) Gradually establishing a family-support social policy. Nowadays family-orentied welfare system has not already stand up with higher migranting risks, the imbalance of the responsibility of welfare mix in welfare supplying process has also strengthen the pressure of familly, thus we should gradually finish a family supporting network, which being a nation-gurantied, communities-fundamental, voluntary organizations- assitant system, and provide more supports to rual populations in the aspect of welfare funds and welfare services. (3) Gradually accelerating the transformation of China's child policy. Although residual social welfare system has played a huge effect after its foundation, it seems to become more and more invalid with the development of economic and society. Therefore, we should gradually accelerate the transformation from residual social welfare to universal model, speed up the transformation from inside welfare house system to outside welfare house system, strengthen the responsibility return in the constructive process of child policy, and ensure the extensive and abundant nation guranty for all the children.

Key Words: Children's Welfare, Left - behind Children, Welfare Mix, Social Welfare, Western Rural Area

目　录

CONTENTS

图表目录

List of Graphs

第一章

导　论

改革开放以来，伴随着经济水平的持续提升，我国出现了大量跨区域和跨城乡的外来务工者。这些外来务工人员在为我国经济做出巨大贡献的同时，也承担着与其所得并不相称的社会代价和社会风险，其子女的抚育问题就是其中最为重要的一个。由于户籍制度和地方利益格局等原因的限制，我国有数千万的留守儿童被其父母留在了家乡，该人群在生活、健康、教育等方面可能存在着巨大的风险，并已经逐步成为经济转型过程中最重要的利益受损者之一，亟须我们在制度上予以关注。

本章节详细介绍了留守儿童问题产生的背景、研究的问题与对象、研究的目的和意义。其中，在研究背景方面，主要介绍当前城镇化及社会福利制度与留守儿童之间的关系，希望通过背景的梳理将留守儿童的有关分析纳入到制度转型的分析框架中；在研究问题与对象方面，本书主要在回顾现实转型要求的基础上提出了四个针对性的议题，并将福利接受者和福利供应者作为分析对象；而在研究目的与意义的介绍中，本章节试图对研究的基本目的和主要意义进行梳理，以厘清本书的实际价值和研究取向。

第一节　研究背景

一　城镇化及户籍制度

"留守儿童"可以被界定为"父母双方或一方外出务工的、18岁以下的、未能随父母外出的儿童"。该人群形成的表面原因在于劳动人口的流动，而其深层次原因是地区与城乡发展不均衡带来的收入差距。从世界范围来看，以寻求经济收入为动因的大规模人口迁移使儿童的"留守"问题成为发展中国家面临的普遍问题：其中，斯里兰卡约有 100 万留守儿童，菲律宾的留守儿童数量在 880 万到 900 万之间，摩尔多瓦的留守儿童比例约为 31%，墨西哥的留守儿童比例达到了 13%。① 我国留守儿童约占儿童总数目的 20%，并广泛分布在河南、四川、湖北、重庆、湖南、陕西等中西部省份的农村地区。

就我国而言，留守儿童问题虽然基于地区与城乡发展的不均衡而产生，但是却在我国相对严格的户籍制度之下被进一步严重化。具体来讲，我国流动人口的转移不但体现出了较为明显的跨区域劳动力转移特征，而且也表现出农村人口向城镇的转移。一方面，我国东西部区域在吸纳就业能力上的差距是比较明显的，东部地区吸纳了我国 67.6% 的外来务工者，中部地区吸纳的人口下降到了 16.9%，而西部地区仅仅吸纳了 15.5% 的外来务工者②，因而我国城镇化劳动力转移往往伴随着一定的跨区域转移特征；另一方面，随着我国城镇化的快速推进和城乡收入的拉大，我国农村劳动力正在快速地参与到城市建设中，形成了劳动力从农村走向城市的格局，进而使我国的人口流动出现了区域流动与城乡流动相结合的局面。这些外来务工人员在将劳动力带到了东部城市的同时，却由于城乡户籍制度及地方利益格局等原因在诸多方面受到了巨大的排斥。以社会保障制度、城乡差别就业制度和户籍制度为主要内容的城乡二元分割制度使大量进城的农民工无法转化成真正的城市居民。③

我国城乡二元经济社会结构是历史的产物，也是计划经济体制下经济发展模式的产物，其在工业化原始积累初期曾经具有积极的作用。④ 但是随着经济社会的发展，这种基于户籍制度而形成的制度二元性却越来越呈现出了其负面的效应。目前，由于城乡二元制度的限制，外来务工人员的子女在获取平等教育权、医疗卫生权上面临严格的壁垒，因此很多外来务工人员被迫将其子女放置于户籍所在地，成为规模庞大的特定儿童群体，这部分群体目前就是在学术界中被广泛予以讨论的"留守儿童"。尽管我

① 潘璐、叶敬忠：《农村留守儿童研究综述》，《中国农业大学学报》2009 年第 2 期。

② 发改委城市与小城镇改革发展中心课题组：《我国城镇化的现状、阻碍与推进策略（上）》，《中国党政干部论坛》2010 年第 1 期。

③ 张秀兰：《改革开放 30 年：在应急中建立的中国社会保障制度》，《北京师范大学学报》2009 年第 2 期。

④ 青连斌：《我国新农村建设的难点重点》，《科学社会主义》2006 年第 1 期。

国形成留守儿童的原因和国外具有一定的一致性，但是这种亲子分离现象仍然在很大程度上带有典型的中国特色，因此我国留守儿童的形成不但有经济社会发展不均衡的原因，也带有强烈的制度性排斥特征。

自 2005 年以来，我国留守儿童的研究出现了迅猛的增长，这些研究对于留守儿童的相关问题进行了深入细致的分析，为社会还原了一个相对真实的留守儿童现状。其中，很多研究都发现留守儿童已经在诸多方面遭遇到了较为明显的困难。例如，叶敬忠等人基于留守儿童生活现状的研究发现父母外出务工对儿童的劳动负担存在着负面影响；[①] 陈丽等人有关留守儿童生长发育与营养状况的研究发现留守儿童存在着发育迟缓的问题；[②] 汪明等人有关留守儿童教育保护体系的研究也发现该人群在身心健康、人身安全、行为习惯等方面均出现了令人担忧的情况。[③] 这些研究都从不同的侧面发现目前留守儿童在生活照顾、医疗健康、基础教育等方面均存在着比普通儿童更为负面的处境，并共同呼吁政府与社会给予留守儿童的健康发展更多的关注。

相较留守儿童所表现出来的现实问题，其背后所隐含的深层次制度诱因可能更需要引起我们的注意。具体而言，留守儿童现实问题只是留守儿童面临严峻制度问题的一个表征和缩影，其背后实际上体现出了我国外来务工人员及其家庭面临的制度困境。改革开放 30 多年来，我国城镇化的制度安排虽然经历了从限制农民进城到允许农民进城再到鼓励农民进城的变迁过程，但是由于我国固有的城乡户籍制度并未打破，因而外来务工人员在城镇化的过程中依然面临着可以做出贡献但不可以享受平等福利的怪象，其城镇化进程表现出了强烈的权利与义务的不对等。同时，由于传统的城乡二元结构所赋予的福利供应存在明显差距，我国城市和农村在社会福利供应上也面临着巨大的鸿沟，城市市民自计划经济体制开始就可以享受比农村民众更为优良的养老、医疗、教育、就业等资源，并在制度上形成了相对于农村地区的福利优势。在此基础上，外来务工人员的子女在教

---

① 叶敬忠、王伊欢、张克云等：《父母外出务工对留守儿童生活的影响》，《中国农村经济》2006 年第 1 期。

② 陈丽、王晓华、屈志勇：《流动儿童与留守儿童的生长发育与营养状况分析》，《中国特殊教育》2010 年第 8 期。

③ 汪明、罗汉书：《构建农村留守儿童教育保护体系》，《国家教育行政学院学报》2007 年第 6 期。

育、医疗等核心问题上面临着来自城市的排斥，他们不得不以更加昂贵的费用享受更为低劣的福利，甚至不能够享受某些特定的福利，因而大多数儿童不得不留在原籍。基于此，研究认为，留守儿童出现现实问题的背后真实地反映出了我国社会制度中隐性的城乡二元结构问题。

二 社会福利制度的现状与转型

城镇化过程中城乡二元结构问题只是从一个侧面反映出了我国社会制度所具有的本质缺陷，而社会福利制度的补缺性特征则构成了我国留守儿童问题之下的另一个深层次制度因素。"与世界一些发达国家普惠型的社会福利不同，长期以来我国社会福利是通过举办社会福利机构，为无劳动能力、无法定抚养人、无生活来源的老年人、残疾人和未成年人等三无对象提供基本的生活保障和服务保障，是一种补缺型的社会福利。"[1] 因此，综观我国的社会福利制度，可以发现当前我国仍然坚持了以狭义概念为主要表现、以补缺型制度为主要实质的社会福利，因而我国的社会福利制度在福利政策、福利机构、福利服务等诸多方面都与西方社会普遍实行的普惠型儿童福利制度具有非常大的差异。在此基础上，我国社会福利制度不但具有明确的城乡二元性，而且在福利供应的过程中呈现出了较小的覆盖面，进而使一些未在覆盖范围的人群面临着新的风险。

从理论上看，福利是指帮助人们满足社会、经济、教育和医疗需要的项目、待遇或服务制度。按照福利多元主义的理解，福利的供应主体应当包括国家、市场、家庭、社区和志愿组织，其中国家提供的福利被一些学者称为"社会福利"（social welfare）[2]。但是，由于我国社会福利制度长期被界定为与社会保险制度、社会救助制度、军人保障制度、慈善制度相并列的一种针对特定人群的制度，所以我国在概念上一般坚持狭义的社会福利概念。这种概念在形成之时就将国家的责任放置在了辅助性的角色上，且在实践中不以公民权利作为出发点来构建整体的福利供应体系，因

---

① 窦玉沛：《中国社会福利的改革与发展》，《社会保障研究》2006 年第 5 期。

② 对此问题学术界也有不同声音，景天魁在《从小福利迈向大福利：中国特色福利制度的新阶段》一文中明确表示，将"社会福利"等同于"国家福利"是有一定局限性的。但是本书认为将"社会福利"与"国家福利"等同的界定更为科学，因为"福利"和"社会福利"具有范围上的包含关系，使用国家福利与社会福利的等同概念有助于对福利多元主体的作用进行有效的界定。

而这种福利设计方式往往带有比较明显的补缺性和选择性相结合的混合型福利特征。①

在这种制度设计思维下，目前我国的儿童福利制度在界定上仍然被视为民政福利的一个组成部分，且在民政福利的管理权限中也未将留守儿童为代表的困境儿童纳入服务框架之内，从而使西方视域下的广义儿童福利嬗变成了多部门共同领导下的儿童权益保护体系或者儿童关爱行动体系。虽然从广义福利的界定来看，我国目前的儿童福利制度中也有义务教育制度等相对普惠的政策，但是在这种制度设计下，卫生部所负责的儿童免疫制度、新农合制度，教育部所负责的营养餐计划、义务教育制度，民政部所负责的社会救助制度、教育救助制度、大病救助制度等政策都被剥离出了社会福利制度的整体框架，使社会福利制度事实上形成了一种仅仅涵盖孤残儿童等失依人群的资金保障和服务保障政策。更为严重的是，我国长期以来基于户籍制度而形成的福利制度将城市和农村地区的福利供应完全撕裂，从而使诸多农村儿童无法享受到与城市儿童一样的福利保障。因而，这种制度设计在根本上体现出我国还是坚持了既有的补缺型福利发展思维，在社会福利的设计上采取狭义的概念予以建设，为避免国家财政压力而最大限度地降低国家在儿童抚育方面的责任。从其实际效果来看，目前过于狭窄的社会福利制度及其背后体现的补缺型思维是以降低儿童所享受到的社会福利水平和增加家庭在福利供应体系中的负担为代价的，其福利供应思路已经成为制约儿童福利健康发展的障碍，并对留守儿童等困境儿童产生了诸多负面的影响。

可喜的是，随着国家综合实力的增强和福利多元主义思想的发展，我国公共组织作为重要的福利主体似乎在实践领域有了进一步回归的趋势，留守儿童等困境儿童开始被纳入未来社会福利制度的视域。从狭义的儿童福利制度来看，2006年民政部开启了从补缺型福利向适度普惠型福利的改革，民政福利的覆盖人群出现了一定程度的扩展，使民政福利的发展出现了改革的迹象；2010年我国儿童福利供应开始尝试着从"院内"走向"院外"，儿童福利服务也从单一的机构抚育变得更加多元化，开启了儿

---

① 严格来讲，我国社会福利制度应当界定为以补缺型和选择型为主、包含少量普惠型与制度型政策的混合型福利制度，而西方社会福利体系应当界定为以普惠型和制度型为主、包含少量补缺型与选择型政策的混合型福利制度，但是由于我国民政领域提出了"补缺型"向"适度普惠型"的转型，因此本书一般将其简称为补缺型福利制度和普惠型福利制度。

童福利的新纪元。而从广义儿童福利的界定来看，这种变化趋势也有所明晰：2003 年到 2012 年间卫生部有关儿童疾病筛查、儿童体检、儿童保健的计划先后实行，推动了我国儿童健康保护事业的发展；而在教育方面，我国先后于 2005 年和 2008 年免除了农村与城市地区的义务教育学杂费，并强化了对特殊困难儿童的经费资助力度，从而开启了义务教育的免费时代。可以说，这些政策的调整都说明我国当前的社会福利制度正在从福利建设思想和福利设计理念上出现一些新的调整，以往的以补缺型福利为主体的社会福利制度正在出现一些微妙的改变。

第二节　研究问题与研究对象

一　研究问题

儿童阶段是每一个人必经的历史阶段，也是人类漫长生命旅程中最为薄弱的环节之一，因此各个国家均将儿童工作视为重要的民生事务予以建设。尽管我国已经在近年来加大了对于社会保障制度的投入力度，并且在养老保险、医疗保险、社会救助等方面取得了长足的进步，然而囿于社会福利制度仍然具有重城乡二元身份而轻社会成员的公民权利、重社会成员的收入保障而轻弱势群体的服务提供、重特殊人群的需要满足而轻一般人群的需要满足、重经济发展而轻社会福利发展四个基本特征[①]，因此我国补缺型为主体的社会福利制度在近年来对于儿童福利的提升还存在一定的局限性。

如果将中国的社会福利改革放置在宏观改革框架中去观察，不难发现其本身遵循的路径体现出了一种福利责任的重新组合，正如熊跃根所言，"由于市场的逐步开放和企业作为独立经营者的重要性被日益确定，以物质分配为主要特征，前苏联式的单位制福利开始逐步淡出，家庭、市场、社会、国家正在形成新的利益结构关系"[②]。而福利多元主义理论恰恰为观察这种宏观背景下的福利组合框架提供了更大的平台。按照福利多元主义的理解，家庭、国家、社区、志愿组织等主体应当作为相互配合的福利主体来发挥作用，其福利供应应当在实践中形成相互平衡的福利框架。然

---

① 彭华民：《中国组合式普惠型社会福利制度的构建》，《学术月刊》2011 年第 10 期。
② 熊跃根：《转型经济国家中的"第三部门"发展：对中国现实的解释》，《社会学研究》2001 年第 1 期。

而，由于我国社会福利制度的补缺性特征明显，社区建设长期存在不足，志愿组织在中西部的发展比较缓慢，因此当前我国儿童福利供应体系是否能够起到保障留守儿童与普通儿童享受同等福利的作用，这种福利供应体系是否已经异化为以一种福利主体作为主要福利来源的体系，且这种福利供应体系是否遭受到了诸多现实风险等议题就非常值得加以研究。特别是对于具有完整家庭但是缺少父母关爱的留守儿童而言，我国当前的福利供应策略是否会造成其部分福利供应项目的缺失，家庭、国家、社区、志愿组织在儿童福利供应中发挥的作用如何，遇到了何种困境，福利供应体系的运转如何等议题都需要我们进行深入的思考。

因此，本书建立于此议题之上，希望以四川省兴文县的实证调查为例来研究以下三个基本问题：（1）留守儿童的福利获取现状是怎样的？留守儿童与普通儿童是否存在福利获取上的差异？其福利获取的差异主要存在于哪些方面？（2）留守儿童的福利供应主要是由谁提供？相比于普通儿童，留守儿童的福利供应出现了何种形式的责任替代？福利多元主体的福利责任转移受到哪些因素的影响？这种福利责任转移是否存在较大的风险？（3）未来留守儿童福利供应中应当如何建构恰当的合作关系？当前的儿童福利制度是否具有转型的必要性？如果需要转型，转型的主要方向应当是什么？本书希望通过对这三个问题的研究来实证性分析当前留守儿童福利获取和福利供应的基本状况，并试图透过相关问题的分析来探讨未来儿童福利制度的建构方向。

二　研究对象

本书的研究对象集中在留守儿童和福利多元主体上，具体分析可以划分为留守儿童的福利获取和福利多元主体的福利供应两个方面。其中，前者主要对留守儿童在生活福利、健康福利、教育福利上的基本状况进行深入分析，并明确留守儿童福利获取中的主要问题；后者主要讨论留守儿童受到福利多元主体的福利供应状况，分析福利多元主体的责任分担和现实困境。研究希望通过对作为福利接受者的留守儿童和福利供应者的福利多元主体的对比研究来探讨当前留守儿童福利供需的整体状况。

作为福利供应的接受者，留守儿童需要首先被纳入到本书的分析视域中。因此，本书将留守儿童的福利获取状况作为主要的研究要点，将留守儿童作为主要的研究对象进行详细的分析。在分析内容上，本书采取广义社会福利的概念界定，将福利提供内容和福利提供方式作为主要的研究指标；而在分析方法上，本书多采用留守儿童与普通儿童对比的方式开展研究，通过均值分析、聚类分析和回归分析的方式展开具体的讨论。本书试图通过相关的研究明确留守儿童福利获取的基本状况，比较留守儿童与普通儿童所存在的具体差异，明晰留守儿童福利获取在整体上是处于领先还是落后。

与留守儿童的福利获取状况相比较，福利多元主体的福利供应在设计上可能更为复杂。在留守儿童相关研究的基础上，本书根据福利多元主义的相关理论，将家庭、国家、社区和志愿组织作为主要的福利供应者，对它们的福利责任和现实困境进行了详细的挖掘。本书试图通过对四类福利供应主体的分析发现目前留守儿童福利供应的整体状况和基本过程，并希望通过这种分析来了解各个福利供应主体的责任和困境。从分析内容来看，本书同样利用广义社会福利的概念界定方式，采取福利提供内容与福利提供方式作为主要研究指标；在分析方法上也采取定量与定性资料相互佐证的形式开展研究。

第三节　研究目的与研究意义

一　研究目的

作为一项实证性的分析，本书在理论上的目的主要是检验相关理论，并根据相关理论在实践中的验证结果适时地深化既有的理论，在方法上的意义主要是检验量性结合的"三角矫正法"（Triangulation）的实用性。具体到相关理论，本书主要以福利多元主义理论作为核心理论，采取广义社会福利概念作为观察视角，并试图通过实证性的调研来深化对定量和定性相结合方法的理解。

首先，本书主要针对福利多元主义理论及其背后的研究框架开展相应的讨论。目前，有关留守儿童的相关研究比较多地关注留守儿童本身的行为习惯和心理健康，也有少量研究对于留守儿童的家庭进行了关注，但是对于其余主体和留守儿童之间关系的研究是非常罕见的。这种分析框架显然只能观察到留守儿童出现问题的结果，而不能细致地讨论目前留守儿童出现问题的过程。因此本书从福利多元主义理论出发，利用由理论衍生出来的分析框架对留守儿童的福利供应主体展开了系统的分析。本书希望通过实证性的分析来检验福利多元主义框架的可操作性，并反过来对该理论进行中国化的解读。

其次，本书主要针对广义的社会福利概念及其背后的社会福利构建思路进行讨论。从目前的研究来看，我国有关留守儿童的研究基本上是从心理学、教育学、社会学的角度出发加以开展的。这种分析的视角显然没有抓住留守儿童背后的深层次制度转型诱因，因而不能够从制度上对留守儿童存在的福利供应问题进行深刻解读。从理论上看，留守儿童问题未能大规模进入社会福利研究视域的主要原因在于我国传统上的狭义社会福利概念未能将留守儿童包含在研究体系内。与此不同，本书采取的分析视角建立于当前正在逐步发展的广义社会福利概念之上，这种视角主张将旨在改善留守儿童生活、健康、教育等方面的资金和服务供应均纳入分析框架，因而可以较好地观察到各个主体在留守儿童福利供应中的作用。

除了理论目的外，本书还希望通过针对四川省兴文县的实证调研来探讨西部留守儿童在福利供应中遭遇到的实际困难，并将这些实际问题反映给相应的机构。具体而言，本书的实践目的有：（1）了解西部留守儿童的福利状况，对留守儿童可能具有的福利供应问题予以挖掘。本书希望在对留守儿童与普通儿童的比较中发现其福利获取的不足，并明确地指出哪些福利可能存在较大的问题，以方便有关机构开展工作。（2）对留守儿童福利的责任转移进行观察，探讨当前家庭、国家、社区、志愿组织在留守儿童福利供应中的责任划分状况和未来的走向。（3）研究我国多元主体在福利供应中所存在的现实困境，分析目前留守儿童福利供应所面临的社会风险。本书希望通过探讨留守儿童福利供应主体当前是否遭遇到现实困境，了解这种困境与其福利供应模式之间是否存在关系，并在发掘留守儿童福利供应困境的基础上讨论未来儿童福利制度的转型意义。

二 研究意义

本书的理论意义在于探讨社会福利转型过程中留守儿童的福利安排，并通过剖析留守儿童的福利供应体系来深化对于福利多元主义理论、广义社会福利概念的理解。本书希望在理论上探讨当前儿童福利供应中所存在的风险，力图在考察儿童福利获取与供应的基本状况、运行过程和主要风险的基础上全面地评估和审视当前留守儿童福利供应所形成的福利多元框架。同时，本书希望通过观察留守儿童福利供应的状况来深化福利多元主义框架的中国化路径，管窥当前社会福利转型所具有的实际意义。

从实践上的意义来看，儿童福利制度的构建虽然逐步引起了学者们的关注，但是有关如何建构留守儿童福利供应体系的议题还缺乏系统的研究。更为重要的是，我国目前对于留守儿童福利供应的福利责任和既有困境均缺乏深入的了解，因而在社会政策的着力点上可能会出现一定的盲目性。根据以上问题，本书采用福利多元主义的研究框架对留守儿童的福利供应状况进行了系统的调查，希望能够通过对留守儿童福利供应的分析来对未来福利多元主体的角色进行进一步的定位，为推动下一阶段儿童福利制度的建设提供建议。基于此，本书的实践意义是在当前社会福利的转型阶段明确提出我国儿童福利制度的改革方略和建设思路，并为福利多元主义的政策架构提供智力支持。

第二章

文献回顾

　　作为一项儿童福利的有关研究，本书在本章节首先界定目前儿童福利的有关概念，分析当前世界主流儿童福利制度的构建理念，梳理我国社会福利制度和儿童福利制度的演进过程，在总结西方社会福利制度建构模式和我国儿童福利制度发展进程的基础上对前期研究有一个相对全面的文献综述。与以往的研究不同，本书采取广义概念来观察我国的儿童福利制度，而反对将其视为既有民政福利的一个组成部分。本书希望通过儿童福利的理论分析进一步明确中西方儿童福利制度框架的差异，发掘这种差异背后的理论原因，理清本书的分析视角和分析理路。

　　在此基础上，本书将进一步围绕着留守儿童和福利多元主义的相关研究展开系统的回顾。通过对留守儿童相关研究的梳理，本书发现目前学术界在分析对象、分析视角、分析方法上存在一定的纰漏，并在本章节对分析视角和分析对象的不足展开讨论。从分析视角来看，目前以补缺型社会福利为主体的思维模式仍然在学术界占据主流，而普惠型社会福利构建的思想虽然正在逐步被学者们深化，但是其在留守儿童研究中尚未得到实证性的检验，这也是为什么留守儿童的研究缺乏广义社会福利分析视角的原因。从研究对象来看，目前留守儿童的研究主要围绕着留守儿童本身及其家庭展开，而本书则透过福利多元主义的理论详细讨论家庭、国家、社区、志愿组织的福利多元框架。

第一节　儿童福利的相关研究

一　社会福利的概念界定与时代转型

1. 社会福利的概念界定

自西方"社会福利"概念引入中国以来，我国有关此概念就一直存在狭义和广义的争议，并在传统上以狭义概念为主。然而自 2006 年"适度普惠型"社会政策提出以来①，从狭义概念向广义概念的转型趋势无论在实践领域还是在学术领域都日益明显。所谓狭义社会福利，是指"专为弱者提供的带有福利性的社会服务与保障"②；而广义社会福利则专指"国家依法为公民提供的旨在保证一定生活水平和尽可能提高生活质量的资金、物品、机会和服务的制度"③。在实际运行中，狭义社会福利一般多采取以补缺型（residual social welfare）和选择型（selective social welfare）为主的混合福利设计，而广义社会福利则多为以普惠型（universal social welfare）和制度型（institutional social welfare）为主的混合福利设计。由于我国传统上将社会福利制度与社会救济制度、社会保险制度、社会优抚制度、邻里互助制度、慈善制度一并视作社会保障制度的一部分，因此我国官方意义上的社会福利基本坚持了狭义概念的界定方式。

从词汇来源来看，西方社会有关两个概念的理解同中国学术界相去甚远，其"社会保障"的概念往往要小于"社会福利"的概念，且两者的外延都随着时间的变化而有所扩展。美国 1935 年的《社会保障法》和英国 1942 年的《贝弗里奇报告》都将"社会保障"视为防止风险的现金补助或生活保障政策，其概念的界定往往以收入维持型的社会保险制度作为基础政策④⑤，而到了 1984 年国际劳工组织的《社会保障导言》之时这一概念则被扩展为"以收入维持为主、医疗照顾和家庭补贴为辅的组合型

---

① 窦玉沛：《中国社会福利的改革与发展》，《社会福利》2006 年第 10 期。

② 陈良谨：《社会保障教程》，知识出版社 1990 年版，第 1—21 页。

③ 彭华民：《中国组合式普惠型社会福利制度的构建》，《学术月刊》2011 年第 10 期。

④ Barber Robert, *The Social Work Dictionary 4th Edition*, Washington D. C. : NASW Press, 1999, pp. 20–27.

⑤ 贝弗利奇：《贝弗利奇报告——社会保险和相关服务》，中国劳动社会保障出版社 2004 年版，第 4 页。

公共政策"①，可见社会保障虽然始终坚持以收入维持为主，但是在发展历程中却出现了外延的嬗变。相比之下，国际范围内"社会福利"的概念外延长期以来均比"社会保障"更为宽泛。美国1950年社会保障署对"社会福利"的界定就包含了社会保险、社会救助和社会服务等内容②，而1999年《社会工作词典》则将其界定为"满足社会的、经济的、教育的和医疗需要的项目、待遇或服务"③，可见社会福利在外延扩大的同时始终将收入与服务的并行视为构建目标。

　　虽然中外学术界对社会福利内涵的界定不尽相同，但是目前坚持广义概念的学者们在其外延上的研究还是具有相当程度的趋同性。其中，中国发展研究基金会提出的"社会福利"包括教育保障、就业保障、基本生活保障、养老保障、健康保障、住房保障和其他保障④；景天魁提出的"社会福利"包括解决温饱的福利、基础教育的福利和公共卫生与医疗救助的福利⑤；周沛认为"社会福利"应当包括制度化的社会保障体系、专业的社会工作手法、多元化的社会服务、政府的公共福利体系，并将服务保障、精神保障、专业性服务纳入到福利体系之中⑥；彭华民主张"社会福利"在外延上应当包含社会保险政策、社会救助政策、医疗服务政策、教育政策、社会服务政策、就业政策和住房政策⑦；刘继同认为"社会福利"应当包含国家与社会提供的社会保障、福利服务、教育服务、住房服务、健康服务、就业服务⑧；崔凤认为"社会福利"应当包括基本生活保障制度、就业福利制度、安全福利制度、老年福利制度、健康福利制

---

① 国际劳动局：《展望21世纪：社会保障发展》，劳动人事出版社1988年版，第36页。

② Bureau of Public Assistance, *Social Welfare Administration in the United States of America*, Washington D. C. : Social Security Administration, 1950, pp. 3-19.

③ Barber Robert, *The Social Work Dictionary 4th Edition*, Washington D. C. : NASW Press, 1999, pp. 70-75.

④ 中国发展研究基金会：《中国发展报告2008/2009：构建全民共享的发展型社会福利体系》，中国发展出版社2009年版，第2—10页。

⑤ 景天魁：《底线公平：和谐社会的基础》，北京师范大学出版社2009年版，第1—7页。

⑥ 周沛：《论社会福利的体系构建》，《南京大学学报》2007年第6期。

⑦ 彭华民、宋祥秀：《嵌入社会框架的社会福利模式：理论与政策反思》，《社会》2006年第6期。

⑧ 刘继同：《国家与社会：社会福利体系性变迁规律与制度框架特征》，《社会科学研究》2006年第3期。

度、教育福利制度、住房福利制度、文化福利制度①；钱宁主张将物质保障、服务保障与精神保障共同纳入到社会福利框架体系中。②

　　由于"社会福利"在定义上具有狭义与广义之分，因此中国学术界有关"社会福利"和"社会保障"关系的认识也是纷繁复杂的。坚持狭义概念的学者在界定上一般将社会福利视为社会保障的一部分③，而广义概念的拥护者则多将社会保障视为部分的、基础的、物质的、简单的和现实的社会福利。④⑤ 当然，就算从广义概念的观点来看，学者们的观点也无法完全统一，并大致呈现出三种意见：（1）有限的广义社会福利。部分学者认为社会福利虽然不同于民政福利，但是其范围应当与当前社会保障的范围大体相当，如夏学銮就认为社会福利应当主要包括劳社部负责的社会保障与民政部负责的社会救助。⑥（2）国家提供的广义社会福利。部分学者虽然主张社会福利在范围上比社会保障大，但是特别强调社会福利的提供者应当为"国家"而非"多元主体"，如彭华民主张社会福利应当是国家提供的资金、物品、机会和服务，包含收入保障为主体的社会保障⑦；陈劲松也认为社会保障应当成为国家提供的社会福利体系的核心。⑧（3）多元主体的广义社会福利。还有部分国内外学者认为社会福利的供应主体应当是多元的，如梅志里（Midgley）认为社会福利应当包括非正式的社会福利制度（个人、家庭、社区）、正式的社会福利制度（慈善）和国家社会福利制度三类⑨，景天魁主张社会福利应当包括多元主体提供的社会救助、社会保险、公共福利和社会互助，并认为社会保障应当是社

---

　　① 崔凤、曾东：《"大福利"视角下的社会保障体系重构》，《中共青岛市委党校学报》2010 年第 2 期。

　　② 钱宁：《社会正义、公正权利与集体主义——论社会福利的政治与道德基础》，社会科学文献出版社 2007 年版，第 1—18 页。

　　③ 郑功成：《中国社会保障改革与未来发展》，《中国人民大学学报》2010 年第 5 期。

　　④ 刘继同：《社会福利与社会保障界定的"国际惯例"及其中国版涵义》，《学术界》2003年第 2 期。

　　⑤ 田北海：《社会福利概念辨析》，《学术界》2008 年第 2 期。

　　⑥ 夏学銮：《构建整合社会福利制度探讨》，《北京大学学报》2006 年第 3 期。

　　⑦ 彭华民：《中国组合式普惠型社会福利制度的建构》，《学术月刊》2011 年第 10 期。

　　⑧ 陈劲松：《转型时期我国社会福利体系的重构与社会认同的转型》，《中国人民大学学报》2009 年第 2 期。

　　⑨ James Midgley, *Social Welfare in Global Content*, London：Sage, 1997, pp. 2–7.

会福利的一部分。① 当然，由于后两种理论都主张福利多元主义且构成了广义概念的主流，因此广义概念在制度设计过程中也并无本质意义上的差异。

本书认为，狭义社会福利的视角虽然较好地适应了 20 世纪 80 年代以来我国改革开放初期的基本国情，但是随着社会转型的要求不断加深和我国整体经济水平的不断提升，基于劳动关系而形成的、以社会保险制度为核心的社会保障制度难以满足民众对于未来福利提供的基本诉求，因此需要构建"底线公平"② 和"需要为本"③ 为基础的广义社会福利框架。由于本书坚持采取广义概念来对"福利"与"社会福利"进行分析，因此认为福利应当被界定为"帮助人们满足生活、教育和健康需要的资金或服务制度"，而社会福利则应当被界定为"国家为增进民众生活水平、发展能力和参与机会而提供的资金保障或服务供应"；同时，社会福利与市场福利、社区福利、家庭福利、志愿组织福利一起构成福利的总和，其福利供应内容应当主要包含生活福利、健康福利、教育福利三个方面，福利供应的方式应当为福利资金和福利服务。

2. 社会福利的时代转型

社会福利制度在实践上的转型并不是从一个概念向另一个概念的转型，也不是一种执政风格向另一种执政风格的转变，而是基于价值理念、政策走向、管理方法、资金服务、官民关系的全面转型。由于广义社会福利在概念上既包含资金保障也包括服务保障，国家在福利供应中的责任具有主动性，且覆盖人群是依据公民资格而设计的，因而社会福利从狭义概念走向广义概念不仅仅是概念上的变化，而是在实质上体现出了一种深刻而全面的福利思想的转型。换言之，社会福利在概念上的争议绝不是单纯词汇上的争议，还蕴含着内涵的变化、发展思路的变化和福利观念的变化。

社会福利实践转型的深层原因在于原有制度不能够适应新时代的民众需要和经济发展需要，因而必须通过一整套范式的转换来实现社会政策的重大调整。我国狭义社会福利向广义社会福利的转型本质上是社会福利制

---

① 景天魁、毕天云：《从小福利迈向大福利：中国特色福利制度的新阶段》，《理论前沿》2008 年第 11 期。

② 景天魁：《底线公平与社会保障的柔性调节》，《社会学研究》2006 年第 6 期。

③ 彭华民：《论需要为本的社会福利转型的目标定位》，《南开学报》2010 年第 4 期。

度从以补缺型为主向以普惠型为主的转移，只是囿于我国相对有限的经济基础和官方稳妥渐进的改革策略，而在之前添加"适度"二字。从学理上看，补缺型社会福利（residual social welfare）应当对应制度型社会福利（institutional social welfare），其中前者主张国家在市场和家庭福利供应失灵后采取补救的方式提供福利，后者则认为国家应当承担首要的福利责任①，其差别主要体现在国家在福利供应中是首要责任还是次要责任。②而普惠型社会福利（universal social welfare）和选择型社会福利（selective social welfare）则相互对应，其中前者主张国家基于公民身份提供无差异的福利，后者则强调构建以家计审查为基础的有差别的福利制度③，两者的主要差异集中在是以家计审查还是以公民资格构筑社会福利。④ 在实践中，纯粹的补缺型、选择型社会福利与纯粹的制度型和普惠型社会福利都是不存在的，而其转型往往是以某种制度类型为主向另一种制度类型为主的转变。因此，尽管我国社会福利从补缺型向适度普惠型转轨是不符合学理逻辑的，但是如果考虑到中国社会福利"不是简单的从一个类型转向另一个类型，而是形成了新的社会福利类型组合"⑤，那么这种中国化的福利转型模式就分外清晰了。⑥ 应当明确指出的是，我国社会福利转型并不是一朝一夕就能完全实现的，它不但是价值基础与施政方向的全面转型，而且是一个相对漫长的转型过程；同样，从补缺型向普惠型的转型也不是纯粹意义上的完全转变，而是一种以补缺型为主向以普惠型为主的转型。

从实践转型的本质意义来看，我国社会福利从补缺型向普惠型的转型，其实质是在尊重中国特有国情的基础上实现以选择型和补缺型为主的混合福利向以普惠型和制度型为主的混合福利进行转型。换言之，我国补

---

① Harold Wilensky, Charles Lebeaux, *Industrial Society and Social Welfare*, New York：The Free Press, 1965, pp. 15-40.

② 高鉴国、杨克：《论补缺型福利制度的特征》，《福建论丛》2011 年第 10 期。

③ Richard Titmuss, *Social Policy：An Introduction*, New York：Pantheon Books, 1974, pp. 72-101.

④ 彭华民：《中国组合式普惠型社会福利制度的构建》，《学术月刊》2011 年第 10 期。

⑤ 彭华民：《中国适度普惠社会福利的理论辨析和制度构建》，2011 年中国社会学年会中国适度普惠福利社会与国际经验研究论坛，哈尔滨，2011 年 7 月，第 1—14 页。

⑥ 需要明确指出的是，我国当前的福利转型应当完整地表述为"补缺型和选择型社会福利模式向制度型和普惠型社会福利模式的转型"，它们的转型实际上是一种福利组合向另一种福利组合的转型，但是本书为了方便称呼，一般将其称为"补缺型福利向普惠型福利的转型"。

缺型向普惠型的转型实际上要经历四个子内容上的转型，即从城乡二元福利向城乡统一福利的转型、从国家边缘责任向国家首要责任的转型、从资金保障方式向资金与服务并行的方式转型、从特殊人群福利供应向一般人群福利供应的转型。需要注意的是，我国现存的社会福利制度一直以来就被官方解读为民政福利，即只针对特定儿童、老人、残疾人的生活保障和服务保障，而缺乏一种广义社会福利体系的构建思路；同时，与西方的福利建构理论恰恰相反，我国广义社会福利的内涵和外延长期被以"劳动关系"为基础的社会保障所代替，并一直延续至今。因此可以说，我国官方视域之下的福利转型是一种相对狭义的福利转型，这与学术领域的广义福利转型研究也形成了鲜明的对比。

与实践转型相类似，社会福利的理论转型同样围于三个更为深层次的时代争议：（1）有关制度有效性的理论争议。20 世纪 80 年代中期，我国启动社会改革并采用了社会保障的基本框架，并在 90 年代初逐步形成了"以劳动保障为实质、以收入维持为内容、以社会保险为主体"的制度设计，在劳动关系以外辅之以社会救助和补缺型的社会福利。尽管社会福利制度自开始构建至今 20 余年在财政资源有限的条件下有力地缓解了我国特殊人群的生活保障问题，但是该制度是以压抑民众社会福利诉求为基础的，因而实行以社会保险为中心的社会保障制度容易造成新的社会不平等以及对最困难社会群体的反向剥夺，这样就引发了补缺型社会福利制度有效性的争议。（2）有关部门发展思路的争议。由于我国现行社会保障体系具有多头管理特征，且以民政部和人社部最为核心，因此就存在部门发展方向上的差异。2004 年以来，国务院在发展思路上提出要建构"覆盖城乡的社会保障制度"，但是对于如何建构以及建构什么样的体系并没有明确而清晰的阐述。对此民政部和人社部有不同的发展思维，民政部希望以民政福利为契机优先发展"适度普惠型"的社会福利制度，而人社部则强调优先建立城乡社会保险制度，这也使得政策倾向及其背后的部门利益对社会福利制度的定位产生了直接影响。（3）有关学科发展理念的争议。我国在建立社会保障制度之初，尚处于对西方一切社会制度予以敌视的意识形态影响下，因此往往将社会福利制度视为洪水猛兽而加以排斥。在我国早期的福利改革中，由于部分人文社会学科尚处于恢复重建阶段，因而以经济学的"效率观"对早期福利改革影响最大。20 世纪 90 年代初，社会保障制度与公共管理学科的紧密对接又使得"管理效率"成为制度构建的前提。这两种学科在实际的发展中都积极支持基于劳动关系而形成的既有制度框架，因此在社会福利制度的构建中多以补缺型发展思路为主。而随着西方社会福利的专业研究者在 20 世纪 90 年代末陆续回国，我国在学术领域逐步缩小了与世界主流福利理念的认知鸿沟，大量社会福利或社会政策专业人才的培育也使得学术共同体的话语权出现调整，这也客观上使普惠型社会福利的构建思路获得了更大的生存空间。

　　整体来看，由于以"社会救助为主体"到"以社会保险为主体"再到"以社会福利为主体"的三阶段福利发展历程与人类社会发展的农牧时代、工业时代和后工业时代是吻合的①，因此社会福利在广义与狭义概念上的争论本质上体现了"后工业时代福利观"与"工业时代福利观"的冲突。应该说，我国目前社会福利研究正在由传统的狭义概念占统治地位逐步向广义概念与狭义概念并存的格局发展，且未来一段时间内仍然会坚持两种概念并行发展的格局。由于学术领域的宽泛性，在理论上对于社会福利转型的讨论要远远超过实践中民政部所倡导的社会福利制度转型，因而保持良性讨论基础上的融合也应该是未来社会福利学术研究的必然路径。虽然"适度普惠型"社会福利的整体构建思路目前仍然受到一些学者的诟病、质疑和反对②③，但是值得欣喜的是，在学者们的不断沟通与交流下，我国两种思维并不是截然对立，而是形成了差异基础上的相互借鉴。由于普惠型福利思想在主流学术界的声音越来越强烈，因此也使一些原来主张补缺型福利的学者吸收了其部分新观点，如郑功成就在 2010 年重新提出"亚洲国家福利表现出了强者优先、普惠性弱、与就业与收入密切相关、家庭保障等特点，因此应当改变经济增长优先与低福利政策的取向"④。

二　儿童福利的概念界定与时代演变

　　作为"社会福利"的概念的自然延伸，"儿童福利"也具有狭义和广

---

　　① 郑功成：《中国社会福利改革与发展战略：从照顾弱者到普惠全民》，《中国人民大学学报》2011 年第 2 期。
　　② 孙希有：《论中国特色社会福利的基础》，《福建论坛》2010 年第 2 期。
　　③ 李艳军、王瑜：《补缺型社会福利——中国社会福利制度改革的新选择》，《西安电子科技大学学报》2007 年第 2 期。
　　④ 郑功成：《从高增长低福利到国民经济与国民福利同步发展》，《天津社会科学》2010 年第 1 期。

义之间的区别。狭义概念一般是指"由特定形态的机构向特殊的儿童群体提供的一种特定的服务"①，而广义概念则是指"为立法范围内的所有儿童普遍提供的一种旨在保证正常生活和尽可能全面健康发展的资金与服务的社会政策和社会事业"②。目前，我国官方基本坚持了狭义的概念，凡是涉及广义概念意义时一般多用"儿童权益保护"等词汇进行表述，比如我国《未成年人保护法》中就明确规定我国通过家庭保护、学校保护、社会保护和司法保护来维护儿童的基本权益。③ 而与我国的情况不同，国际上对"儿童福利"词汇的应用则更为直接和频繁，如 1959 年联合国《儿童权利宣言》就明确指出，"凡是以促进儿童身心健康发展与正常生活为目的的各种努力、事业与制度均可称为儿童福利"④。

　　如果比较我国官方的"儿童权益保护"和国际上通用的"儿童福利"，可以发现虽然它们在外延上比较接近，但是它们之间的三点区别实际上反映出了其理念上的差异：（1）"儿童权益保护"一词主要为法律保护的术语，而"儿童福利"一词多为社会学的范畴，前者的本质意义在于维护统治阶级的基本利益，而后者则充分强调社会服务功能，两者的本质差异在于是强调国家的管制作用还是强调国家的服务功能。（2）"儿童权益保护"是以个体作为对象的单独保障，而"儿童福利"则是以儿童作为群体进行的保障，前者更多地强调维护个体的利益，而后者则更多地强调群体在公民权利上的一致性。（3）"儿童权益保护"实际上将儿童福利事务视为民政福利的一个分支，它的建设思路仍然具有补缺型社会福利制度的基本特征，而"儿童福利"则在制度上强调其普惠型特征。从两个概念的辨析可以发现，我国目前在儿童工作中比较重视权益保障问题而忽视社会福利建构问题，因此对于"儿童福利"的官方界定也还多采用狭义的概念。本书认为，儿童福利的理论概念及其实践上的制度建设以广义形式来界定更能够彰显我国未来儿童福利制度的发展路径，并适合我国儿童福利制度与国外各国口径的统一，因此本书主要采用广义的视角来分析我国儿童福利制度。基于此，本书中的儿童福利应当界定为"国家为

---

① 周镇欧：《儿童福利》，巨流图书出版社 1996 年版，第 1—5 页。

② 陆士祯：《简论中国儿童福利》，《华中师范大学学报》1997 年第 6 期。

③ 全国人民代表大会：《中华人民共和国未成年人保护法》，2006 年。

④ 陆士祯、常晶晶：《简论中国儿童福利与儿童福利政策》，《中国青年政治学院学报》2003 年第 1 期。

满足儿童生存、发展、参与的基本需要，通过资金与服务方式为儿童提供的旨在保持其正常资金获取、平等机会与实际照顾的制度"；儿童福利的提供内容应当主要以生活福利、健康福利和教育福利三个方面为核心来构成；而儿童福利的提供方式则主要围绕着儿童的资金和服务予以开展。

作为一种嵌入型的制度安排，中国儿童福利制度的时代演进不但深刻根植于中国经济体制的变迁过程，而且与各时期的福利认知具有较为密切的关联。这种夹杂于经济体制与福利认知之间的转型，在实践中既表现出随经济体制变化而不断进行自身调整的阶段性特点，也明确体现出了各个时代的认知倾向和观念差异对福利构建造成的显著影响，并在这种双向压力的制约下形成了不同的发展阶段。具体而言，自 1949 年以来中国儿童福利制度的建构可以依据发展水平和时代特征将其划分为四个阶段：（1）1949—1965 年的儿童福利制度探索阶段；（2）1966—1985 年的儿童福利制度停滞阶段；（3）1986—2005 年的儿童福利制度重建阶段；（4）2006—2015 年的儿童福利制度转型阶段。[①] 整体来看，从 1949—2015 年，中国儿童福利制度大致呈现出了从计划经济阶段到市场经济阶段、从法治保障阶段到多元保障阶段的双维转轨路径。

1949—1965 年，中国基本处于儿童福利制度的探索阶段。这一阶段，国家对于儿童福利制度的建设集中于三个方面，一是逐步建立了早期儿童保护的相关政策，为落实儿童的权益保护提供了法律范本；二是为特殊困难儿童提供了旨在解决生存问题的有限资金，为困难儿童的资金保障进行了有益的尝试；三是在福利服务方面构建起了针对孤儿等极困难儿童群体的福利保障，并初步形成了孤残儿童的院内福利制度。早在 1949 年，《中国人民政治协商会议共同纲领》第 48 条就明确规定国家要"注意保护母亲、婴儿和儿童的健康"[②]。1952 年，教育部颁布实施了《中学暂行规程（草案）》和《小学暂行规程（草案）》，明确规定了学校的管理和财务来源，为儿童教育福利的实现创造了条件。1953 年的《农村灾荒救济粮

[①]　需要指出的是，部分学者将 2010 年前后划分为不同阶段。因为 2010 年国务院办公厅发布《关于加强孤儿保障工作的意见》，将孤儿的保障从实物扩大到资金，从院内转移到院外。根据西方经验，这是福利转型的重要标志，并被尚晓援等部分业内学者认为是中国"儿童福利元年"。但是，本书认为这种政策思路的提出与"适度普惠型"社会政策是一体的，因此主张按照 2006 年进行划分。

[②]　中国人民政治协商会议：《中国人民政治协商会议共同纲领》，1949 年。

款发放使用办法》和1956年的《全国农业发展纲要》又相继对特殊儿童保吃、保穿、保教方面的福利获得进行了规定。1954年《中华人民共和国宪法》第96条中则明确规定了"婚姻、家庭、母亲、儿童受国家的保护"①，从而使儿童福利得到了宪法层面的支持。从其制度构建模式来看，这一时期中国儿童福利制度不但呈现出以计划经济为基础的儿童福利建构形式，而且体现了明确的城乡二元分裂特征。新中国成立之后，中国在城市建立了"国家—单位—个人"的链式社会体制，在农村则形成了以人民公社为基层单位的社会结构，它们的建立在赋予基层组织较强社会动员能力的基础上也为儿童福利的有效供应提供了组织基础。② 在这样一种模式之下，儿童福利虽然被紧紧地与家庭福利相绑定，成为一种依附于家庭的带有父权制烙印的福利制度，但是由于建立在物价控制、充分就业、集体经济、平均分配和家庭互济的国家计划经济模式之上，因而国家能够保障绝大多数儿童的基本生存；针对家庭福利无法顾及的孤残儿童和贫困儿童，国家也在院内福利制度和五保制度中进行了专门性的设计。当然，农业生产力水平低下和工业化起步阶段要求所形成的城市地区与农村地区的二元社会政策③，使基于户籍制度所产生的福利差异深刻地影响着城乡福利的平衡发展，农村地区的儿童福利与城市地区相比呈现出了明显的落后。

1966年开始，中国爆发了长达十年的"文化大革命"，儿童福利制度与其他各项制度一样均受到了一定程度的冲击，并一直延续到改革开放后的1985年。这一时期，中国反"右派"斗争被片面地扩大化，并对数以百万计的家庭和儿童造成了明显的负面影响；同时，由于"以阶级斗争"为纲的策略过多地影响到了传统的社会体系，法律制度受到了社会运动的冲击，因此其儿童福利在制度建设过程中基本处于停滞的状态。在学术研究领域，改革开放前中国学者倾向于把社会福利视为"压迫被剥削阶级的资产阶级国家工具"④⑤，因此从学理上对儿童福利制度的构建也抱有天

---

① 全国人民代表大会：《中华人民共和国宪法》，1954年。

② 田毅鹏、刘杰：《"单位社会"历史地位的再评价》，《学习与探索》2010年第4期。

③ 李迎生：《从分化到整合：二元社会保障体系的起源、改革与前瞻》，《教学与研究》2002年第8期。

④ 巫宝三：《当代福利国家谬论的渊源与性质》，《经济研究》1963年第3期。

⑤ 黄仲熊：《美国垄断资本主义辩护士——阿尔文·汉森的"福利国家"剖视》，《武汉大学学报》1965年第1期。

然的敌视态度，并进而影响到了国家层面对儿童福利的正确认知。改革开放后，虽然我国试图加强儿童福利制度的重视程度，但是囿于经济改革和体制转型占据了核心的政治议题，且1985年前学者们的话语体系仍然表现出了意识形态的较大影响，因而直到1985年中国儿童福利制度的建设仍然举步维艰。当然，这一时期计划经济体制通过强有力的经济干预政策和家庭互济作用也依旧保持了大多数儿童的福利供应。在基本生活福利方面，中国城市贫困儿童和五保儿童的生活并没有受到致命的冲击，一些固有的政策得到了保留和延续，在保障绝大多数儿童基本生存方面依旧发挥着重要的作用；健康福利方面，中国城市中的免费医疗仍然没有完全停滞，部分母婴保健项目也得到了落实，以儿童免疫和母婴保健为主的城市健康政策仍然发挥着基本功效；教育福利方面，虽然国家将"阶级斗争、生产斗争、科学实验"三大革命运动作为中国教育领域的发展方向①，但是普通儿童的入学机会依旧得到了保留。同时，由于这一时期中国城乡二元分化的局面仍然得以持续，因而中国城市儿童与农村儿童享受到的社会福利依然具有比较大的差异，基于城乡户籍制度而形成的福利撕裂仍然广泛地得以存续。

1986—2005年，中国儿童福利制度开始了重建的步伐。改革开放以后，农村家庭联产承包责任制和城市国有企业的改组将国家与个人的终身福利供应链条彻底切断，嵌入于国家计划经济体制的原有儿童福利制度开始解体，家庭互济所依托的单位保障体系出现瓦解。同时，"文化大革命"对于法律政策的破坏使得在儿童福利领域亟须通过一系列有效的法治重建来恢复固有秩序。与此相适应，自1986年开始中国学术界出现了针对西方社会福利制度的深刻反思，有关福利国家转型的正确认识开始出现，典型的代表为刘绯发表的《社会福利是西欧劳动人民斗争的结果吗？》和赵立人发表的《社会福利制度不是划分社会性质的标志》，学术界对于儿童福利制度的认知误区也开始被逐步厘清。因而，这一时期儿童福利在制度建设过程中的着力点是以"儿童权益保护"为中心的法律保障，并主要表现在四个方面：（1）儿童福利的立法初步健全。以1986年《义务教育法》为开端，我国先后在十几年的时间中颁布了《未成年人保

---

① 中国教育年鉴出版社：《中国教育年鉴（1949—1981）》，人民教育出版社1984年版，第207页。

护法》（1991）、《收养法》（1991）、《母婴保健法》（1994）、《预防未成年人犯罪法》（1999）、《人口与计划生育法》（2001）和《民办教育促进法》（2002）等7部重要法律，中国在儿童基本生活、医疗健康、义务教育、法律保护和领养收养等方面初步形成了相对健全的法律体系。（2）儿童福利的宏观规划初步建立。这一时期，我国开始从国家层面对儿童福利事务进行积极的干预，国务院先后在1992年和2001年颁布《九十年代中国儿童发展纲要》和《中国儿童发展纲要（2001—2010）》，从宏观层面对中国儿童在生存、发展、参与和受保护方面的权利进行了明确的规定，并对未来10年的制度建设进行了整体设想。（3）儿童福利的部门规章更为细致。自1990年到2005年，中国共计有11个国家部委、1个国务院直属机构、3个官方群团组织和1个临时领导小组出台过儿童福利的专门性法规，其中以中共中央或国务院为名义出台的专门性政策超过了15项，各个部门出台的法规也在200项以上，从而为儿童福利的开展提供了细致的政策指导。（4）儿童福利的国际协定开始增多。1990年到2005年，中国先后签订了《儿童权利公约》（1990）、《儿童生存、保护和发展世界宣言》（1991）、《维也纳宣言和行动纲领》（1993）、《〈儿童权利公约〉关于买卖儿童、儿童卖淫和儿童色情制品问题的任择议定书》（2002）、《巴厘共识》（2003）等国际协定，并在2001年倡导并签署了亚太地区21国《北京宣言》，显示出中国在保护儿童生命健康、卫生医疗、教育机会、性安全和削减贫困等方面的尝试。除了法律保障以外，在原有五保制度的基础上国家针对城市困难儿童的福利资金开始显著扩面，至2003年城市低保申领人口维持在2300万人左右，涉及城市儿童330万人左右，但广大农村地区的贫困儿童仍然在福利资金的获取上较为困难；在服务保障方面，这一时期的保障范围还拘泥于院内福利，涉及人群主要为孤残儿童、遗弃儿童、流浪儿童等特定儿童群体，因而这一时期的儿童福利仍然具有手段上的单一性，其儿童福利服务依然具有补缺型的基本特征。

自2006年以来，伴随着法治建设的日臻完善，儿童福利的资金保障和服务保障开始成为制度构建的优先方向，并呈现出了政府层面和学术层面的双向转型。中国在20世纪80年代以来以法治为基础的儿童福利建设路径虽然有利于保护儿童的基本权利，但是在满足儿童多元诉求、提供均等化服务和实现社会成果共享方面的漏洞却随着家庭收入的不均等而显著增加。由于基于特定儿童的治疗、补救倾向过于明显而忽视了福利接受者的多元发展，且以留守儿童、流动儿童、受暴儿童为代表的部分弱势儿童未被纳入福利服务的提供范畴，因此以困境儿童为优先、以普通儿童为扩展的社会福利构建思路却相对沉寂。① 自 2006 年以来，中国逐步调整了儿童福利制度的建设方向，将更为充裕、普惠和均等的儿童福利制度视为未来福利发展的基本路径，并开始从政府层面认为"中国儿童福利保障对象的范围是随着经济发展、社会文明的进步而逐步拓展的，从孤儿到困境儿童最终目标是所有儿童"②。同时，由于法治建设的任务已经并非迫在眉睫，学术界也将研究的重点转向了个人权利保护之外的群体福祉，以福利资金和福利服务为基本取向的综合福利建设思路开始得到了学者们的广泛认同。因此，这一时期我国除了在法律保障方面具有进展以外，在资金保障和服务保障方面也均形成了制度优化：（1）法律保障得到了进一步夯实。这一时期，中国在儿童福利的法律保障方面虽然没有实质性的突破，但是在法律法规的细化方面仍然做了大量工作。2006 年开始，全国人大逐步对《未成年人保护法》、《义务教育法》等时间较长的专门性法律进行了有益的修订；国务院层面推动的政策如《中国儿童发展纲要（2011—2020）》也在原有政策上进行了进一步的展望；同时，各个部委根据自身职责也拟定了相应的规章细则，以民政部、教育部为代表的部门在 2006 年到 2011 年的 6 年时间中就制定了超过 100 项专门性政策。（2）资金保障得到了迅速的发展。这一阶段，我国儿童福利资金出现了快速的制度构建，2007 年农村最低生活保障制度的建立、2007 年城镇居民医疗保险制度的试点和 2009 年新型农村合作医疗制度的普遍落实为广大城乡儿童的医疗健康提供了基础的资金保障，2006 年农村儿童教科书资助政策、2008 年城市儿童学杂费免费政策和 2011 年国家教育资助政策为学龄阶段儿童的教育福利资金提供了有益的扶持，而 2011 年"免费午餐"计划、2011 年消除婴幼儿贫血行动和 2012 年贫困地区儿童营养改善计划则为儿童阶段的营养保障提供了基础资金。（3）服务保障得到了空前的发展。民政部自 2006 年提出了"适度普惠型"的发展思路以来，首先将儿童福利服务范围从"院内福利"扩大到了"院外福利"，并初步形成了以"中国儿童福利示范区项目"为依托的院外福利试点；其次，逐

---

① 刘继同：《社会转型期儿童福利的理论框架与政策框架》，《中国青年研究》2008 年第7 期。

② 窦玉沛：《儿童福利：从补缺型向适度普惠型转变》，《社会福利》2011 年第 1 期。

步扩大了原有福利的进入端口,将事实孤儿、受暴儿童、受灾儿童和艾滋病儿童等群体逐步纳入到了福利服务提供范围中;再次,我国政府还陆续推出了《儿童社会福利机构基本规范》(2008)、《关于制定福利机构儿童最低养育标准的指导意见》(2009)、《关于开展孤残儿童护理员职业技能培训和鉴定工作的意见》(2011)等服务标准,为福利服务的标准化提供了基本的规范;最后,我国政府在学术界的推动之下还强化了社会工作的人才建设,其中 2009 年成立的中国社会学会社会福利专业委员会成为研究福利问题的专业学术团体,且截止到 2014 年具有 MSW 硕士点的专业院校已发展到了 104 个,社会工作的专业人才也已经突破了 35 万人。

三 儿童福利制度的现实框架

从儿童福利政策来看,中国当前已经初步形成了相对完整的儿童福利政策架构,并可以划分为六个基本层面:(1)国际公约层面。自新中国成立以来,我国已经签订了《儿童权利宣言》、《儿童权利公约》、《儿童生存、保护和发展世界宣言》、《维也纳宣言和行动纲领》、《北京宣言》、《巴厘共识》等重要的国际公约,为中国改善儿童福利的行动提供了国际承诺。(2)宪法层面。中国的最高法律《宪法》对中国儿童福利进行了一定的界定,如第 19 条规定"国家举办各种学校,普及初等义务教育,发展中等教育、职业教育和高等教育,并且发展学前教育",第 49 条规定"婚姻、家庭、母亲和儿童受国家的保护"①,这些都为儿童福利的供应提供了宪法支持。(3)法律层面。目前,中国初步形成了以《义务教育法》、《未成年人保护法》、《收养法》、《母婴保健法》、《预防未成年人犯罪法》、《民办教育促进法》、《人口与计划生育法》为主体的专门性法律,并辅之以《刑法》、《婚姻法》、《残疾人保障法》等辅助性法律,为有效地保障中国儿童的各项福利打下了坚实基础。(4)中央层级法规层面。改革开放以来,中共中央、国务院先后颁布《九十年代中国儿童发展规划纲要》、《关于加强孤儿保障工作的意见》、《关于做好免除城市义务教育阶段学生学杂费工作的通知》、《国家中长期教育改革和发展规划纲要(2010—2020 年)》、《禁止使用童工规定》、《中国儿童发展纲要(2011—2020)》等重要政策,有力地规划了儿童福利的未来建设方向。

---

① 全国人民代表大会:《中华人民共和国宪法》,1982 年。

（5）中央部门法规层面。自 1990 年以来，我国民政部、卫生部、教育部、财政部、公安部、文化部、计生委、团中央、全国妇联等业务部门分别牵头发布法规政策超过 300 项，为儿童福利政策的顺利落实提供了积极的支持。（6）地方政策层面。在中央政策方针的指导下，地方政府为落实儿童福利制度也颁布了适合地方区情的相关政策，为各地区执行中央的政策提供了可适性方案。

从儿童福利机构来看，目前中国儿童福利制度的执行以政府部门为主，并辅之以各类公益性机构。其中，中央层次的规划部门可以划分为五种类型：（1）党务机构。由于中国特有的社会主义体制，目前党务机构对儿童福利的建设具有一定的影响力，如中共中央组织部负责部分教育事务的人员选配工作、中共中央宣传部负责儿童法制的宣传事务。（2）全国人大和国务院的直属委员会。全国人大教科文卫委员会负责依法对教科文卫等方面的法律进行审查与监督，国务院直属机构妇女儿童工作委员会是儿童工作的协调议事机构，两者对于儿童福利制度的建设都具有重要的指导作用。（3）国务院组成部门或直属单位。自 1990 年以来，领导发布过与儿童福利直接相关的国务院组成部门或直属单位有国务院办公厅、发改委、民政部、教育部、卫生部、公安部、司法部、财政部、国家民委、住建部、计生委、文化部共计 12 个，这些部门对于儿童福利事务均具有一定的管辖权限。（4）官方群众组织。中国部分官方背景的群众性组织也在事实上参与了儿童福利制度的建构，如全国残联负责残疾儿童的福利事务、全国妇联负责女童的福利事务、共青团中央参与青少年的福利事务。（5）临时领导小组。中国政府在处理部分改革事务过程中会成立官方性质的临时领导小组，自 2000 年以来牵头发布过专门文件的领导小组有国家教育督导团（2001、2004、2006）、全国农村义务教育经费保障机制改革领导小组办公室（2008）和国家中西部农村初中校舍改造工程领导小组办公室（2008）。在地方层次的儿童福利管理机构中，各级政府部门、官方群众组织对于辖区内的可适性方案具有拟订权，对辖区内儿童福利的发展具有监管权；各类儿童福利院、社区担负着实际落实儿童福利政策的任务，其本身成为儿童福利制度执行的中坚力量；同时，近年来联合国相关机构、国际和国内 NGO 组织、宗教团体等公益性组织也积极参与到了儿童福利的构建中，成为重要的辅助性力量。

从儿童福利项目来看，目前中国尚处于儿童福利制度的转型过程中，在福利提供范围、福利提供内容与福利提供手段方面虽然与儿童的实际需要相比还处于明显的滞后，但是已经在近年来取得了较大的进步：（1）从福利提供范围来看，我国 2005 年以前福利资金覆盖范围主要为城市低保儿童和农村特困儿童，福利服务覆盖范围主要针对孤残儿童、流浪儿童和遗弃儿童等失去父母照顾的失依儿童。2006 年开始，我国社会救助资金的供应开始扩展到农村低保儿童，社会保险资金纳入了几乎所有城乡儿童，教育扶持资金开始扩展至城乡困难儿童和中西部农村儿童；福利服务的范围开始扩展到事实孤儿、受暴儿童、受灾儿童和艾滋病儿童等困境儿童，且已经开始针对普通儿童的院外服务试点。（2）从福利提供内容来看，目前中国所依托的儿童福利获取渠道主要为家庭，国家层面的政策主要包括针对生活资金的城乡低保制度、五保制度，针对医疗健康的免疫制度、母婴保健制度、营养改善计划，针对基础教育的义务教育制度和防止人身侵害的法律保障制度，整体来看我国儿童福利制度的设计以保障基本的生存权为主要前提，对于儿童公共服务的均等获取、照顾性服务的提供、多元诉求的满足还存在着较为严重的不足。（3）从福利提供手段来看，我国有关儿童福利的法律保障目前是最为完善的，虽然并无《儿童福利法》等专项法律，但是 7 部专门性法律和多部配套法律构成的法律支持网已经能够为儿童的权益保护提供较为有力的支持；在福利资金方面，目前也已经体系化，国家层面针对特殊困难儿童的帮扶已经基本能够保障 1100 万低保儿童的温饱水平，医疗健康、基础教育等方面的配套政策也对贫困儿童的大病医疗、营养维护、学前教育和义务教育具有良好支撑；而在照顾性福利服务方面，目前的相关支持度还比较赢弱，由于院外福利还未完全推及全国，因而当前我国对于留守儿童、流动儿童等超过 1 个亿的困境儿童实现覆盖。

第二节　福利多元主义的相关研究

一　福利多元主义的概念界定

在英文中，"福利"（Welfare）一词由两个独立的要素构成，其中"Well"是"美好"的意思，而"Fare"则指"生活"的意思。将两者联合起来，可以大致窥测出"福利"一词的基本意义。从理论上看，"福利"应当包括两层含义：一是"人类追求的一种幸福状态"；二是"帮助人们满足社会、经济、教育和医疗需要的项目、待遇或服务制度"①。作为福利研究中的一项重要理论，福利多元主义理论（Welfare Pluralism）主张"福利来源的多元化"，即"福利既不能完全依赖市场也不能完全依赖国家，福利应当成为全社会的产物"②。因此，这种研究理论多将福利供应的多元化视为核心议题来加以分析。

从该理论产生的背景来看，福利多元主义的兴起来源于自由主义福利理论和福利国家理论的相继破灭。早在亚当·斯密时期，经济发展中必须强调的"自由"就成为资本主义制度发展中的重要原则，并伴随着之后的政治革命而逐步形成资本主义世界的核心价值观。早期的理论认为，贫困的形成是由于个人的愚笨、懒惰、自私造成的，因此国家应当尽量减少提供任何形式的福利。在此思想的影响下，英国《济贫法》、《济贫法（修正案）》等法律都明确限定了社会救助的种类和人群，并带有"强制性"与"惩罚性"的特征。这一思想在 20 世纪 20 年代末的经济危机中逐步破灭：在胡佛政府当政期间的这次全球性金融危机中，大量勤劳的普通民众也面临着失业的风险并接受了国家的救济，这使人们开始逐步意识到现代社会的风险绝非市场和家庭所能单独抵抗，国家应当通过强有力的干预来促进经济发展和社会稳定。在凯恩斯主义与罗斯福新政的影响下，建立国家对经济和社会的干预成为 20 世纪 30 年代到 40 年代国际社会的普遍观点。自由主义理论逐步让位给国家干预理论，成为理论与实践界的非主流理论。

20 世纪 40 年代末，通过《贝弗里奇报告》相关精神建立起的福利国家标志着西方社会福利的发展进入了一个新的阶段。在经历了 20 余年的高经济增长、高福利增长之后，西方社会福利制度及其背后的国家干预理论似乎成为世界范围内的共识。这种理论主张通过强有力的国家干预保障经济运行发展，通过扩大公共服务的力度来提供从"摇篮"到"坟墓"的制度保障。在此思想的影响下，英国、荷兰、法国、瑞典等国先后建立了现代意义上的福利国家，并依据公民资格建立起了较高水平的、项目丰富的、资金和服务平衡发展的普惠型社会福利体系。在政党竞争与经济高速发展的影响下，欧洲国家普遍建立起来的社会福利体系在国家之间的福

---

① 中国大百科全书出版社：《不列颠百科全书》，中国大百科全书出版社 1999 年版。
② 彭华民、黄叶青：《福利多元主义：福利提供从国家到多元部门的转型》，《南开学报》2006 年第 6 期。

利竞赛中被过度地推高，经济发展与社会福利之间的不平衡开始给欧洲各国以巨大的财政压力。

20世纪70年代的两次石油危机使西方各国在经历了长达30年的经济高速增长之后开始出现"滞胀现象"，凯恩斯主义的神话在理论上破灭，通过社会福利改革等举措再次实现经济快速发展和充足就业的要求成为时代的呼声。20世纪70年代末和80年代初，保守主义的代表撒切尔政府和里根政府开始对福利进行了一系列的改革，社会福利体系中的诸多项目在"权利与义务相对称"的口号下被"商品化"。尽管关于福利国家已经死亡的观点仍然在学术领域受到鲍威尔（Powell）等人的质疑①，但是从广泛意义上看，国家提供的社会福利确实在一定程度上被抑制了。传统福利政策中国家的责任被多元主体补充，市场、家庭、志愿组织上升为福利供给的主体。在这次改革中，尽管英国仍然没有放弃社会福利中的国家责任，而且存在"高福利社会政策在大多数领域的延续"②，但是利用市场和社会来代替福利体系中过渡的国家责任成为福利改革的首选。

二　国外福利多元主义的研究

伴随着福利国家的危机，一种新的福利思想开始登上历史舞台，并首先在欧美国家率先展开。当然，对于固有的福利国家理论的双重批判是形成福利多元主义的理论基础。自20世纪50年代福利国家产生以来，基于福利国家建设而形成的基本理论就受到一些学者的批判，并随着20世纪70年代末的福利国家危机而越发明显。正如米什拉的表述，"70年代以前的福利国家扩张阶段不仅象征着资本与劳动者之间，也象征着资本主义民主国家与其公民关于保障与权力的新契约。然而，20世纪70年代中后期的经济滞胀使许多国家难以维持高水平的福利开支，福利国家制度也非设计中的那么完美，对其批评此起彼伏"③。

---

① Martin Powell, Martin Hewitt, "The End of Welfare State?", *Social Policy and Administration*, Vol. 32, No. 1, March 1998, pp. 1-13.

② Nick Fielding, "The Thatcher Audit", *New Statesman and Society*, Vol. 28, No. 11, 1990, pp. 17-29.

③ Ramesh Mishira, *The Welfare State in Crisis: Social Thought and Social Change*, Sussex: Wheattsheaf Books, 1984, p. 22.

　　福利国家理论首先一直饱受右派学者的批评。自 20 世纪 50 年代起，哈耶克（Hayek）、弗里德曼（Friedman）和熊彼特（Schumpeter）为代表的新右派对福利国家提出了彻底的批评。这种福利观念认为市场是满足人们需要的最佳方式，国家只应当扮演规定的制定者和监督者，因而创建一个普惠型的社会福利制度不具有可行性。同时，右派学者往往认为福利国家的危机是其自身无法避免的，其福利设计思路早就为以后的福利危机埋下了伏笔，而只有恢复市场本来的作用才能创造最大的社会责任。正如弗里德曼在 1970 年发表的《经济体的社会责任在于创造利润》一文中明确表示的那样，"坚持企业应当具有提供就业、降低犯罪率和降低污染等社会责任的经济学学者们是埋藏于自由社会之下的无知木偶"[1]。与右派类似，左派对于福利国家的相关理论也进行了攻击。以高夫（Gough）、欧菲（Offe）为代表的左派阵营对福利国家也提出了批评，并认为福利国家只是资本主义合法化的工具，福利国家内部的资本主义矛盾是其本身无法解决的。与右派的理由不同，左派对于福利国家的否定更为彻底，他们认为福利国家之所以不能成为良好社会体系的原因在于其根植于资本主义经济基础和资金主义的分配方式之上，因而其固有的矛盾决定了福利国家的必然衰败。

　　在左右派观点的挞伐下，有关未来社会福利建构方式的问题开始随着福利国家理论的跌下神坛而出现了多元化的趋势，一些新的理论逐步登上历史舞台。古典政治经济学理论、新重商主义、集体主义、费边社会主义、新马克思主义等一系列的新思潮开始涌现，并各自阐述了其有关社会政策建构的基本逻辑。在这些理论中，除了新马克思主义主张改良资本主义制度以外，其余的理论都在福利究竟是由国家提供好还是由市场提供好之间徘徊，并在观点阐述中将两者截然对立，而均没有深入思考国家和市场在福利供应中是否有合作的可能，以及是否应当有其余主体进入福利供应体系中。反而是一些在当时并未产生巨大影响的理论开始试图探索多元主体之间的角色与关系。其中，德国在 1948 年由"新自由主义者"倡导的一种把市场自由竞争与社会平衡起来的"经济社会政策的总体设计"

---

　　[1]　Milton Friedman, "The Social Responsibility of Business Is to Increase Its Profits", *The New York Times Magazine*, September 13, 1970. Column of Corporate Ethics and Corporate Government, pp. 173-178.

形成了其市场社会主义的基本思想；① 蒂特玛斯（Titmuss）在 1968 年提出福利应当是社会的产物，并突出了福利供应的社会性；② 罗宾逊（Robson）在 1976 年提出的福利社会理论主张福利的供应应当由社会而非国家承担。③ 应该说，尽管这些理论都没有在根本上撼动国家与市场的二元论，但是它们已经开始探索利用非国家力量来弥补国家在福利供应中的不足。

早期的福利多元主义概念起源于 1978 年英国的《志愿组织的未来：沃尔芬得社区的报告》（ *The Future of Voluntary Organisations： Report of the Wolfenden Committee* ），该报告主张把志愿组织也纳入福利的提供者行列，并首次将福利多元主义运用于英国社会政策的实践过程中。④ 从理论上看，该报告第一次明确地提出了应当推动福利多元主义的发展，将福利的来源多元化，并试图在实践上打破市场与国家的二元福利分配格局，因此学术界一般将此报告视为福利多元主义理论的开端。当然，囿于当时的时代条件，该报告只是提及并启发了福利多元主义理论，但并未全面阐释福利体系应当如何构建以及其构建的基本形式是什么，因而其影响力尚远远不足。20 世纪 80 年代中期开始，罗斯（Rose）、以瓦斯（Evers）等学者开始了有关福利组合（Welfare Mix）的研究，对于推动福利多元主义理论的完善做出了较大贡献。1986 年，罗斯提出应当依靠国家、市场和家庭三方结合来建立综合的福利供应体系，并将国家、市场、家庭纳入整体的福利框架之中。⑤ 1988 年，以瓦斯提出了著名的"福利三角"（Welfare Triangle）理论，即充分调动国家、市场、家庭等各个福利主体的力量，形成福利的合力。他认为福利三角本身具有不同的组织、价值和规范关系，三种制度的互动对于行动者具有制约作用，对于福利的政策选择也有

---

① 邓和平：《德国的社会保障体系探析》，《武汉大学学报》（哲学社会科学版）1995 年第 2 期。

② Richard Titmuss，"Welfare State and Welfare Society"，*Nurthing Mirror and Midvives Journal*，Vol. 126，No. 10，1968，pp. 25-29.

③ William Robson，*Welfare State and Welfare Society： Illusion and Reality*，London：George Allen and Unwin，1976，pp. 1-2.

④ John Wolfenden，*The Future of Voluntary Organisations： Report of the Wolfenden Committee*，London：Croom Helm Ltd. ，1978，pp. 1-15.

⑤ Richad Rose，"Common Goals but Different Roles：The State's Contribution to the Welfare Mix"，In Richard Rose & Shiratori Rei（eds.），*The Welfare State： East and West*，Oxford：Oxford University Press，1986，pp. 109-138.

深刻影响。[①] 1999 年，约翰逊（Johnson）继承了罗斯和以瓦斯相关的研究成果，并将福利多元主体扩充为四个维度，即提供直接或间接福利的国家福利、提供职工福利或营利性福利的市场福利、家庭和邻里提供的非正规福利、自助或互助组织提供的志愿组织福利。[②] 这些理论和思想的提出，为福利多元主义的发展提供了理论基础，并推动了学术界对国家与市场两大传统对立思想的融合。

在这些理论中，以瓦斯的福利三角理论影响最为巨大，这是因为他不但将福利多元主体进行了明晰的界定，而且将其功能进行了具体的解释。正如彭华民所言，"福利三角是福利多元组合的一种类型和福利多元组合的分析，通过福利三角范式的讨论，我们可以看到社会政策在福利三角制度互动过程中的意义"[③]。以瓦斯在福利三角理论中提出了"国家、市场、非正式组织"的三元福利构建模式，并认为三个主体的意义具有明显不同：其中，国家主体代表公共的组织，其价值规范为平等与选择，集中反映行动者与国家的关系；市场主体代表了正式的组织，其价值为选择与自主，主要反映行动者与经济的关系；而非正式组织则代表私人组织，其理念体现了团结与共有，并集中反映行动者与社会的关系。[④] 这种开创性的设计不但将福利多元主义进行了更为深入的细化，也将其从原有的理论引向实证框架，使一些研究开始从福利多元主义理论中演化出一整套研究范式，并采取实证性的分析框架开展福利主体的讨论。

进入到 20 世纪 90 年代，有关福利多元主义理论的研究在实践上被广泛"范式化"，并从基本理论衍生出了基本框架和逻辑理路。以瓦斯和斯维特里克（Svetlik）在 1991 年就联合各国学者对捷克斯洛伐克、匈牙利、波兰、南斯拉夫、澳大利亚、丹麦、芬兰、以色列、荷兰、加拿大、法国、德国、意大利、英国 14 个国家的多元养老体系进行了分析，并通过

---

① Adalbert Evers, *Shifts in the Welfare Mix: Introducing a New Approach for the Study of Transformations in Welfare and Social Policy*, Vienna: Eurosocial, 1988, p. 23.

② Neil Johnson, *Mixed Economies of Welfare: A Comparative Perspective*, London: Prentice Hall, 1999, pp. 31–37.

③ 彭华民：《福利三角：一个社会政策分析的范式》，《社会学研究》2006 年第 4 期。

④ Adalbert Evers, *Shifts in the Welfare Mix: Introducing a New Approach for the Study of Transformations in Welfare and Social Policy*, Vienna: Eurosocial, 1988, p. 23.

制度化的讨论提出了多元合作的基本路径。① 在此基础上，苏萨（Zsuzsa）2003 年有关匈牙利的福利组合分析②、伦纳德（Lennard）2003 年有关法国儿童照料的福利多元体系分析③、金镇旭（Kim）2005 年对于韩国福利组合动力的研究④、梅杰斯（Meijs）2004 年有关荷兰福利多元关系转型的研究⑤和巴特赛特（Betzelt）2007 年有关德国劳工市场福利多元主体的研究⑥等，不但都坚持了福利多元主义，而且都将其作为一种分析范式纳入到了实证研究中，这就使福利多元主义的研究视域大大地扩展了。在这些分析的推动之下，福利多元主义逐步从理论嬗变成了一种福利分析的框架，这就可以打破单一的理论论述方式，从整体的范式结构上进行重新设计，从而大大加深了福利多元主义的研究范围，也使得福利多元主义能够通过更多的实证性检验来加以完善。

从既有的福利多元主义分析框架来看，市场、国家、社区、家庭、志愿组织被国外学者广泛视为福利的来源。如 1993 年以瓦斯和斯维特里克在合著的《平衡的三角：老年照顾中的新福利多元主义》一书中，将"志愿组织"、"非正式组织"、"市场"和"国家"一并视为福利的供应主体，并认为"有关国家与市场责任、公正与差异、公共计划与个人选择的福利多元组合是难以有精确定论的，而需要不同的国家根据不同的传统和问题而设计"⑦。在 2009 年，以瓦斯和德克（Dekker）又进一步强调了"第三部门"的作用，并表示"尽管第三部门不能够在创造、培育公

① Adalbert Evers, Ivan Svetlik, *Banlancing Pluralism: New Welfare Mixes in Care for the Elderly*, London: Averbury, 1993, pp. 79-103.

② Zsuzsa Szeman, "The Welfare Mix in Hungry as a New Phenomenon", *Social Policy and Society*, Vol. 2, No. 2, Febrary 2003, pp. 101-108.

③ Jean-Louis Laville, "Childcare and Welfare Mix in France", *Annals of Public and Cooroartive Economics*, Vol. 74, No. 4, 2003 (4): 591-629.

④ Jin-Wook Kim, "Dynamics of Welfare Mix in the Republic of Korea: An Expenditure Study Between 1990 to 2001", *International Social Security Review*, Vol. 58, No. 4, April 2005, pp. 3-26.

⑤ Lucas Meijs, "Changing the Welfare Mix: Going from a Corporatist to a Liberal Non-profit Regime", ISTR Sixth International Conference, Ryerson University and York University, Toronto, Canada, July 11-14, 2004, pp. 1-13.

⑥ Sigrid Betzelt, *Activating Labour Market Policies and Their Impact on the Welfare Triangle and Social Inequality*, the ESP Anet Conference 2007, Vienna, September Setember 20-22, 2007, pp. 3-23.

⑦ Adalbert Evers, Ivan Svetlik, *Banlancing Pluralism: New Welfare Mixes in Care for the Elderly*, London: Averbury, 1993, pp. 79-103.

民权和公民性的过程中起到天然的优势作用，但是却能够为两者的构建路径和社会服务的概念转型起到重要作用"①。彭华民和黄叶青对目前国外的福利多元主义理论进行了总结，并集中论述出了福利多元主义中四个部门的基本特征（表2—1）。②

表2—1 以瓦斯的福利多元主义框架

部门	市场	国家	社区	民间社会
福利生产部门	市场	公共部门	非正式部门/家庭	志愿部门/中介机构
行动协调原则	竞争	科层制	个人责任	志愿性
需方的角色	消费者	社会权的公民	社区成员	市民/协会成员
交换中介	货币	法律	感激/尊敬	说理/交流
中心价值	选择自由	平等	互惠/利他	团结
有效标准	福利	安全	个人参与	社会/政治激活
主要缺陷	不对等，对非货币化结果的忽视	对少数群体需要的忽视，降低自助的动机，自由选择下降	受到的约束降低个人选择的自由，对非该团体的成员采取排斥态度	对福利产品的不平等分配，专业化缺乏，低效率

资料来源：彭华民、黄叶青：《福利多元主义：福利提供从国家到多元部门的转型》，《南开学报》2006年第6期，第40—48页。

与早期国家与市场之间的融合不同，现代意义上的福利多元主义已经摆脱了国家、市场的二元性讨论，而是更多地关注到了多元主体之间的体系性融合上。从福利多元主义的转型路径可以发现，来自国家福利的衰退和市场福利的挑战使社会福利建构的过程再也不能依靠一个主体而设置，国家、市场、家庭、社区、志愿组织等力量的大致均衡才能够成为福利多元体系保持平衡的重要支撑力量。虽然既有的一些研究仍然发现"正式

---

① Paul Dekker, Adalbert Evers, "Civicness and the Third Sector: Introduction", *Voluntus*, Vol. 20, No. 6, July 2009, pp. 217−219.

② 彭华民、黄叶青：《福利多元主义：福利提供从国家到多元部门的转型》，《南开学报》2006年第6期。

的福利安全体系是实现人类普遍福祉的最佳手段"①，但是在整体秩序和社会风险的双重压力下"共同社会责任"（Corporate Social Responsiblity）开始加速形成②：由于国家面临普遍的财政危机，家庭面临巨大的经济与社会压力，市场在承担社会责任的能力上相对有限，社区承载的社会功能愈加烦琐，而志愿组织的发展则方兴未艾。因此正如珍森（Jenson）在《重新构筑家庭的福利组合：政策挑战》中所言，"福利再也不能仅仅依靠任何一个主体来提供，而是需要来自一个由市场、家庭、国家、社区组成的福利供应联合体"③。同时，在志愿组织逐步发展壮大并在福利供应中发挥越来越重要作用的同时，志愿组织的融入也使诸如梅杰斯（Meijs）、苏萨（Zsuzsa）、怀特（White）这样的学者有更大的空间对原有的福利供应体系进行理论上的重组。④⑤⑥

从本质上讲，福利多元主义的提出并不是自由主义和国家主义在福利理论中的妥协，而是一种福利思维上的全面创新。具体表现为两点：（1）福利多元主义理论实际上是对原有理论的深刻反思和修正，并从理论上揭示了福利国家问题的根源和未来社会福利建构的路径。福利国家的建设多以凯恩斯主义和马歇尔的"公民权"理论为基本依托，但是随着20世纪70年代两次石油危机的到来，有关凯恩斯主义和马歇尔"公民权"理论的信仰危机开始出现。经济学理论对凯恩斯主义的批判使人们认识到了其效率方面的问题，而"公民权"的问题在福利多元思想中却得到了新的解答。以瓦斯在论及福利多元主义因何而形成之时采取了"公民权"与"公民性"的概念辨析，他认为"公民权"促使公共福利

---

① Geof Wood, Ian Gough, "A Comparative Welfare Regime Approach to Global Social Policy", *World Development*, Vol. 34, No. 10, October 2006, pp. 1696-1712.

② Luis Moreno, "Welfare Mix, CSR and Social Citizenship", *International Journal of Sociology and Social Policy*, Vol. 30, No. 11/12, November 2010, pp. 683-696.

③ Jenson Jane, *Redesigning the Welfare Mix for Famillies: Policy Challenges*, Disscution Paper F | 30 Fammilly Network, Canadian Policy Research Netsnork Inc., Ottawa, Febrary 2003, pp. 1-63.

④ Zsuzsa Szeman, Vera Gathy, "The Voluntary Sector in the Welfare Mix: The Hungarian Maltese Charity Service", *Journal of European Social Policy*, Vol. 3, No 1, Janaury 1993, pp. 119-129.

⑤ Lucas Meijs, "Changing the Welfare Mix: Going from a Corporatist to a Liberal Non-profit Regime", ISTR Sixth International Conference, Ryerson University and York University, Toronto, Canada, July 11-14, 2004, pp. 1-13.

⑥ Sharon White, Greg Marston, Catherine McDonald, "The Role of Non-profit Orgniztions in the Mixed Economy of Welfare-to-Work in the UK and Austrilia", *Social Policy and Administration*, Vol. 45, No. 3, June 2011, pp. 299-318.

供应的产生，而"公民性"促使私人福利供应的产生，两者是相互依存、互为基础的①，因此需要采用福利多元主义的思维来构建整个福利体系。这样一种解释就很明确地将福利的责任进行了理论上的定位，并明确了福利国家社会思想破灭的理论原因。（2）福利多元主义理论的提出不但为理论界清晰地分辨出福利供应主体的责任和作用提供了学术基础，也为社会福利体制的研究提供了可供比较的分析视角。福利多元主义不但在理论上具有很好的解释力，在实践中也形成了很好的研究范式，如鲍威尔（Powell）在2004年就采取了福利多元主义的框架对OECD国家的福利体制进行了量化的分析，并将混合福利作为分析的基本视角。② 这样就促使福利分析的范式更为科学和多元，方便学者们从既有的福利理论过渡到福利分析框架。

三 我国福利多元主义的研究

我国福利多元主义的理论研究是以对福利国家转型的批判作为逻辑起点的，自20世纪80年代以来的早期福利国家转型研究成为我国福利多元主义研究的启蒙，当然直到21世纪初我国福利多元主义的理论研究才逐步体系化。与西方福利国家的构建思路不同，我国1978年以前一直坚持计划经济体制下的社会福利制度。这种制度建立于国家计划经济的强力调控之下，通过充分就业、限量供应、集体保障、家庭互济的方式将福利予以传递，并在制度建构上形成了截然对立的城乡二元结构。从福利多元主义的分析角度出发，计划经济体系中福利主体之间的关系是一种非常特殊的、纵向的依存关系：（1）国家处于福利供应的核心，负责通过计划经济制度来调配一切物资、人力资源，实现全国范围内的经济调控和福利调控；（2）市场的作用看似被集体经济所代替，但是并不是依据市场原则而进行资源配置，其背后是国家计划经济体制的强有力支撑；（3）家庭尽管仍然是家庭互济的基础，但是由于其资源的获取并非是靠市场机制完成，因此也是由国家和公有制经济所支撑；（4）社区等其余福利主体实际上是以群众性的运动和思想政治工作来加以完成的，和现代意义上的民

① Adalbert Evers, "Civicness and Civility: Their Meanings for Social Services", *Voluntus*, Vol. 20, No. 6, June 2009, pp. 239-259.

② Martin Powell, Armando Barrientos, "Welfare Regimes and Welfare Mix", *European Journal of Political Research*, Vol. 43, No. 1, January 2004, pp. 83-105.

间互助具有很大的差异；（5）受困于家庭资源的有限性，民间互助无论从形式到内容都是单一与有限的。当然，尽管这一时期在制度设计上具有相对明晰的国家责任，但是由于城乡二元结构和特权阶层的存在，在福利供应中仅有极少部分人能够享受到充足的福利供应，农村地区与城市地区相比享受到的福利则更为有限，因此我国这一时期的社会福利体系实际上是一种嵌入计划经济体制中的、城乡分化的社会制度。

尽管与西方的福利国家制度具有根本意义上的差异，但是我国在社会福利的转型上却有着与福利国家极其微妙的契合。与西方的福利改革路径异曲同工，"中国在后毛泽东时代的改革中呈现出了非常显著的国家福利私有化的路径，这种现象发生在就业、健康、住房等一系列需要创造市场的地方"[1]。由于中国改革开放的 1978 年正和西方社会进行福利改革的时间点相吻合，且都是从"去商品化"向"商品化"的转移，因此就需要在一定程度上借鉴西方的经验。当然，受囿于当时的政治经济体制和国内学科发展水平，对于西方福利改革的认识首先是在批判中开始的。

大陆期刊中目前能够查询到的最早介绍福利国家转型的研究来自于英国人伦纳德（Lennard）1980 年发表的《改变福利国家的结构》，该文已经关注到了英国福利正在从社会民主制度转向激进右翼体制。[2] 但是这篇文章并没有引起当时学术界的重视，在此后三年时间中我国学者的研究仍然维持了原有的对福利国家资产阶级剥削性的批判[3][4]和对福利经济学的批判[5][6]，而没有看到这场变革是不同于意识形态之争的一种全新的福利思想变革。20 世纪 80 年代中期开始，中国学者开始相对中立地去看待福利国家危机，并采取了非意识形态的方式去分析这次福利危机[7]，但显然其分析尚没有意识到这是继自由主义理论和福利国家理论之后的第三次福利思想革新。邹兰有关西欧福利新动向的研究[8]、杨祖功有关西欧福利国

---

① Linda Wong, "Privatization of Social Welfare in Post-Mao China", *Asian Survey*, Vol. 34, No. 4, April 2005, pp. 307-325.

② 伦纳德：《改变福利国家结构》，《国外社会科学》1980 年第 5 期。

③ 傅鹏元：《现代资本主义"福利国家"的实质》，《经济科学》1981 年第 1 期。

④ 张润森：《战后西欧国家的福利主义》，《世界经济》1982 年第 6 期。

⑤ 王兆祥：《资产阶级福利理论的发展与演变》，《经济问题探索》1983 年第 11 期。

⑥ 厉以宁：《当代西方宏观福利理论述评》，《世界经济》1983 年第 7 期。

⑦ 张润森：《社会福利：困扰西欧的大问题》，《世界经济文汇》1984 年第 4 期。

⑧ 邹兰：《西欧福利政策的新动向》，《当代世界社会主义问题》1985 年第 2 期。

家的研究①、陈亚温有关福利国家"两重性"的研究②虽然也都很好地对
福利国家的具体问题展开了讨论，但是均没有清晰地看到西方福利改革的
本质。甚至在 1985 年《国外社会科学》刊登东京国际会议中罗斯
（Rose）的福利多元主义思想后③，我国学术界对于资本主义国家出现的
福利转型仍然缺乏深刻的理解。因此可以说，整个 20 世纪 80 年代，我国
主流学术界虽然对于欧洲出现的福利改革进行了部分针对性的研究，并为
未来福利多元主义在中国的发展打下了思想基础，但是其整体认知却呈现
出两个问题：（1）没有从根本上意识到福利国家转型是一种福利思想的
变革，而是错误地将其纳入意识形态领域的批判之中。20 世纪 80 年代的
主流理论认为福利国家是阶级斗争的结果④，福利国家的危机是资本主义
制度的必然归宿。虽然 1985 年后有关意识形态的研究在逐步淡化，但是
从整个 20 世纪 80 年代来看，其有关福利国家转型的认知还是非常不成熟
的。（2）以经济学为主体、以马克思主义为辅助的研究视域缺乏对福利
多元主义的深刻认识，缺乏对福利转型客观中立的理解；而社会学、公共
管理学等学科基本没有参与到福利问题的讨论中，使福利问题的研究缺乏
专业的视角。

进入到 20 世纪 90 年代，我国社会福利制度的进一步转型使社会福利
社会化的研究开始大量出现，有关福利多元主义的研究开始露出曙光。这
一时期，我国公有制企业开始建立"自负盈亏"的现代企业制度，其原
有的与国家福利相连接的供应链条被逐步切断，社会福利转型的问题被迫
上升为一个重大的政治问题。同时，随着意识形态的逐步淡化和社会学、
公共管理学等学科的逐步成长，对于西方社会福利改革经验的借鉴也在逐
步加强。1990 年，郑树清提出中国社会保障的出路在于将福利供应主体
从企业转向社会⑤；1991 年，岳颂东进一步指出社会服务应当由个人、家
庭、团体、社会、国家共同承担，同时主张将企业的生产责任与福利责任

---

① 杨祖功、曾宪树：《论西欧的"福利国家"危机》，《世界经济》1985 年第 4 期。
② 陈亚温、张维平：《福利国家的两重性和两种发展趋势》，《国外社会科学》1985 年第
3 期。
③ 陈洪斌：《探讨福利国家的国际会议》，《国外社会科学》1985 年第 5 期。
④ 值得一提的是，自 1986 年开始有部分研究已经开始否认"福利国家"是"工人阶级的
斗争成果"，如刘绯刊载于《欧洲研究》1986 年第 3 期上的《社会福利是西欧劳动人民斗争的结
果吗?》和赵立人发表的《社会福利制度不是划分社会性质的标志》等文。
⑤ 郑树清、陈川：《中国现行社会保障制度的出路》，《社会》1990 年第 2 期。

相区别①；1992 年，陈良瑾和唐钧则提出"社会福利社会办"应当是我国未来社会保障体系的重要出路之一。② 这些研究都在学术上很好地提出了社会福利多元化的思路，为我国 90 年代中期的福利多元主义改革创造了理论基础。

20 世纪 90 年代中期开始，随着我国企业制度改革的深化，原有企业和个人之间的福利联系也逐渐被彻底切断。社会福利转型开始逐步在民政领域出现，社会福利社会化的呼声开始伴随着国有企业的重组而逐步强大。建立于这种转型之上，我国以民政福利为主要阵地，开始了社会福利社会化的广泛讨论。白益华等人对于上海社会福利社会化的调查显示应当构建与市场经济相适应的社会福利事业③，刘伟能等人对于辽宁社会福利事业的调查则显示出要继续坚持社会福利社会化的道路④，而史国山的研究也认为社会化是我国社会福利改革与发展的主题。⑤ 尽管社会福利社会化只是集中在我国民政福利领域，但是有关社会福利社会化的研究却在一定层面促进了福利多元主义在中国的出现。

我国有关福利多元主义的研究在新世纪才开始较为明晰的出现。目前在期刊网上能够检索到的最早介绍福利多元主义的直接研究来自黄黎若莲发表于 2000 年的《"福利国"、"福利多元主义"和"福利市场化"》。在这篇文章中，黄黎若莲对福利国家、福利多元主义和福利市场化进行了详细的介绍，并且提出应当重新界定政府、市场、中介和家庭的关系。⑥ 2001 年，福利多元主义之下的第三部门成为学术界关注的重点，林闽钢和田凯的有关研究都关注到了第三部门的重要作用。⑦⑧ 之后，林闽钢又对福利多元主义的兴起进行了较为全面的介绍，从而为推进福利多元主义

---

① 岳颂东：《中国社会福利体制的改革》，《管理世界》1991 年第 4 期。

② 陈良瑾、唐钧：《建立有中国特色的社会福利制度》，《学术研究》1992 年第 3 期。

③ 白益华、吴贵民、王素英：《社会福利社会化势在必行——来自上海的启示》，《中国社会工作》1997 年第 4 期。

④ 刘伟能、舒顺林、孙宁：《坚持走社会福利社会化道路——辽宁社会福利调查》，《中国社会工作》1997 年第 5 期。

⑤ 史国山：《社会化是我国社会福利改革与发展的主题》，《中国民政》1997 年第 10 期。

⑥ 黄黎若莲：《"福利国"、"福利多元主义"和"福利市场化"》，《中国改革》2000 年第 10 期。

⑦ 林闽钢、王章佩：《福利多元化视野中的非营利组织研究》，《社会科学研究》2001 年第 6 期。

⑧ 田凯：《"第三部门"与中国社会福利》，《中国社会报》2001 年 11 月 15 日第 8 版。

的发展提供了理论引导。① 2006 年，彭华民等人对于福利多元主义的理论梳理使国家到多元部门的基本路径更为清晰，也在理论上进一步推动了福利多元主义的深入探索。② 在这些学者的带动下，福利多元主义作为福利研究的一个重要理论，开始呈现出了愈加蓬勃的发展势头。2000 年有关福利多元主义的文章仅为 1 篇，而到 2012 年已经达到了 50 篇，可见其发展呈现出了良好的势头。在数量增长的同时，我国福利多元主义的研究也从理论开始向分析框架进行转移，一些由福利多元理论衍生而来的实证分析也开始在学术界逐步涌现。如董春晓有关居家养老服务的福利多元主义分析③、曲绍旭有关残疾人灾后救助体系的福利多元分析④、张长伟有关福利多元主义下艾滋病儿童救助问题的分析⑤和吴炜对福利多元体系下农民工住房议题的研究⑥，都试图综合地运用福利多元主义框架去分析多元主体的合作关系。这些研究在推进福利多元理论走向分析框架的同时，也在理论上检验了福利多元主义的学术价值。

第三节　留守儿童的相关研究

一　留守儿童的概念界定

作为困境儿童的一种类型，留守儿童由于在生活、健康和教育等方面均可能存在着一定的弱势，因此对其各个方面进行针对性的分析在学术界具有重要的理论和实践价值。实际上，自 20 世纪 90 年代中期以来，我国留守儿童的相关问题也越来越得到理论界的广泛认识，对留守儿童相关议题的研究也越发健全。特别是在 2005 年教育部有关留守儿童的工作会议召开后，我国有关留守儿童的相关研究呈现出了井喷式的增长，甚至可以说，留守儿童的相关研究已经和流动儿童的相关研究一起成为困境儿童研

---

① 林闽钢：《福利多元主义的兴起及其政策实践》，《社会》2002 年第 7 期。

② 彭华民、黄叶青：《福利多元主义：福利提供从国家到多元部门转型》，《南开学报》2006 年第 6 期。

③ 董春晓：《福利多元视角下中国居家养老服务》，《中共中央党校学报》2011 年第 4 期。

④ 曲绍旭：《福利多元主义视角下灾后残疾人社会救助体系的重建》，《学术论坛》2012 年第 6 期。

⑤ 张长伟：《救助受艾滋病影响儿童的"河南模式"解读》，《社会科学家》2012 年第 2 期。

⑥ 吴炜、朱力：《农民工住房福利现状与政策走向》，《长白学刊》2012 年第 2 期。

究中最为重要的研究内容。

从留守儿童研究的溯源来看，上官子木和一张在 1994 年就分别提出了"留守儿童"这一词汇，但是早期使用的词汇主要指"父母在国外工作而由于种种原因而留在国内的儿童"[1][2]；而较早将留守儿童表述为"外来务工人员子女"意思的研究为孙顺其于 1995 年发表的《留守儿童实堪忧》一文。[3] 当然，尽管在 20 世纪 90 年代中叶已经有人开始意识到留守儿童问题，但直到 2004 年对于留守儿童展开的研究仍乏善可陈。2005 年起，随着教育部"中国农村留守儿童问题研究"工作会议的召开，我国国内对于外来务工人员子女展开的讨论才开始大量出现，留守儿童也逐渐成为学术领域关注的重点人群。

有关留守儿童的界定，目前学术界尽管具有小幅度的争议，但是基本上还是大同小异，如心理学领域的一些学者认为留守儿童应当界定为"父母双方或一方流动到其它地区打工，儿童留在户籍所在地并因此不能和父母一起生活的儿童"[4]；教育学领域的一些学者将其界定为"父母双方或一方外出打工而留守在家乡，并需要其他亲人照顾的 16 岁以下的孩子"[5]；社会学领域中也有学者将留守儿童界定为"留在家乡，不能随外出务工、经商或从事其他活动的父母一起生活的 18 岁以下的未成年人"[6]。在这些界定中，"父母外出"、"留在家乡"、"未成年人"构成了留守儿童的最基本内涵。当然，尽管留守儿童在基本定义上的趋同性较强，但是有关留守儿童的界定还是存在三个明显的分歧：（1）基于父母外出人数的分歧。目前，部分研究将"留守"界定为父母双方同时出去务工，另外一些研究则将父母一方或者双方外出务工界定为"留守"。（2）基于儿童年龄的分歧。既有研究将留守儿童的年龄下限一般界定为 0 岁或 6 岁，年龄上限则一般界定为 14 岁、16 岁和 18 岁。（3）基于父母外出时间的分歧。目前学术界有的研究将只要有父母外出行为现象的就界

①　上官子木：《留守儿童问题应当引起重视》，《神州学人》1994 年第 6 期。

②　一张：《留守儿童》，《瞭望》1994 年第 45 期。

③　孙顺其：《留守儿童实堪忧》，《教师博览》1995 年第 2 期。

④　范丽恒、赵文德、牛晶晶：《农村留守儿童心理依恋特点》，《河南大学学报》2009 年第 6 期。

⑤　丁杰、吴霓：《农村留守儿童问题研究报告》，《教育研究》2004 年第 10 期。

⑥　刘志军：《留守儿童：基于一个村落的人类学研究》，《中南民族大学学报》2008 年第 3 期。

定为"留守"，有的则将父母外出 6 个月以上的界定为"留守"，有的则主张父母外出一年以上才能算作"留守"。上述观点虽然都有一定道理，且能够自圆其说，但是由于概念的界定直接关系到留守比例、留守人数等核心问题，因此还是需要将其中的一种作为本书的界定标准。因此，本书将留守儿童界定为"父母双方或一方外出务工的、18 岁以下的、未能随父母外出的儿童"。

二　留守儿童研究的文献梳理

1. 基于研究视角的分析

对于既有留守儿童研究进行细致的内容分析，有赖于首先从视角上进行详细的解读。这是因为，留守儿童的研究视角往往依据不同的学科而形成，这些差异化的学科范式容易形成多元化的研究切入点，继而形成不同的研究取向。从研究视角来看，目前有关留守儿童的研究以教育学、心理学、社会学三大学科视角为主体，法学、图书馆学、公共管理学、经济学等视角在目前的留守儿童研究中也有少量涉及。这种研究视角的差异往往源于目前不同学科关注的要点不同，因此不同学科之间也形成了研究方向与研究观点上的分化。

（1）教育学的有关研究。教育学的研究主要对留守儿童的教育问题展开分析，并将其划分为五种子类型：第一种是对教育保护体系展开的分析，如汪明对农村留守儿童的研究发现该群体在身心健康、人身安全、行为习惯等方面均存在一定的问题，亟须健全留守儿童的教育保护体系；[1] 第二种是对学习习惯展开的分析，如朱丹有关留守儿童的分析发现农村留守儿童与普通儿童在学习求助行为上存在显著差异；[2] 第三种是对教育政策进行的分析，如陶菁对农村留守儿童教育中的"两免一补"政策进行的研究发现我国需要在户籍制度、法律保护、家庭教育与支持体系四个方面进一步推动政策的进步；[3] 第四种是对学习成绩展开的讨论，如张显宏对留守儿童学习成绩的研究发现其群体内部存在明显的人群分化，并认为

---

[1]　汪明、罗汉书：《构建农村留守儿童教育保护体系》，《国家教育行政学院学报》2007 年第 6 期。

[2]　朱丹、易红、鲁志敏：《初中农村留守儿童学业求助的特点研究》，《中国特殊教育》2007 年第 11 期。

[3]　陶菁：《农村留守儿童教育出现的新问题及其对策》，《江西社会科学》2007 年第 7 期。

应当优先解决多方监护人缺位的问题;① 第五种主要是对教育认知的讨论,如陈国华对农村中小学教师教育认知展开的研究发现农村中小学教师对于留守儿童的评价较为负面,并认为应当谨防"标签化"的危险。② 整体来看,目前有关教育学的主流研究方法仍然为制度分析方式,同时也存在少量的实证研究。即使在实证分析之中,其研究方法也多以描述性统计为主,而缺乏定量与定性方法的灵活运用,因而其得到的结论往往过于宏观和粗糙,对于留守儿童特点进行的深入挖掘比较有限。

(2)心理学的有关研究。目前,心理学的分析重点主要集中在留守儿童的人格保护、情感特点、心理健康、心理弹性与幸福感上,并主要采取量化的研究方法进行实证讨论。具体来看,可以按照内容将其划分为五类:第一类研究主要分析留守儿童的人格保护问题,如王东进有关留守儿童人格教育的研究发现农民工家庭由于亲子教育的缺失而对儿童的人格形成产生了不利的影响;③ 第二类研究主要围绕留守儿童情感特点展开分析,如刘霞等人对其情绪与行为适应特点的分析认为孤独感、委屈难过和敏感自卑是留守儿童代表性的情绪体验;④ 第三类研究主要考察留守儿童的心理健康问题,如金灿灿等人对网络成瘾与心理健康的研究发现留守儿童比普通儿童在网瘾倾向的测量中表现出更为恶化的状态;⑤ 第四类研究针对其心理弹性展开分析,如李永鑫等人对留守儿童心理弹性展开的定量分析发现父母外出距离、父母外出时间、父母团聚频率和照看人的不同均对其心理弹性产生了影响;⑥ 第五类研究主要针对留守儿童的幸福感展开,如张莉对于留守儿童主观幸福感的研究发现该人群在幸福感上出现了显著的下降,且留守儿童在公正世界信念方面的得分也出现了明显弱化。⑦ 总体来看,我国有关心理学的研究是涉及留守儿童研究的所有学科

---

① 张显宏:《农村留守儿童教育状况的实证分析》,《中国青年研究》2009 年第 9 期。

② 陈国华:《农村中小学教师对留守儿童的认知》,《西北人口》2010 年第 5 期。

③ 王东进:《农村留守儿童人格教育刍议》,《西北人口》2008 年第 5 期。

④ 刘霞、赵景欣、申继亮:《农村留守儿童的情绪与行为适应特点》,《中国教育学刊》2007 年第 6 期。

⑤ 金灿灿、屈智勇、王晓华:《留守与流动儿童网络成瘾现状及其心理健康与人际关系》,《中国特殊教育》2010 年第 7 期。

⑥ 李永鑫、骆鹏程、谭亚梅:《农村留守儿童心理弹性研究》,《河南大学学报》2008 年第 1 期。

⑦ 张莉、申继亮:《农村留守儿童主观幸福感与公正世界信念的关系研究》,《中国特殊教育》2011 年第 6 期。

中较为成熟的，其在方法上普遍采用定量的方法对被试展开分析，整体上具有较为科学的设计和良好的分析效果。

（3）社会学的有关研究。与教育学和心理学相比，目前社会学的研究方法更为多元，不但具有定量化的调查研究，而且在访谈、民族志等质性分析上也有较大的突破，因此在目前多视角的分析中具有很强的代表性。在多元化的研究方法下，目前社会学的研究从内容上看也主要划分为五类：第一类是有关留守儿童社会网络的研究，如姜又春有关家庭关系与养育模式的分析认为目前留守儿童家庭抚育模式出现了较大的变化，随着亲子关系的疏远其传统的养育模式正在发生改变；① 第二类是从社会交往方面开展的研究，如胡翼青有关电视与留守儿童人际交往模式的分析发现电视与其人际交往模式具有很大的关联性，需要通过一定的技术方法来提升留守儿童的"亲社会性"；② 第三类是有关留守儿童社会化的研究，如唐有才有关动态生命历程视角的分析发现留守儿童普遍存在一种"反埃里克森定律"的现象，其动态的社会化进程出现了某种程度的断裂；③ 第四类研究主要从留守儿童形成的社会因素来探讨，如周福林对已婚妇女子女状况与"留守"因素进行的分析就发现文化程度、外出居住时间、外出距离、职业、居住与生活方式都深刻影响着留守儿童的成长；④ 第五类研究是针对留守儿童生计状况进行全面性调查，如段成荣等人关于农村留守儿童的调查采取定性访谈的方式发现留守儿童的生计状况存在明显问题。⑤ 整体来看，目前社会学的研究在留守儿童的研究中也比较成熟，该学科在方法上比较多元，在内容上也有较大的跨度，在视角上一般都很独特。

除了以上三个研究视角外，目前从法学角度、图书馆学角度、公共管理学角度、经济学角度开展的研究也少量存在，但是由于其研究比较有限，且整体上缺乏影响力，因此目前这些视角在留守儿童的研究中并不占据主流。其中，法学的研究主要从监护制度和权益保护的角度出发来开

---

① 姜又春：《打工经济背景下农村家庭关系的变迁和留守儿童养育模式研究》，《西北人口》2010 年第 3 期。

② 胡翼青、戎青：《电视与留守儿童人际交往模式的建构》，《西南民族大学学报》2011 年第 10 期。

③ 唐有才：《动态生命历程视角下的留守儿童及其社会化》，《中州学刊》2011 年第 4 期。

④ 周福林：《从已婚妇女的子女状况看留守儿童的形成》，《统计研究》2008 年第 6 期。

⑤ 段成荣、杨舸、王鹰：《关于农村留守儿童的调查研究》，《学海》2005 年第 6 期。

展，如黄忠在留守儿童监护制度的分析中提出应当在立法上区分"亲权"与"监护"，在监护制度上强调国家公权力的介入；[①] 图书馆学主要从图书馆对留守儿童服务的角度开展分析，如何燕分析了当前公共图书馆对农村留守儿童服务的作用，并建议设立图书流动站、中小学图书馆和青年志愿者服务团队，以解决农村留守儿童的教育问题；[②] 公共管理学则注重分析留守儿童的社会保障政策，如董溯战有关留守儿童社会保障制度的研究探讨了国家对留守儿童的福利责任，主张建立涵盖基本生活、照管、教育和医疗四个领域的社会保障制度；[③] 而经济学则主要针对经济诱因展开研究，如秦秋红从人力资本的角度对留守儿童问题展开的研究提出应当突破城乡二元结构，解决二元经济结构的现实问题。[④] 总体来看，由于目前各个学科的研究视野相差很大，研究范式存在着较大的分化，因此我国学科之间在研究设计上还是存在着较为明显的分化。

2. 基于研究对象的分析

从留守儿童问题的研究对象来看，目前有关留守儿童本身及其家庭的专项研究比较多，而对于其他对象的研究则非常有限。这种现象的形成与既有的研究往往关注于留守儿童的问题而忽视其问题形成的过程有关，而其深层次原因在于很多研究往往"标签化"地去看待和理解留守儿童，使其研究容易陷入某些既有的思维框架中。当然，按照现有研究对象的差异，也可以将其划分为四种类型：基于留守儿童本身的研究、基于留守儿童父母的研究、基于留守儿童亲属的研究和基于其他主体的研究。

（1）基于留守儿童本身的研究。目前在留守儿童的既有研究中，围绕留守儿童自身展开的讨论是最多的。这些研究分别从生活、健康、教育、心理、社会化等角度对留守儿童展开了细致的剖析。从研究的内容来看，一般可以将其分为以下四种子类型：第一种类型是直接将留守儿童视为一个整体进行的定量观察，如刘霞等人就采取问卷测量的方式直接对留守儿童群体的社会支持情况进行了讨论，并发现留守儿童的社会支出来源

① 黄忠：《从留守儿童问题看我国监护制度的改进》，《西北人口》2009 年第 2 期。
② 何燕：《公共图书馆为农村留守儿童服务探讨》，《图书馆论坛》2010 年第 3 期。
③ 董溯战：《论农村留守儿童社会保障制度中的国家责任》，《宁夏社会科学》2011 年第 11 期。
④ 秦秋红：《人力资源视角下留守儿童问题研究》，《财政论丛》2006 年第 6 期。

比较单一；① 第二种类型是采用人类学的方法对留守儿童采取定性解读，如熊春文对于留守儿童生活世界的解读发现留守儿童精神上的空虚和无助；② 第三种类型是将留守儿童与普通儿童进行对比后展开的分析，如田录梅等人对留守儿童和非留守儿童进行比较后发现留守儿童的学习、生活质量和心理成长状况较差；③ 第四种类型主要是对留守儿童与其他困境儿童进行的对比研究，如陈丽等人对留守儿童与流动儿童进行对比分析后发现前者存在的营养不良状况更为突出，而后者营养过剩的问题开始凸显。④ 总体来看，这些研究从不同的层面反映出了留守儿童本身所遭遇到的现实问题，并普遍显示出留守儿童所具有的"困境"局面。

（2）基于留守儿童父母的研究。由于父母往往被认为是儿童保护的第一责任人，因而目前有关留守儿童父母的研究在学术讨论中也比较多，并广泛分布在教育学、心理学、社会学等诸多学科。从研究内容来看，一般将其分为以下四种子类型：第一类是对留守儿童父母监护问题的研究，如叶敬忠等人对留守儿童情感生活与父母外出打工之间关系的研究发现父母与留守儿童稀少的联系很难弥补留守儿童情感生活的缺失；⑤ 第二类是对留守儿童家庭环境的分析，如王秋香有关家庭环境与留守儿童社会化之间关系的分析认为家庭文化氛围不佳、家庭心理环境残缺不全、家庭教育主体素质较差和教育方式不当致使农村留守儿童的社会化面临困境；⑥ 第三类是对留守儿童家庭结构进行的分析，如吕吉对农村留守儿童家庭结构与功能进行的分析发现父母的外出容易引起家庭功能的改变、家庭情感功能的弱化和家庭教育功能的受损；⑦ 第四类主要围绕留守儿童的亲子教育展开分析，如范方有关留守儿童教育缺失与人格、行为的分析发现亲子教

---

① 刘霞、赵景欣、申继亮等：《初中留守儿童社会支持状况的调查》，《中国临床心理学杂志》2007 年第 2 期。

② 熊春文：《留守儿童的"生活世界"》，《中国农业大学学报》2011 年第 1 期。

③ 田录梅、张丽军、裴丹莹：《留守儿童与非留守儿童学习、生活及心理成长状况的比较研究》，《中国特殊教育》2008 年第 2 期。

④ 陈丽、王晓华、屈智勇：《流动儿童与留守儿童的生长发育与营养状况分析》，《中国特殊教育》2010 年第 8 期。

⑤ 叶敬忠、王伊欢、张克云等：《父母外出务工对留守儿童情感生活的影响》，《农业经济问题》2006 年第 4 期。

⑥ 王秋香：《家庭环境与留守儿童社会化趋向》，《社会科学家》2007 年第 4 期。

⑦ 吕吉、刘亮：《农村留守儿童家庭结构与功能的变化与影响》，《中国特殊教育》2011 年第 10 期。

育的缺失会对儿童人格的塑造产生负面影响，并容易导致其出现行为上的偏差。[①] 整体来看，目前有关外出家庭的分析虽然内容多元且方法各异，但是其整体结论却也大同小异，即父母的离去会对留守儿童具有较强的负面影响，并在生活、教育、心理等诸多方面都有所表现。

（3）基于留守儿童亲属的研究。东亚特有的福利文化尤其强调家庭成员间的互助，而中国的传统文化也赋予了绝大多数亲属在父母无能力或无精力抚育儿童时提供相应的帮助，因此有关留守儿童亲属的研究目前在学术界也占有一席之地。整体上看，目前基于此主体的研究有如下四种分类：第一，从不同类型监护人的角度着手进行研究，如范兴华对不同监护类型与留守儿童情绪展开的研究就属于此类，该研究通过对 1085 名儿童的情绪测量发现"留守"因素对于儿童的情绪适应具有不良的影响；[②] 第二，围绕国际经验开展的分析，如叶仁荪等人对于国外亲属抚养经验的研究发现我国留守儿童目前的健康与行为问题与当前的亲属抚育模式具有很强的关联性；[③] 第三，从亲属抚育模式的状况出发来予以讨论，如呼战平对祖辈抚育模式下的留守儿童心理做出的研究发现其心理状态存在明显的问题，在情感上具有较强的缺失；[④] 第四，部分研究还对留守儿童抚育的亲属网络展开了分析，如姜又春对于留守儿童养育网络的研究发现留守儿童目前还依赖于乡土性的亲属网络。[⑤] 总体来看，目前有关留守儿童亲属的研究在留守儿童的分析中还是比较多的，且结论也均发现亲属对于留守儿童的支持是比较显著的。当然，与有关留守儿童父母的研究相比，目前基于亲属的研究无论是在研究的重视程度上还是在研究的细致程度上均有所弱化。

（4）基于其他主体的研究。目前有关公共组织对于留守儿童支持的研究也有一些学者曾经加以探讨，但是无论是从研究的深度还是从研究的

---

① 范方、桑标：《亲子教育缺失与留守儿童人格、学绩及行为问题》，《心理科学》2005 年第 4 期。

② 范兴华：《不同监护类型留守儿童与一般儿童情绪适应的比较》，《中国特殊教育》2011 年第 2 期。

③ 叶仁荪、曾国华：《国外亲属抚养与我国农村留守儿童问题》，《农村经济问题》2006 年第 11 期。

④ 呼战平：《亲情的味道：祖辈监护下留守儿童的心理感受》，《中国农业大学学报》2009 年第 4 期。

⑤ 姜又春：《家庭社会资本与"留守儿童养育的亲属网络"》，《南方人口》2007 年第 3 期。

广度来看均不成体系，比较有代表性的研究多集中在留守儿童法律支持路径等方面①，均属于比较宏观的理论性研究。与公共组织的分析不同，近年来，我国特有的农村社区文化和志愿组织与留守儿童的关系成为另一个学术研究的新亮点。其中，江立华有关乡村文化的分析②、刘志军关于村落的人类学研究③都展现了现代性与传统性之间的深刻冲突，这些研究既反映出当前农村社区文化对于留守儿童的重要支持，也反映出农村社区作用的衰减已经在逐步弱化这种来自民间的支持。而有关志愿组织与留守儿童关系的研究在学术界则非常有限，王秋香对志愿组织与留守儿童关系展开的分析发现志愿组织发展的颓势④，而其余的相关研究则乏善可陈。从国家、社区、志愿组织的研究来看，当前的分析力度不但偏小，分析的内容过于粗糙，而且既有的分析尚缺乏多元主体之间的比较。因此整体看来，目前留守儿童本身及其家庭以外的对象在研究中比较边缘化，急需学术界予以高度的重视。

　　3. 基于研究方法的分析

　　目前，对于留守儿童展开的研究也体现出了研究方法上的差异，一些研究比较偏重于实证性的调研，试图通过对留守儿童进行量性或者质性的调研来挖掘其既有问题和制度诱因；另一些研究则侧重于理论的分析，主要从制度梳理和政策比较层面去找寻目前留守儿童的问题。这两种大的研究方式又可以划分为四种小的研究类型：调查研究法、实地研究法、文献研究法和制度分析法。

　　(1) 调查研究法。目前围绕留守儿童开展的调查研究主要利用问卷调查法来开展系统讨论，且多集中于社会学、教育学、心理学等学科。社会学领域中许传新对流动儿童与留守儿童的比较研究⑤、教育学领域中吴霓有关留守儿童主观评价的研究⑥、心理学领域中刘霞对于留守儿童孤独

---

① 王秋香：《农村"留守儿童"权益保障的法律支持路径》，《求索》2008 年第 8 期。

② 江立华：《乡村文化的衰落与留守儿童的困境》，《江海学刊》2011 年第 4 期。

③ 刘志军：《留守儿童：基于一个村落的人类学研究》，《中南民族大学学报》2008 年第 3 期。

④ 王秋香：《非政府组织与留守儿童权益保障》，《湘潭大学学报》2008 年第 3 期。

⑤ 许传新：《社会化结果："流动"与"留守"儿童的比较分析》，《西北人口》2011 年第 2 期。

⑥ 吴霓、康恒鼎：《农村留守儿童学习成绩主观评价研究》，《中国特殊教育》2011 年第 2 期。

感问题的研究①都属于此类研究。通过采用问卷调查法，学者们便于从数量关系上分析出目前留守儿童的基本状况，具有较为全面且有力的数据支撑，同时便于在数据上求证或者证伪某种研究假设，因此这种研究方法是比较常见的。当然，由于问卷设计本身多以被访者自填问卷为主，因而在实际的研究过程中对于材料的处理具有某些局限性，使得调查研究法容易在研究深度方面存在漏洞。

（2）实地研究法。与此相比，采用访谈法开展的专项研究在目前留守儿童的研究中则比较少见，这类研究也主要在社会学领域出现。其代表性的专项研究有吕绍清对150个个案进行的访谈分析②、张克云对留守儿童社会支持网络的分析③、何毅有关侨乡留守儿童发展问题的访谈④、岳天明有关夜村儿童社会化问题的研究⑤和陈新花对广西留守儿童社会化差异的个案分析⑥。同时，目前学术界还有少量研究从人类学的田野调查、话语分析和民族志的方式出发来开展相关研究。其代表性研究有刘志军有关留守儿童村落文化的研究⑦、熊春文对留守儿童日记中"生活世界"展开的分析⑧和姜又春对于养育亲属网络的民族志分析⑨。整体来看，这种研究方式通过较为细腻的描述和质性的分析，能够发现很多定量方法中不易发现的很多细节，因而也是一种比较有特点的研究方法。

（3）文献研究法。目前，在CSSCI期刊中有关留守儿童的文献研究只有8篇，约占所有研究的5.130%。在这些文章中，较早出现的研究为肖正德发表于2006年1月的《我国农村留守儿童教育问题的研究进展》，该研究梳理了留守儿童教育方面的有关研究，从文献的角度总结和深化了

---

① 刘霞、胡心怡、申继亮：《不同来源社会支持对农村留守儿童孤独感的影响》，《河南大学学报》2008年第1期。

② 吕绍清：《农村儿童：留守生活的挑战》，《中国农村经济》2006年第1期。

③ 张克云、叶敬忠：《留守儿童社会支持网络的特征分析》，《中国青年研究》2010年第2期。

④ 何毅：《侨乡留守儿童发展状况调查报告》，《中国青年研究》2008年第10期。

⑤ 岳天明、原明明：《夜村留守儿童社会化及其对策研究》，《西北人口》2008年第2期。

⑥ 陈新花、李珍连：《广西边境地区留守儿童的社会化差异分析》，《西北人口》2008年第2期。

⑦ 刘志军：《留守儿童：基于一个村落的人类学研究》，《中南民族大学学报》2008年第3期。

⑧ 熊春文：《留守儿童的"生活世界"》，《中国农业大学学报》2011年第1期。

⑨ 姜又春：《家庭社会资本与留守儿童养育的亲属网络》，《南方人口》2007年第3期。

学术领域的认识。① 而较早的综合性文献研究是由周福林和段成荣联合发表的《留守儿童研究综述》，这篇文章指出 2006 年以前留守儿童的有关问题已经在研究视角和研究方法上出现了多元化，但是在系统性、整体性上尚缺乏必要的整合。② 之后，随着我国留守儿童研究的增多，文献回顾类的文章不但愈加频繁，而且研究也越发深入：其中，万明刚等人的研究主要认为既有研究虽然在总体上发现了不少留守儿童的负面状况，但是仍然需要警惕其"标签化"的趋势；③ 余凌等人则对心理学领域的研究进行了概括，并且发现留守儿童的研究存在着研究对象的操作定义不准确、研究假设有片面性、研究方法有局限性、研究的理论反思有待深入等不足；④ 而曲凯音则主要对留守儿童研究的未来路径进行了分析，他认为目前的研究多将留守儿童的分析焦点放置在家庭、学校和社会上，而缺乏在制度建设上的突破口。⑤ 整体上看，目前有关文献法的分析方式对于学术领域加深对留守儿童研究的认知具有重要作用，但是由于其主要采取文献梳理的方式开展研究，因此这种方式可能会带有一定的主观色彩，且研究不易于形成新的发现。

（4）制度分析法。目前，CSSCI 中通过宏观制度描述来展开的研究有21 篇，在所有研究中占据了 13% 左右，也是一种相对常见的分析方式。这种分析方式广泛用于法学、图书馆学等学科之中，采用纯理论推导或宏观分析的方式来加以分析，如法学研究中的吕炜有关农村留守儿童代理家长的分析⑥、图书馆学中的何燕对公共图书馆的服务职能展开的分析⑦等研究均采用此类方法。这种研究方法一般都具有全局的视角，对于留守儿童问题的整体性和系统性的强调较多，但是该方法往往对一些具体的问题缺乏必要的讨论，且论证的结果也缺乏充分的材料支撑，因此这种研究方法在近年来的学术界已逐渐减少。

---

① 肖正德：《我国农村留守儿童教育问题的研究进展》，《社会科学战线》2006 年第 1 期。

② 周福林、段成荣：《留守儿童研究综述》，《人口学刊》2006 年第 3 期。

③ 万明刚、毛瑞：《当前我国留守儿童研究存在的若干问题》，《西北师大学报》2009 年第 1 期。

④ 余凌、罗国芬：《农村留守儿童心理学研究评述》，《河南大学学报》2009 年第 6 期。

⑤ 曲凯音：《中国农村留守儿童问题研究回顾与前瞻》，《青海社会科学》2009 年第 6 期。

⑥ 吕炜：《农村留守儿童代理家长之法律思考》，《西北大学学报》2011 年第 6 期。

⑦ 何燕：《公共图书馆为农村留守儿童服务探讨》，《图书馆论坛》2010 年第 3 期。

三 留守儿童研究的不足之处

留守儿童的研究归根到底是为了在制度上弥补现有体系的不足，在政策上优化该人群的生活、健康和教育状况，在政策上预防留守儿童可能遭遇到的诸多不利局面。因此，尽管目前的研究多种多样且视角分布广泛，但是在推动留守儿童有序发展的初衷上却并没有本质差别。对留守儿童政策上的推动，有赖于逐步规范我国学术界的研究，而规范学术界的相关研究，则必须重新审视既有的研究漏洞。本书认为，当前留守儿童的研究主要呈现出了三个方面的问题：一是目前的研究缺乏广义社会福利的分析视角，对于留守儿童福利供应的研究还明显不足，且无法将社会福利转型与留守儿童问题紧密地联系在一起，因而其研究的深入度还有可挖掘空间；二是目前的研究多有"标签化"的痕迹，既有研究往往围绕儿童本身或者家庭寻找问题和困境，对于家庭、国家、社区和志愿组织在儿童保护中形成的责任定位不甚明晰，同时对于各个主体之间的互动关系也缺乏了解；三是目前的研究过于倚重定量方法，这样虽然可以通过数量之间的关系找寻到事物之间的联系，确定留守儿童形成困境的原因，但是过于关注数据本身实际上也抹杀了实证调研中较为隐晦的深度信息，不利于真实地关注到留守儿童的实际状况。

从研究的视角来看，广义社会福利视角的缺失往往导致目前的研究不能深刻地领会社会福利转型的基本路径，不能从制度建设的角度对未来留守儿童的福利供应体系提供建议。具体来看，目前有关留守儿童的研究主要集中在心理学、教育学、社会学等领域，而鲜有从社会福利角度出发来加以研究的。因此，留守儿童的福利获取怎么样、福利供应的责任分担如何、福利供应体系有无风险等核心议题就不得而知。更为重要的是，这些研究的角度都不能将我国社会福利转型的基本路径和我国留守儿童的现实困境紧密地联系在一起，因而不但不利于留守儿童问题的多角度开展，同时也不利于深刻地揭示留守儿童问题与儿童福利制度变革路径之间的关系。而出现此现象的深层次原因在于，我国学术界长期以来将儿童福利制度视为民政福利制度的一部分，且采用补缺型福利观去驾驭社会福利制度的发展，因此仅有孤儿等极少部分儿童被纳入研究视域之中；同时，即使有针对特定儿童的研究，社会福利视角下的研究也多将其集中在生活抚育之中，而与国外普遍存在的将生活、健康、教育视为一体化福利问题的观点具有差异。这就人为地将我国儿童福利的研究范围大幅度地缩小，不但使社会政策的研究视域出现了明显的偏差，而且将留守儿童等困境儿童弃之于社会政策的分析范围之外。

从研究对象来看，过于"标签化"的研究方式往往关注困境的结果，忽视了形成困境的过程，而其深层次原因在于缺乏对于多元主体的研究。目前针对我国留守儿童的研究主要集中在留守儿童心理问题、精神状态、社会交往、学习成绩、教育机会上，或者将研究重点放置在留守儿童的家庭内部，讨论父母外出对留守儿童所造成的损伤。因而这些分析多将留守儿童看成"问题儿童"来加以讨论，而对一些帮助留守儿童扭转不利局面的积极元素缺乏必要的讨论。比如，目前的很多研究都探讨了我国留守儿童的心理问题，但是对我国农村社会独有的村落文化、家族制度、社会关系系统在减少留守儿童心理问题上的积极作用则很少有讨论。[1] 由于既有的研究注重观察困境的局面，但是却没有细致地去分析困境形成的过程，因此我国对于留守儿童困境的许多分析不但带有主观臆断的痕迹，也缺乏对留守儿童问题背后深层次制度原因予以揭示。出现此问题的原因在于，目前的研究往往对儿童本身及其家庭因素过度地挖掘，而忽视了对其他多元主体作用与困境的讨论。换言之，留守儿童的研究主要围绕其本身与家庭来开展，并通过探讨家庭角色的缺失来彰显留守儿童的困境，往往容易忽视多元主体所具有的能动性，因此不能够观察到其福利责任的变动。基于此，本书认为应当打破绝大部分研究所采取的留守儿童及其家庭的分析模式，而对多元主体如何弥补或解决这种问题的过程进行更为有效的挖掘。

从研究方法上看，过于倚重定量方法而忽视定性方法实际上不利于挖掘出问题的实质，容易出现对于数据之间关系过于简单的解读。目前在社会科学中广泛存在着对于定量方法的过度推崇，而对于质性的研究方法往往重视不足。从定量方法来看，这种依据定量关系形成的分析结论虽然有助于更为客观地呈现出数据之间的内在联系，但是仅仅采用这种技术则有可能会在数据的解读方面出现较为明显的偏差，同时这种过于偏重于定量方法的研究方式在设计上会忽略大量的看似不显著的指标，因而在实践中

---

① 万明刚、毛瑞：《当前我国留守儿童研究存在的若干问题》，《西北师大学报》2010 年第 1 期。

不利于更为全面和深入地去挖掘留守儿童所遇到的实际困难，对于分析留守儿童的实际状态是不利的。当然，纯粹定性的技术作为主要依赖于个体经验的研究也可能存在稳定性不足的问题，且在调查的过程中难以反映某些案例的代表性，因此也不利于对留守儿童相关问题的广泛讨论。基于此，本书希望能够综合定量方法与定性方法的优势，通过"三角矫正法"的整体设计来保障研究结论的严谨性。

第三章

研究设计

尽管国外有关福利多元主义框架的实证性讨论比较多,但是我国在此框架下对特定人群展开的实证研究还比较稀少,彭华民有关新贫困社群的研究①、熊跃根有关老年人照顾问题的研究②是目前运用福利多元主义框架展开分析的典型例证。同时,我国有关未来社会福利制度改革的讨论也多集中在理论探讨层面,而缺乏必要的实证性检验。因此,本书希望采取福利多元主义的分析框架和广义社会福利的概念界定,利用定量和定性相结合的方式对留守儿童的福利获取状况和福利供应状况开展实证性的讨论。

而要对留守儿童进行实证研究,首先需要明确研究的整体框架和具体指标,理清本书的研究思路;其次要着重讨论研究的方法,重点分析所采取研究方法的科学性、可操作性和伦理性;最后要着重探讨研究的创新性和局限性,清楚本书在探索过程中的亮点与缺陷,提出对后续研究的启示。因此,本书将围绕以上三个问题进行研究设计,并通过以上三个方面的讨论为本书的后续分析提供基础。

第一节　研究框架与研究指标

一　研究框架

从文献回顾可知,目前留守儿童研究的不足之处主要表现在三个方

①　彭华民:《福利三角中的社会排斥——对中国城市新贫困社群的一个实证分析》,世纪出版集团 2008 年版,第 52—60 页。
②　熊跃根:《需要、互惠与责任分担——中国城市老年人照顾的政策与实践》,世纪出版集团 2008 年版,第 52—67 页。

面：（1）从研究的对象来看，目前的研究对于留守儿童本身和家庭的关注较多，而对其他主体的研究不足，因而容易看到留守儿童问题的结果而忽视其形成问题的过程。（2）从研究的视角来看，基于心理学、教育学的视角比较多，而从社会福利视角开展的研究比较有限，因此目前的研究往往缺乏对留守儿童问题背后的社会福利转型议题予以深刻认识。（3）从研究方法来看，目前的研究过于推崇定量方法而对定性方法较为忽略，因此容易导致对于定量分析结果的解读不深入。而利用福利多元主义作为分析框架，使用广义社会福利概念予以指标界定，采取定量方法和定性方法相结合的方式来观察留守儿童的福利供应问题恰恰能够弥补上述三个研究不足。基于此，本书试图从上述三个方面出发来研究留守儿童福利获取与福利供应的相关问题。

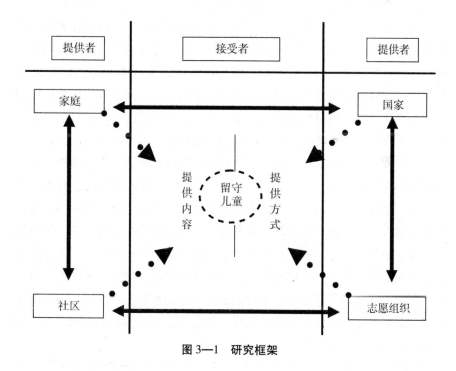

图 3—1 研究框架

从本书的框架图（图 3—1）可以清晰地看出，研究将主要围绕着留守儿童的福利获取和福利多元主体的福利供应来展开，通过福利获取和福利供应的对比来评估留守儿童的福利状况。其中，按照广义社会福利的界定，研究将留守儿童福利进行福利提供内容与福利提供方式上的划分①，前者主要包括生活福利、健康福利和教育福利，后者则主要包含资金、保护性服务和照顾性服务，这六个指标将共同构成留守儿童福利分析的测量体系。在多元主体的界定上，研究主要根据福利多元主义框架对福利供应主体进行了设计。由于儿童本身并不具有以劳动交换为主要特征的"商品化"的福利供应，因而本书将福利供应主体划分为"家庭"、"国家"、"社区"和"志愿组织"，在福利供应主体上并未将"市场"纳入其中。从整体的研究设计来看，福利多元主义理论构成了目前研究框架的理论基础，而广义社会福利视角则是指标设计过程中的理论前提。

二　研究指标

在具体指标设计中，本书采取福利提供内容与福利提供方式相结合的方式来加以设计。从福利提供内容上看，目前我国在儿童权益保护制度上的规定为生存权、发展权、被保护权和参与权，这种划分的角度虽然也能够部分地体现出儿童福利的外延，但是该概念带有明显的法学学科痕迹，与我国社会福利学科的价值观念、分析思路具有一定的差异，因此研究主要通过广义社会福利概念来确定留守儿童的福利提供内容。从目前学术界的研究来看，虽然有关社会福利内涵与外延的界定仍存在不同的说法，但是很多研究都把基本生活福利、健康福利、教育福利这三个方面视为社会福利的主要内容，如景天魁提出的"底线公平"福利制度包括解决温饱的福利、基础教育的福利和公共卫生与医疗救助的福利②，刘继同认为社会福利制度应当包含社会保障、福利服务、教育服务、住房服务、健康服务、就业服务③，崔凤的观点是社会福利制度应当包括基本生活保障制度、就业福利制度、安全福利制度、老年福利制度、健康福利制度、教育福利制度、住房福利制度、文化福利制度。④ 从国外儿童福利制度的设计来看，很多发达国家也将生活、健康、教育等方面的福利供应视为最为核

---

① 由于在留守儿童的福利获取分析和福利多元主体的福利供应分析中都采取了福利在内容与方式上的划分，因此本书在这里使用了"提供"而非"供应"一词。

② 景天魁：《底线公平：和谐社会的基础》，北京师范大学出版社 2009 年版，第 1—21 页。

③ 刘继同：《国家与社会：社会福利体系性变迁规律与制度框架特征》，《社会科学研究》2006 年第 3 期。

④ 崔凤、曾东：《"大福利"视角下的社会保障体系重构》，《中共青岛市委党校学报》2010 年第 2 期。

心的福利提供内容，如日本针对基本生活方面所具有的生活津贴制度和儿童照料制度,[①] 法国针对健康福利所具有的医疗保障制度和营养保障制度,[②] 瑞典针对教育福利所具有的学习津贴制度、免费文具制度[③]都在制度上加以形成。因此，参考这些福利提供内容的划分方式，结合留守儿童所具有的特殊性，本书中留守儿童福利按照内容划分为生活福利、健康福利和教育福利。

　　而从福利提供方式上看，目前很多学者将"资金"和"服务"两个因素视为福利提供的方式，如彭华民将社会福利划分为收入维持和社会福利服务两种形式,[④] 史柏年将广义社会福利概念划分为福利性的物质援助和专业性服务,[⑤] 岳经纶将收入保障和个人服务视为当前广义社会福利的两个基本方向。[⑥] 也有学者对服务的具体方式进一步划分，如徐月宾把儿童福利服务划分为预防性服务、保护性服务和救助性服务，其中预防性服务主要保证儿童能够得到恰当的家庭照顾，包括教育服务、家庭资源服务、医疗和精神健康服务等；保护性服务主要保护儿童免受父母和其他照顾人的虐待或忽视，包括防止身体虐待忽视、生活必需品匮乏、教育忽视等内容；而救助性服务则是针对失去家庭依托儿童而提供的照顾安排。[⑦] 刘继同则将儿童福利服务划分为支持性服务、补充性服务、保护性服务和替代性服务，其中支持性服务是通过支持家庭而形成的服务形式，补充性服务是通过经济形式保障儿童享受家庭服务，保护性服务是防治儿童处于保护不力而提供的服务，替代性服务为家庭功能破裂后的福利服务。[⑧] 本书借鉴相关学者的分析路径，将留守儿童的福利供应方式划分为资金、保护性服务、照顾性服务，其中资金指标主要测量资金上的供应状况，保护性服务指标主要测量在避免儿童遭受人身虐待、营养匮乏与机会丧失方面的福利服务，照顾性服务指标主要测量在保障儿童享有充足照顾上的福利

①　杨栋梁、沈士仓:《日本社会保障的特点及现存问题探析》，《日本研究》2002 年第 3 期。

②　张晓霞:《美法两国儿童福利制度的差异比较》，《社会》2003 年第 6 期。

③　何玲:《瑞典儿童福利模式及发展趋势研议》，《中国青年研究》2009 年第 2 期。

④　彭华民:《中国组合式普惠型社会福利制度的构建》，《学术月刊》2011 年第 10 期。

⑤　史柏年:《社会保障概论》，高等教育出版社 2004 年版，第 1—17 页。

⑥　岳经纶:《个人社会服务与福利国家：对我国社会保障制度的启示》，《学海》2010 年第 4 期。

⑦　徐月宾:《儿童福利服务的概念与实践》，《民政论坛》2011 年第 3 期。

⑧　刘继同:《当代中国的儿童福利制度框架（上）》，《青少年犯罪问题》2008 年第 5 期。

服务。本书希望通过基于资金与服务方面的测量来对留守儿童福利供应的
方式进行详细的讨论和甄别。

从指标体系来看，研究在福利提供内容上划分为生活福利、健康福
利、教育福利，在福利提供方式上划分为资金、保护性服务和照顾性服
务，并由两者交叉成为本书的 9 个二级指标[①]（表 3—1）。其中，生活资
金、健康资金和教育资金主要测量留守儿童在获得福利资金上的可及性，
其测量的主要内容为生活、健康、教育方面资金支持的充裕性；生活保
护、健康维护和教育机会主要测量留守儿童在免受虐待打骂、营养匮乏、
学龄期失学上的服务，分别测量儿童在免受不良因素侵害上的保障状况；
而生活照顾、健康照顾和教育辅助[②]主要测量儿童在接受照顾方面的充裕
度，主要研究儿童获得生活照顾、健康照顾和教育辅助的状况。研究通过
上述指标设计在整体上测量儿童福利的基本状况，并为本书的深入分析提
供定量的数据支持与定性的访谈支撑。

表 3—1 研究的指标设计

指标设计		理论解释			具体解释
一级指标	二级指标	供应方式	理论支持	操作化	
生活福利	生活资金	资金	生活资金	生活资金	对基本生活费用支持力度的测量
	生活保护	保护性服务	反虐待服务	反虐待和反打骂服务	对避免儿童虐待、打骂行为进行服务的测量
	生活照顾	照顾性服务	家庭服务或者家庭资源服务	生活照顾服务	对生活照顾服务水平的测量

①　在二级指标之下，还有三级指标和问卷，由于题目较多，本书将其放在附录 A 和附录 B 中。

②　在教育领域，目前研究得比较多的是家庭教育。但是按照《中国大百科全书（社会学卷）》的界定，家庭教育的主要内容是指"学习生活知识，如何自卫、自护、自立；学习社会规范，培养道德情操；协调人际关系；语言的训练等"，因而本书将学业辅导和家庭教育联合起来，称为教育辅助。

续表

指标设计		理论解释			具体解释
一级指标	二级指标	供应方式	理论支持	操作化	
健康福利	健康资金	资金	健康资金	健康资金	对健康费用支持力度的测量
	健康维护	保护性服务	儿童营养服务	营养服务	对避免儿童营养匮乏予以服务的测量
	健康照顾	照顾性服务	健康照顾服务	健康照顾服务	对健康照顾服务水平的测量
教育福利	教育资金	资金	教育资金	教育资金	对教育费用支持力度的测量
	教育机会	保护性服务	教育机会保障	教育机会	对避免儿童教育机会丧失服务的测量
	教育辅助	照顾性服务	教育技能服务	学习辅导和家庭教育服务	对学业辅导与家庭教育服务的测量

第二节　研究方法与研究伦理

一　主辅结合的研究方法论

在社会学科的研究中，研究方法一直存在着定量与定性的争论。一般认为，定量研究方法能够通过分析一些具有代表性的样本来推论总体，但是它难以获得更为深入的信息，对具体社会过程和深层次动机缺乏深刻理解；而定性研究方法有利于发掘某一社会事件的深层次原因，有利于对观察对象的细微之处予以把握，但是其结论可能不具有普遍性。[1][2] 从具体的研究来看，定量研究侧重于用数字来描述、阐明以及揭示事件的前因后果关系，一般在社会学、人口学、心理学、经济学等社会科学学科使用较多；而定性研究侧重于通过语言文字的描述、阐明以及探索事件、现象与问题，一般出现在语言学、人类学、社会学、教育学等研究领域。[3] 尽管

---

[1] 陈向明：《社会科学中的定性研究方法》，《中国社会科学》1996 年第 6 期。

[2] 李强：《完善社会学的定量研究和定性研究》，《中国社会科学报》2009 年 10 月 18 日理论版。

[3] 张梦中、霍哲：《定性研究方法总论》，《中国行政管理》2001 年第 11 期。

存在经验主义与解释主义的差异，但是"定性与定量研究方法之间的区别和差异并不是绝对地不相容的，在定性研究方法中包含着定量研究的成分，在定量研究方法中也渗透着定性分析的因素"①。特别是近年来，随着我国学术界对于定量与定性研究方式的深入了解，越来越多的学者开始倾向于采取定量和定性相结合的方式进行社会学、教育学、政治学等社会科学的研究，叶齐华有关家庭暴力问题的研究、欧群慧有关教育问题的研究和秦亚青有关国际关系事件的研究均是典型代表。②③④ 本书在前人的基础上，也采取定量与定性研究相结合的实证研究方式展开讨论，以期有效地结合定量研究与定性研究的优势保障真实性。

二 具体的研究方法

1. 收集资料的方法

在资料的获取方面，本书主要通过三种技术方法来处理：（1）文献法。研究者收集了大量有关福利多元主义理论、广义社会福利概念和留守儿童问题的相关研究文献，并对这些文献进行了充分的整理。同时，在调查地点研究者还尽力收集政府部门提供和出台的相关文件、政策、讲话、活动方案，以便在政策上细致地对福利传输方式展开分析。在此基础上，研究还对四川省兴文县的经济发展水平、少数民族人口比例等统计性的资料进行了收集。（2）问卷法。研究者在实地调研中采取问卷法开展资料收集工作。问卷的设计均从有关理论出发，对有关理论进行了操作化。由于研究主要采取问卷法进行调研，需要儿童具备一定的阅读能力，因而本书以初中阶段的学生作为主要调查对象，年龄主要分布在 13 岁到 16 岁之间。在抽样方法上，本书采取系统抽样和整群抽样相结合的方式展开调研⑤：首先采取系统抽样的方式按照人均 GDP 和距离县政府所在地的距

---

① 郭贵春：《社会科学探索的"诺亚方舟"》，《晋阳学刊》1999 年第 1 期。

② 叶齐华：《社会研究方法实践与思考——运用定量和定性方法探究中国家庭暴力问题》，《华中师范大学学报》2011 年第 2 期。

③ 欧群慧：《走向多元的教育研究方法》，《云南师范大学学报》2001 年第 5 期。

④ 秦亚青：《国际关系的定量研究和事件分析方法》，《中国社会科学》2005 年第 1 期。

⑤ 一般而言，概率抽样主要有简单随机抽样、系统抽样、分层抽样和整群抽样四种类型。本书采取的系统抽样主要在乡镇、学校和班级层面，整群抽样为直接抽取班级所有成员。整群抽样的抽样效果往往在概率抽样中偏低，但本书主要考虑到其组间差异较小，组内差异较大，适应整群抽样，故选择该方法。

离两个因素确定古宋镇、太平镇、大河乡、仙峰乡作为本次调研的地点。其中，古宋镇为县政府所在地，其 2010 年的人均 GDP 为 1.773 万元；太平镇为近郊乡镇，距离县城 7.5 公里，其人均 GDP 为 1.676 万元；大河乡为中等距离乡镇，距离县城 20 公里，人均 GDP 为 0.735 万元；仙峰乡为远距离乡镇，距离县城 50 公里，人均 GDP 为 0.551 万元。① 在抽取完乡镇后，研究继续对班级进行抽样：古宋镇中学每个年级为 20 个班级，研究选定两个年级的 3 班、13 班作为抽样班级；太平镇中学每个年级为 7 个班级，研究选定初一 1 班、初一 5 班、初二 2 班和初二 7 班作为调查对象；大河乡中学每个年级为 10 个班级，研究选定两个年级的 2 班和 6 班作为调查班级；而仙峰乡由于班级只有 3 个，所以全部选定进行调查。在选定班级之后，研究对全班学生进行问卷调查。本项研究共发放问卷 850 份，回收有效问卷 818 份，有效问卷率为 96.235%，第一阶段调查 149 人，第二阶段调查 669 人，由经过培训的调查员直接负责问卷的调查。
（3）访谈法。本书在实地调研的过程中还采取访谈法开展相关的研究。本书的访谈抽样方式为目标抽样，访谈对象的选择主要依据福利多元主义分析框架的四个主体来设定，抽样尽量在性别、年龄等方面做到平衡，保持被访问者的多元性。从具体的访谈对象来看，研究主要访谈县主管部门官员 7 人、社区干部 4 人、校领导 4 人、教师 6 人、邻居 3 人、儿童 6 人。

2. 分析资料的方法

本书针对定量和定性的资料采取了不同的分析方式。定量研究方面，本书对回收的问卷通过 SPSS 软件予以处理，主要采用均值分析、聚类分析和回归分析等技术展开定量资料的讨论。其中，均值分析主要通过留守儿童与普通儿童在福利获取和福利供应上的得分来加以处理，主要对比其在整体福利获取、家庭福利供应、国家福利供应、社区福利供应、志愿组织福利供应及其各自分类群体福利提供中的状况。该分析方式多分布于本书的第四章和第五章。在具体的均值分析中，研究将留守儿童划分为双亲外出的留守儿童和单亲外出的留守儿童②，并与普通儿童进行相应的对比分析。

---

① 兴文县统计局：《兴文县国民经济与社会发展统计资料汇编（2010）》，2011 年。
② 双亲外出的留守儿童为父母双方均在外的留守儿童，单亲外出的留守儿童为父亲或者母亲在外的留守儿童，由于名字比较长，使用起来不是特别方便，因此本书将其分别命名为"双亲留守儿童"和"单亲留守儿童"，后面的使用与此解释相同。

聚类分析主要对留守儿童和普通儿童按照性别、地区、年龄、民族进行 32 个子类型的划分，通过对留守儿童和普通儿童各自 16 个具体类型的聚类分析来探讨"留守"对儿童福利获取和福利多元主体福利供应的影响，试图研究"留守"是否已经成为显著制约儿童福利的重要因素。在问卷资料的编码中，以字母 P 开头的子类型为普通儿童的子类型，以字母 L 开头的子类型则代表着留守儿童，两者基于性别、地区、年龄、民族各形成 16 个子类型群体。研究希望通过聚类分析中各个子类型的分布来观察留守儿童与普通儿童的群体差异。在聚类分析中，研究主要围绕着资金、保护性服务和照顾性服务进行整体的聚类讨论，类型归总主要根据其具体的得分而定。具体的编码如表 3—2 所示。

表 3—2　　　　　　　　　　　聚类分析的儿童群体编码表

编码	留守儿童	编码	普通儿童
L1	发达地区汉族大龄留守男童	P1	发达地区汉族大龄普通男童
L2	发达地区汉族低龄留守男童	P2	发达地区汉族低龄普通男童
L3	落后地区汉族大龄留守男童	P3	落后地区汉族大龄普通男童
L4	落后地区汉族低龄留守男童	P4	落后地区汉族低龄普通男童
L5	发达地区少数民族大龄留守男童	P5	发达地区少数民族大龄普通男童
L6	发达地区少数民族低龄留守男童	P6	发达地区少数民族低龄普通男童
L7	落后地区少数民族大龄留守男童	P7	落后地区少数民族大龄普通男童
L8	落后地区少数民族低龄留守男童	P8	落后地区少数民族低龄普通男童
L9	发达地区汉族大龄留守女童	P9	发达地区汉族大龄普通女童
L10	发达地区汉族低龄留守女童	P10	发达地区汉族低龄普通女童
L11	落后地区汉族大龄留守女童	P11	落后地区汉族大龄普通女童
L12	落后地区汉族低龄留守女童	P12	落后地区汉族低龄普通女童

编码	留守儿童	编码	普通儿童
L13	发达地区少数民族大龄留守女童	P13	发达地区少数民族大龄普通女童
L14	发达地区少数民族低龄留守女童	P14	发达地区少数民族低龄普通女童
L15	落后地区少数民族大龄留守女童	P15	落后地区少数民族大龄普通女童
L16	落后地区少数民族低龄留守女童	P16	落后地区少数民族低龄普通女童

　　回归分析主要探讨的是各个因素对于儿童福利获取和福利多元主体福利供应的影响水平，希望通过个人变量、家庭变量、父母外出变量等自变量对因变量的影响来观察"留守"可能存在的负面效应。从回归所涉及的变量来看，本书中回归变量共计 16 个，分为个人变量、家庭变量、父母外出变量三个大的分析维度：其中，个人变量主要考察儿童自身状况对于福利获取和多元主体福利供应的影响力，包括性别、民族、地区、年龄、学习成绩、学生干部、性格情况、健康程度 8 个变量；家庭变量主要考察儿童家庭状况对于其福利获取和多元主体福利供应的影响作用，分为家庭距离、单亲家庭、危重病人、家庭人口、父母年龄和父母学历 6 个变量；父母外出变量主要测量父亲外出时间和母亲外出时间对儿童福利获取与供应的影响水平，主要划分为父亲外出和母亲外出两个变量。其具体的变量解释如表 3—3 所示。

表 3—3　　　　　　　　回归分析中变量的界定与描述性统计

项目	变量名	具体解释	编码
个人因素	性别	儿童的性别情况	男性为 1，女性为 2
	民族	儿童所属的民族	汉族为 1，苗族为 2，其他少数民族为 3
	地区	儿童所在的乡镇	最发达的古宋镇为 1，次发达的太平镇为 2，欠发达的大河乡为 3，不发达的仙峰乡为 4
	年龄	儿童的年龄	年龄为连续变量，单位为岁，以公历为准

续表

项目	变量名	具体解释	编码
	学习成绩	儿童的学习成绩	前 25% 为 1，26%—50% 为 2，51%—75% 为 3，76%—100% 为 4
	学生干部	儿童是否为学生干部	班长团支书为 1，班干部为 2，小组长为 3，课代表为 4，非学生干部为 5
	性格情况	儿童的性格内向还是外向	内向为 1，外向为 2
	健康程度	儿童身体健康情况	很不健康为 1，比较不健康为 2，一般为 3，比较健康为 4，很健康为 5
家庭因素	家庭距离	测量家庭的偏远程度，考察家庭到学校的距离	走路 15 分钟以内为 1，15—30 分钟为 2，30—60 分钟为 3，1—2 小时为 4，2 小时以上为 5，以时间为单位
	单亲家庭	考察父母婚姻状况	单亲家庭为 1，非单亲家庭为 2
	危重病人	家中有无危重病人	父母为危重病人为 1，爷爷奶奶为危重病人为 2，亲属为危重病人为 3，无危重病人为 4
	家庭人口	家庭人口的数量	受访者的家庭人口数目，为连续变量，单位为人
	父母年龄	父母的平均年龄	为连续变量，单位为岁
	父母学历	父母的平均学历	小学以下为 1，初中为 2，高中为 3，大专为 4，大学以上为 5
父母外出因素	父亲外出	父亲外出多长时间回来一次	1 个月以下为 1，1—6 个月为 2，6—12 个月为 3，1—2 年为 4，2 年以上为 5
	母亲外出	母亲外出多长时间回来一次	1 个月以下为 1，1—6 个月为 2，6—12 个月为 3，1—2 年为 4，2 年以上为 5

　　定性资料整理过程中，研究对调查中的无结构化访谈进行录音整理和文字整理，对于有关的文件材料进行内容提炼，并在将其录音翻译成文字或保留既有的文件内容的前提下整理各个被访问者的言语，了解当前政策体系在执行中的实际效果，明确各个主体在福利供应中的角色扮演和既有困境。研究者主要是通过对福利接受者和福利供应者的深度访谈来对整体福利状况进行了解，在国家福利供应、社区福利供应和志愿组织福利供应

中的分析均如此。但是由于儿童的外出家庭成员往往难以寻找或不便于访谈，因而本书在家庭福利供应的分析中对儿童、老师、邻居的访谈进行相互印证，并以"儿童眼中的家庭福利"和"成人眼中的家庭福利"作为分类。[1]

三　调查地点与样本描述

本书的分析数据来源于 2012 年 4 月到 6 月间在四川省宜宾市兴文县所做的实证调查。兴文县坐落于四川省东南部，位于云贵川的三省交界位置，距离成都市区约 380 公里，距离宜宾市区约为 140 公里。全县辖 5 镇 10 乡（其中 5 个苗族乡），322 个行政村和 21 个社区（含居委会），农村人口 39 万人。兴文县内多民族杂居，以汉族为主，有苗、回、藏等 17 个少数民族；其中苗族同胞 4.5 万人，占总人口的 11%。作为留守儿童集中地区、少数民族聚居地区和贫困地区，兴文县是一个理想调查地点。

具体而言，之所以选择兴文县作为调查对象主要源于：（1）留守儿童众多。作为外出务工人员集中的省份，四川的留守儿童数量和比例都处于全国前列，有关研究显示四川省在校农村留守儿童 310 万人，留守比例约为 43%。[2] 而作为四川省的一个县，本书测量中兴文县的留守比例也达到了 41.198%，与四川省的平均值非常接近，因此对这个地方进行调查能够更为普遍地推测留守儿童福利获取和福利供应的真实状况。（2）民族区域。四川东南部是我国少数民族聚集区，本书调查中的少数民族儿童比例为 13.107%，这与兴文县苗族人口 11% 的比例也比较接近。（3）贫困地区。兴文县的整体发展水平处于全国的落后位置，其 2011 年人均 GDP 仅为 14367 元，排名位于四川省 181 个区县的第 114 名，[3] 因而其儿童福利供应可能会受到经济条件的制约。然而，这种情况恰恰反映出了西部地区的真实情况，因而以此为基础展开的研究往往更加能够真实地还原西部儿童福利供应中多元主体之间的关系（表 3—4）。

---

① 本书具体的访谈人员名单请查看附录 B。

② 汪明、罗汉书：《构建农村留守儿童教育保护体系》，《国家教育行政学院学报》2007 年第 6 期。

③ 四川省统计局：《四川省统计年鉴 2012》，中国统计出版社 2012 年版，第 202 页。

表 3—4 样本的分布状况

样本变量		留守儿童（%）	样本变量		普通儿童（%）
性别分布	男性	48.961	性别分布	男性	52.391
	女性	51.039		女性	47.609
民族分布	汉族	89.318	民族分布	汉族	84.407
	少数民族	10.682		少数民族	15.593
年龄分布	11—12 岁	2.374	年龄分布	11—12 岁	5.198
	13—14 岁	62.611		13—14 岁	65.489
	15—16 岁	33.828		15—16 岁	28.274
	17 岁	1.187		17 岁	1.040
区域分布	古宋镇	22.849	区域分布	古宋镇	29.522
	太平镇	38.279		太平镇	19.127
	大河乡	29.674		大河乡	15.800
	仙峰乡	9.199		仙峰乡	25.156

从调查对象的分布情况来看，四个乡镇所测量的留守儿童的比例约为41.198%。在留守儿童中，男童占据总数目的48.961%，女性比男性约高2个百分点；汉族人口占据到89.318%，以苗族为主的少数民族约为10%；13岁到16岁的人数居多，约占据总数目的96.439%，而其余年龄的人口不到总人口数目的5%；古宋镇、太平镇、大河乡、仙峰乡的被调查者分别占据总体调查人口的22.849%、38.279%、29.674%和9.199%。与此相对比，普通儿童的数目约为总体数目的60%。在普通儿童中，男性约为52.391%，女性约为47.609%；汉族与少数民族的比例约为17：3；年龄集中在13岁到16岁的儿童占据总数目的93.763%；古宋镇、太平镇、大河乡、仙峰乡分别占据调查人数的29.522%、19.127%、15.800%和25.156%。

比较调查对象在人口分布上的具体数据，可以发现三个基本事实：（1）留守女童的比例比留守男童更大。目前，男童中留守儿童的比例约为 39.568%，但女童中留守比例却占到了 42.893%，这说明在选择"留守"对象时，父母基于传统的观念可能更容易将女童留在家乡。（2）汉族儿童比少数民族儿童更容易成为留守儿童。研究发现目前汉族儿童中的留守比例约为 42.574%，而少数民族的留守比例则约为 32.432%，可见少数民族儿童留守的比例相对汉族而言更低。（3）当地就业机会较多的地区留守儿童比例较低。由于古宋镇的经济条件相对较好、仙峰乡具有煤矿企业，因此两地均有大量的岗位吸引当地人参与，使其留守的比例分别为 35.160% 和 20.395%；而就业机会相对有限的太平镇和大河乡，其留守儿童的比例则分别为 58.371% 和 56.818%。

四 研究的伦理

在实证的调查和分析中，本书遵循以下研究伦理：（1）在研究的文献回顾和框架设计阶段，本书认真阅读和记录当前有关的研究成果，尽力客观评价和整理目前有关的研究成果；在整体的框架设计中，研究者独立完成相关的研究，不抄袭和剽窃他人的成果，规范性地完成研究的框架设计部分。（2）在研究的实证调查阶段。本书在定量调查中不泄露有关被访问者的姓名等相关信息，保障每个人独立自主地完成有关访谈；在定性调查中，研究者对于他人的看法进行及时整理，对于录音的要求征求被访问者的同意，在整理过程中不曲解他人的意见，不做出具有诱导性或者误导性的信息表示。（3）在研究的分析整理阶段。在定量分析中，本书尊重每个人答题的结果，不恶意篡改相关的研究数据，及时准确地反映有关数据，保障数据整理过程中的可靠性；在定性分析中，研究者不曲解他人的观点，将其原有意思予以真实的呈现。（4）在研究论文撰写过程中。本书不根据自己的想法添加、删除、整改对自己分析不利的信息，保障信息的完整性。

第三节 研究创新性和研究局限性

一 研究的创新性

对于留守儿童的相关研究而言，本书的创新性主要集中在三个方面：一是从社会福利视角发现了留守儿童福利供应的结构性失衡；二是从福利多元的理论提出了留守儿童福利供应责任分担的新框架；三是利用量性结合的方法丰富了福利多元主义理论的本土化和实证化研究。具体如下。

（1）我国留守儿童在分析中多以教育学和心理学学科视角为主，兼有社会学视角，而采用社会福利视角展开的分析则非常有限。这主要是因为我国以往的社会福利研究多采用狭义社会福利的概念界定，将社会福利界定为民政福利，而缺乏广义社会福利的概念界定，将不在民政福利范围内的儿童纳入福利分析中。本书在此方面具有一定的视角创新，以广义社会福利的界定来观察留守儿童的福利供应，这就大大扩展了原有的观察角度，不但将留守儿童纳入社会福利体系的观察人群之中，同时还能够较为广泛地观察到儿童福利供应中的生活、健康、教育等诸多方面，方便将中国的政策和国外儿童福利制度进行对比。通过这种社会福利视角的分析，研究观察到了留守儿童福利供应的结构性失衡，并对当前家庭福利供应主体的福利缺失和福利供应过程中的福利替代进行了深入的讨论，这就从福利制度的角度对留守儿童的有关议题进行了更为深刻的分析，便于透过留守儿童的表面问题观察到其背后的福利制度变革。

（2）我国留守儿童的既有研究多以讨论留守儿童出现困境的"结果"为主，而忽视了形成困境的"过程"，因此多存在"标签化"的研究结论。形成上述问题的主要原因在于我国留守儿童研究主要围绕着留守儿童本身及其家庭来展开，而对其他主体与留守儿童之间的互动关系缺乏深入的探讨，因此容易观察到留守儿童本身存在何种问题，但是却并不清楚这种问题的形成是由哪些方面造成的。本书则在此方面具有一定的突破，本书认为留守儿童并不是完全受到家庭的影响，很多其他主体也可能在帮助留守儿童脱离困境，因此本书在坚持福利多元主义的基础上将家庭、国家、社区和志愿组织等主体一并纳入分析框架，观察留守儿童福利供应过程中各个主体的责任分担和现实困境，这就大大扩展了福利主体分析的角度，便于从静态和动态两个方面对此问题加以研究。通过福利多元主义基础上的分析，研究发现了留守儿童福利供应责任分担的新框架，并提出当前特定人群在福利供应中的责任分担方式。

（3）我国学术界对于留守儿童的研究多以定量研究作为主要研究方法，也有少量的定性研究，近年来虽然有逐步融合的趋势，但是量性结合的方式仍然不占据主流。定量或定性研究方式虽然也都能够在一定程度上观察到留守儿童所存在的诸多问题，但是也均存在着一些方法上的漏洞。其中，以单纯的定量研究方式来观察留守儿童具体问题，不利于从更深层次的方式来解释问题，同时缺乏对于隐含信息的追问，因而这种研究往往存在着研究不深入的缺陷；而以定性为主的留守儿童研究则不利于对具体的问题提供充分的证实和证伪，且在研究的过程中不利于保障定性资料解读的稳定性，因而这类研究所形成的代表性就容易受到质疑。基于此，本书认为定量和定性两个方面相结合，充分利用两者之间的互补和印证来构建研究的平台有利于规避单纯利用两者而形成的方法漏洞，方便更为客观地观察到留守儿童福利供应的真实情况。

二　研究的局限性

本书的局限性主要存在于：（1）调查范围集中在一个县的四个乡镇，由于该县毕竟和全国范围内的其他地域具有一定的区别，因此并不能完全代表其他地区有关留守儿童福利获取和福利供应的基本状况；同时，在兴文县内的分析中，问卷调查的人数仅为818人，访谈的人数也仅为30人，因而未必能够完全反映该县所有儿童的基本情况。（2）对于福利主体责任的研究，最好能够从政策的角度定量地提出福利多元主体责任承担的比例，但是由于技术方法的限制和社会问题的复杂性，本书不能够以比例的关系界定清楚目前留守儿童的责任分配状况，而仅能对其重要性进行相应的排序，因而这种研究只能观察到整体趋势而缺乏精准的比例界定。（3）由于研究时间的限制，本书没有能够对留守儿童福利供应进行纵向的跟踪研究，因而无法在时间序列上看到留守儿童福利获取和福利供应的变迁，无法做出纵向上的人群比较；同时，由于经费和时间的问题，本书也不能够将留守儿童和流动儿童、城市普通儿童进行对比，这可能也会降低本书的解释范围和解释力度。

第四章

留守儿童的福利获取

根据本书的设计框架，本章节将对留守儿童的福利获取状况进行分析，并采取对比分析的方式说明留守儿童福利获取的基本特点。由于部分研究在实际的测量中发现了留守儿童内部存在双亲外出留守儿童和单亲外出留守儿童的差距[1][2]，且留守儿童在界定上也存在双亲外出才算留守与一方外出即为留守的争议[3]，因此研究在本章节的均值分析中将调查对象按照类别分为双亲外出的留守儿童、单亲外出的留守儿童和普通儿童进行对比分析，为了方便称呼，本书在后文中将前两者分别称为"双亲留守儿童"和"单亲留守儿童"。研究希望通过定量化的比较来探讨以下四个议题：（1）留守儿童和普通儿童在生活福利获取上的差异，比较在生活事务上留守儿童是否相比普通儿童具有某种程度的弱势；（2）留守儿童和普通儿童在健康福利获取上的差异，比较留守儿童和普通儿童在健康事务上所具有的分化；（3）留守儿童和普通儿童在教育福利获取上的差异，分析儿童群体在教育福利上存在的区别；（4）留守儿童和普通儿童在整体福利获取上的差异，综合探讨不同儿童类型在福利获取上的整体差别。

---

[1] 高亚兵：《不同监护类型留守儿童与普通儿童心理发展状况的比较研究》，《中国特殊教育》2008 年第 7 期。

[2] 范兴华：《不同监护类型留守儿童与一般儿童情绪适应的比较》，《中国特殊教育》2011 年第 2 期。

[3] 有关此争议可以参见本书中第二章第三节的留守儿童概念界定一节。

第一节 留守儿童的生活福利

一 生活福利获取的整体状况

作为留守儿童的最基本需要，生活福利不但应当是留守儿童最重要的福利获取内容，而且也是其整体福利体系中最为基础的福利项目。按照福利提供的方式，本书将生活福利划分为生活资金、生活保护和生活照顾来进行综合分析。其中生活资金指标考察儿童群体的资金获取水平，生活保护指标考察儿童群体的日常保护状况，生活照顾指标着力反映受到照顾的情况。

从生活福利领域的分析结果来看，留守儿童在生活福利获取上并未表现出明显的落后局面。其中，双亲留守儿童在生活福利上的总得分为16.337分，大致与普通儿童16.484分的得分相当，而单亲留守儿童的得分也达到了15.961分。由于儿童群体间的得分差异并呈现出某种规律性，因而儿童群体差异的显著性水平达到了0.219，高于0.05的显著性标准值，可见生活福利在整体测量中无论是显著性还是差异幅度都并未呈现出明显的群体差异。当然，如果更为细致地观察生活资金、生活保护、生活照顾三个子项目，可以发现在子指标的测量中目前儿童群体仍然存在着一定的潜在差异：与预想的结果相反，留守儿童获得的生活资金并不落后于普通儿童，双亲留守儿童与单亲留守儿童的整体得分分别为4.819分和4.816分，其食物消费与衣物消费与普通儿童大体相当，这可能与父母外出后经济实力的提升和补偿性心理有关；在生活保护方面，单亲留守儿童遭遇到的体罚和打骂比普通儿童更多，他们6.224分的得分显示其所遇到的家暴情况要更为严重，但是总体而言儿童群体的得分普遍偏高；而在生活照顾方面，留守儿童与普通儿童的差异显著度达到了0.024，单亲留守儿童在生活照顾方面明显落后于普通儿童，落后的幅度达到了0.595，这可能与父母外出行为造成的照顾不足有关。基于此，研究倾向于认为留守儿童相比普通儿童在获取生活福利过程中并未呈现出整体上的显著劣势，且在生活资金方面呈现出来的群体差异不大，但是其生活保护与生活照顾等福利服务的支持度却存在较大差异。

二 生活福利获取的分类比较

八项人群的分类结果进一步显示，尽管整体而言留守儿童在生活福利的部分指标上比普通儿童略有衰减，但是其衰减的幅度和水平均控制在一定范围内。同时，在生活资金、生活保护和生活照顾三个方面，八个群体内部基于"留守"的差异也是比较有限的，其整体趋势具有一定的普遍性。在生活资金方面，留守儿童在生活资金的获取上普遍显示出了与普通儿童相当的水平，八类群体的差异显著性水平均高于 0.05，这显示出目前留守儿童在生活资金上的落后并不存在，未来有关留守儿童的福利政策不应当过多围绕生活资金问题予以过多关注。在生活保护方面，留守儿童和普通儿童总体的差异显著性达到了 0.004，且在八类儿童中的测量结果普遍显示出"留守"因素的影响比较剧烈，男童、汉族儿童、落后地区儿童、低龄儿童四类儿童显示出了统计学意义的"留守"影响，因此在此方面儿童群体具有的差异比较明显。而在生活照顾方面，留守儿童存在的问题在女童、少数民族儿童、发达地区儿童中比较严重，其 0.024 的整体显著性差异也昭示着目前留守儿童在此方面出现了显著的困境。而总体上看，只有少数民族群体内部存在留守儿童与普通儿童在生活福利获取上的显著性差异，其人群差异显著性水平为 0.017，而其余群体的差异则比较有限，均位于 0.05 的显著性水平之上（表4—1）。因此，从目前的测量结果来看，研究发现虽然儿童群体在面临父母外出之后并不会遭受到更为恶化的生活福利，但是在保护性服务和照顾性服务方面所存在的落后已经较为普遍。

表4—1 儿童群体生活福利的均值分析

指标	子指标	总体	性别		民族		地区		年龄	
			男童	女童	汉族	少数民族	发达地区	落后地区	大龄儿童	低龄儿童
生活资金	食物消费	0.079	0.936	0.017	0.160	0.479	0.904	0.000	0.689	0.042
	衣物消费	0.456	0.975	0.254	0.421	0.347	0.628	0.486	0.161	0.435
生活保护	体罚情况	0.004	0.030	0.058	0.004	0.774	0.285	0.008	0.026	0.067
	打骂情况	0.007	0.018	0.131	0.030	0.003	0.124	0.011	0.084	0.040

续表

指标	子指标	总体	性别		民族		地区		年龄	
			男童	女童	汉族	少数民族	发达地区	落后地区	大龄儿童	低龄儿童
生活照顾	家务劳动	0.557	0.478	0.408	0.914	0.007	0.767	0.660	0.958	0.452
	照顾水平	0.001	0.062	0.002	0.007	0.117	0.048	0.020	0.022	0.038
综合分析	生活资金	0.820	0.998	0.678	0.770	0.798	0.914	0.912	0.557	0.868
	生活保护	0.004	0.019	0.086	0.007	0.093	0.211	0.010	0.095	0.033
	生活照顾	0.024	0.097	0.028	0.155	0.005	0.004	0.616	0.406	0.069
	总体水平	0.219	0.155	0.497	0.573	0.017	0.166	0.407	0.788	0.250

　　而在留守儿童与普通儿童的聚类分析中，研究则发现目前留守儿童子类型所存在的落后趋势在一定范围内有所显示（表4—2）。研究将留守儿童和普通儿童按照性别、民族、地区、年龄各自划分为16个子群体，并对这些子群体进行聚类分析。从聚类分析的结果，研究发现在32类儿童群体的聚类中，留守儿童相比普通儿童具有大范围的落后，且这种落后状况已经具有了一定的普遍性。在处于领先地位的一类儿童群体中，普通儿童的数目为2个，而留守儿童的数目为0个；而在处于榜尾位置的儿童子类型中，留守儿童与普通儿童的比例为9∶1。因此，从聚类分析的结果来看，目前留守儿童在生活福利获取中还处于暂时的落后状态，其与普通儿童的得分相比具有一定幅度的衰减。当然，具体观察二级指标可以发现，这种儿童聚类的形式主要受到保护性服务和照顾性服务的影响，两者大致呈现出了从高到低的排列顺序；而生活资金并没有呈现出此规律，说明在此方面不具有统一的儿童群体分布特点。

表4—2　　　　　　　　　**儿童群体生活福利的聚类分析**

水平	类型	生活福利	福利提供方式			模型聚类结果
			资金	保护性服务	照顾性服务	
领先水平	一类	18.020±0.028	4.100±0.141	7.800±0.283	6.120±0.170	P5、P6

续表

水平	类型	生活福利	福利提供方式			模型聚类结果
			资金	保护性服务	照顾性服务	
中间水平	二类	16.718±0.274	4.991±0.328	6.690±0.283	5.031±0.385	L1、L4、L11、L10、L12、L2、P1、P14、P4、P9、P13、P10
	三类	16.054±0.196	4.643±0.190	6.616±0.296	4.798±0.281	L9、P2、P12、P16、P11、P7、P8、P3
落后水平	四类	14.963±0.332	4.360±0.672	6.616±0.296	4.798±0.281	L16、L15、L5、L13、L3、L6、P15
	五类	12.467±0.742	3.556±1.018	5.444±0.192	3.467±0.593	L14、L7、L8

三　生活福利获取的影响因素

通过整体与分类比较，研究清晰地观察到目前"留守"对于儿童生活福利造成了部分的影响，因此研究希望进一步了解儿童生活福利受到哪些因素的影响，这些因素如何影响留守儿童和普通儿童的生活福利获取，以及父母外出对于儿童生活福利获取的影响。研究将通过回归分析深入探讨个人因素、家庭因素、父母外出因素对于留守儿童生活福利获取造成的影响（表4—3）。

表4—3　　　　　　　　　儿童群体生活福利的回归分析

总体分析		生活福利	生活福利的嵌套子模型		
			生活资金	生活保护	生活照顾
常量		9.438 (4.068)*	4.592 (1.792)*	0.130 (2.093)	4.830 (2.141)*
个人因素	性别	-0.250 (0.396)	-0.063 (0.174)	-0.003 (0.204)	-0.204 (0.209)
	民族	0.063 (0.396)	-0.208 (0.277)	-0.179 (0.325)	-0.470 (0.333)
	地区	-0.527 (0.271)+	-0.317 (0.119)**	-0.097 (0.140)	-0.294 (0.143)*

续表

总体分析		生活福利	生活福利的嵌套子模型		
			生活资金	生活保护	生活照顾
	年龄	0.236	0.019	0.231	-0.041
		(0.205)	(0.090)	(0.106)*	(0.108)
	学习成绩	-0.304	-0.066	-0.189	-0.083
		(0.227)	(0.100)	(0.117)	(0.120)
	学生干部	0.050	0.036	-0.048	-0.051
		(0.172)	(0.076)	(0.089)	(0.091)
	性格情况	0.835	0.633	-0.020	0.194
		(0.409)*	(0.180)***	(0.211)	(0.216)
	健康程度	0.510	0.114	0.100	0.286
		(0.243)*	(0.107)	(0.125)	(0.128)*
家庭因素	家庭距离	-0.283	-0.029	0.040	-0.255
		(0.154)+	(0.068)	(0.079)	(0.081)***
	单亲家庭	1.760	0.245	0.931	0.612
		(0.686)*	(0.302)	(0.354)**	(0.363)+
	危重病人	0.420	0.243	0.071	0.134
		(0.188)*	(0.083)***	(0.097)	(0.099)
	家庭人口	0.009	0.039	0.026	-0.082
		(0.152)	(0.067)	(0.078)	(0.080)
	父母年龄	-0.048	-0.040	0.020	-0.023
		(0.042)	(0.018)*	(0.021)	(0.022)
	父母学历	0.499	0.067	0.116	0.352
		(0.331)	(0.146)	(0.171)	(0.175)*
父母外出因素	父亲外出	-0.298	-0.035	0.003	-0.260
		(0.204)	(0.090)	(0.106)	(0.108)
	母亲外出	-0.056	-0.101	-0.046	-0.008
		(0.210)	(0.093)	(0.109)	(0.111)*
F. sig		0.000	0.000	0.368	0.000
F		3.263	3.073	1.089	3.628
R^2		0.202	0.193	0.078	0.219

注：（1）括号内为标准误；（2）＊＊＊、＊＊、＊、+分别代表 0.5%、1%、5%和10%水平上的显著。

　　根据上述测量结果，研究发现对于儿童福利供应产生显著影响的指标在分布上是比较分散的：其中，地区、性格情况、健康程度、家庭距离、单亲家庭和危重病人的影响力是较为明显的，它们的显著性水平分别达到了 0.053、0.031、0.043、0.068、0.037 和 0.011，结合其各自的回归系数，研究发现身体状况越好的儿童在生活福利上的得分越高，发达地区、非单亲家庭和无危重病人家庭的儿童更为容易获得生活福利上的支持，而家庭越偏远的儿童越不容易获得较高的生活福利支持。进一步考察父母外出对于生活福利的影响，研究发现两者的影响力度是非常有限的，但在生活照顾上母亲外出却显示出了较为明显的显著性意义。在 R^2 为 0.202、F 显著性为 0.000 的基础上，研究发现父亲外出和母亲外出均没有对生活福利的整体供应产生具有统计学意义的影响度，其回归显著性分别为 0.717 和 0.784，可见父母外出后留守儿童在生活福利的获取上并未呈现出明显的劣势。同时，进一步观察生活资金、生活保护和生活照顾三个子项目，研究发现父亲外出对于三者的影响也未有低于 0.05 的显著性水平，在三个子项目上的显著性水平分别为 0.614、0.936 和 0.820；而母亲的影响显著性则分别达到了 0.514、0.994、0.017，因而母亲外出对于儿童生活照顾所具有的影响较为明确。通过回归分析的观察，也可以明确地发现"留守"因素对于儿童生活福利的获取在整体上不具备显著的影响力，父亲外出与母亲外出的影响均比较有限，但是在生活照顾方面母亲的离去则容易形成明显的负面影响。

四　生活福利获取的简单总结

　　简单地对留守儿童的生活福利获取状况进行总结，研究发现了三个基本的规律：（1）从总体上看，留守儿童相比普通儿童具有略为恶化的生活福利获取状况。在二级指标的分析中，"留守"对于保护性服务和照顾性服务的影响都是比较大的，其 0.004 和 0.024 的显著性结果显示出了儿童群体间的差异。（2）从分类上看，留守儿童的生活福利获取状况在性别、民族、地区、年龄四项分类的考核中均与普通儿童差异不大，"留守"对于生活福利获取造成的有限影响具有普遍性。但是在福利服务的测量中，留守儿童的负面影响却比较明显，其相比普通儿童的落后较为普遍。同时，在聚类分析中，留守儿童在整体上也表现出相比对应人群更为恶化的生活福利获取状态。（3）从影响因素上看，研究发现儿童生活福利获取受到健康程度、地区、危重病人和单亲家庭的较大影响，而在父母外出因素的分析中并未表现出明确的群体差异，但同样在照顾性服务方面，母亲外出会带来显著的负面影响。基于此，研究倾向于认为目前留守儿童与普通儿童在整体分析中并未表现出基于生活福利获取的群体差异，并突出地表现在资金的均衡上，但是在福利服务方面其差异则比较明显。

第二节　留守儿童的健康福利

一　健康福利获取的整体状况

除了生活福利，健康福利也是儿童发展过程中需要持续关注的福利项目之一，因此本书将其也纳入到了福利分析框架中予以讨论。具体而言，本书按照福利提供方式将健康福利划分为健康资金、健康维护和健康照顾三个方面来进行综合探讨。其中，在健康资金的测量中主要考察儿童在健康费用上的支持状况，在健康维护方面的测量中主要考察儿童在避免营养匮乏上的情况，在健康照顾方面测量的重点集中在儿童健康照顾效果上。

与生活福利的测量结果不同，留守儿童与普通儿童在健康福利的测量中呈现出的分化更为巨大，双亲留守儿童、单亲留守儿童和普通儿童在健康福利得分上呈现出了阶梯形的上升趋势。从总体的显著性分析结果来看，留守儿童与普通儿童在总体 6 项指标的测量中有 3 项指标低于 0.05 的显著性水平，另有两项指标低于 0.1，呈现出了较为全面的差异。因此，在健康福利的整体比较中，儿童群体的差异显著度达到了 0.003，且双亲留守儿童、单亲留守儿童在健康福利的总体得分上相比普通儿童分别低约 1.2 分和 0.8 分。在健康资金方面，双亲留守儿童、单亲留守儿童与普通儿童的差异值均较为明显，前两者约比后者分别低 0.670 分和 0.351 分，儿童群体间的差异显著度也达到了 0.000；在健康维护方面，留守儿童的实际得分也比普通儿童大约低 0.9 分，其人群的差异显著性为 0.033；而在健康照顾方面，这一趋势得到了进一步的延续，留守儿童与普通儿童在健康照顾上的差异并未减少，也呈现出了 0.031 的差异显著度。基于此，研究倾向于认为留守儿童在健康福利方面具有更为恶化的福利获取状况，其与普通儿童已经形成了较为明显的人群分化。

二 健康福利获取的分类比较

从分类对比来看，研究发现儿童群体在健康福利上的差异非常明显，且留守儿童在得分上全面落后于普通儿童。在基于性别、民族、地区、年龄等八类儿童的分析中，除了大龄儿童以外，留守儿童与普通儿童的差异显著度基本都在 0.1 以内，男童、汉族儿童、发达地区儿童、低龄儿童受到"留守"因素的影响达到了 0.05 以下。同样，综观健康资金、健康维护和健康照顾等指标，留守儿童与普通儿童的差异显著性也均处于较低的水平，绝大多数指标在测量的过程中低于 0.05，因而可以发现"留守"因素对于儿童健康福利造成了较为明确的影响。联系留守儿童与普通儿童的具体数值可以发现，前者在绝大多数指标中均处于明显的落后状态，其落后的幅度和范围不但巨大而且全面。因此研究认为，与生活福利的整体区别不大形成鲜明对比，均值分析的结果显示出父母的外出可能引发留守儿童健康福利的衰减，其衰减的幅度与范围均相对明显，其现有的福利获取水平与普通儿童所获得的健康福利获取水平具有明确的差异（表4—4）。

表4—4　　　　　　　　　　儿童群体健康福利的均值分析

指标	子指标	总体	性别		民族		地区		年龄	
			男童	女童	汉族	少数民族	发达地区	落后地区	大龄儿童	低龄儿童
健康资金	健康费用	0.000	0.000	0.000	0.000	0.000	0.000	0.000	0.063	0.000
	健康花费	0.057	0.369	0.120	0.113	0.209	0.108	0.396	0.625	0.081
健康维护	营养摄入	0.044	0.111	0.790	0.140	0.286	0.063	0.457	0.950	0.070
	营养支持	0.157	0.745	0.285	0.327	0.563	0.266	0.652	0.891	0.818
健康照顾	健康提醒	0.075	0.282	0.260	0.046	0.022	0.302	0.153	0.136	0.208
	健康看护	0.004	0.050	0.045	0.010	0.221	0.171	0.016	0.231	0.011
综合分析	健康资金	0.000	0.004	0.002	0.000	0.009	0.006	0.002	0.202	0.000
	健康维护	0.033	0.028	0.467	0.026	0.200	0.039	0.251	0.776	0.027
	健康照顾	0.031	0.317	0.079	0.109	0.016	0.015	0.763	0.050	0.334
	总体水平	0.003	0.017	0.062	0.005	0.098	0.011	0.086	0.404	0.005

从留守儿童与普通儿童的聚类分析中也能够清楚地观察到儿童群体间在健康福利供应上的差异。研究发现，在整体的聚类分析中，留守儿童同比普通儿童在健康福利获取上具有大幅度的落后，其子类型在儿童的聚类分析中处于明显的群体劣势。在具有领先水平的一类和二类儿童中，留守儿童与普通儿童的比例为 2：3，前者处于一定的落后；而在处于落后水平的五类儿童中，L8、L14 和 L15 全部为留守儿童的子群体，也可以发现两者之间存在的显著差异。观察处于中间水平的人群子类型也可以发现，第三类人群中普通儿童占据明显优势，其共有 10 个子类进入此聚类阶层，而留守儿童仅为 5 个；而在第四类人群的聚类结果中，留守儿童与普通儿童的比例则为 2：1，可见留守儿童呈现出了集体的落后。进一步观察三个二级指标，研究观察到健康资金、健康维护和健康照顾基本上都是按照从高到低的顺序排列的，因此在福利资金和福利服务方面存在着普通儿童的全面领先，且在资金、保护性服务、照顾性服务方面都有非常明确的体现。基于此，研究认为目前留守儿童与普通儿童所存在的差距不但表现在整体差异上，也表现在各个分类子人群的分析结果中，因此这种差异是一种相对全面的显著差异（表4—5）。

表4—5 　　　　　　　　　儿童群体健康福利的聚类分析

水平	类型	健康福利	福利提供方式			模型聚类结果
			资金	保护性服务	照顾性服务	
领先水平	一类	19.100±0.141	7.100±0.141	6.000±1.414	6.000±1.414	L5、P14
	二类	17.329±0.591	7.170±0.778	3.988±1.748	6.159±1.597	L10、P3、P6
中间水平	三类	15.996±0.350	6.530±0.340	4.212±0.482	5.201±0.516	L7、L11、L1、L13、L2、P11、P12、P8、P13、P1、P2、P9、P5、P16、P4
	四类	14.925±0.468	6.110±0.483	3.807±1.514	4.955±0.465	L9、L16、L4、L6、L12、L3、P7、P10、P15
落后水平	五类	11.167±0.208	5.467±1.133	3.111±0.839	3.778±1.018	L14、L8、L15

三　健康福利获取的影响因素

通过整体与分类比较，研究观察到目前"留守"对于健康福利造成的影响是比较大的，其不但在整体分析中形成了 0.003 的差异显著性，且在各个人群的分类分析中也显示出了较为普遍的群体差异，因此"留守"现象的影响作用是比较突出的。研究将以此为基础继续开展更为深入的分析，通过探讨健康福利的影响因素来明晰父母外出对于儿童健康福利获取的影响力度。

从各个因素对健康福利的影响程度来看，研究发现儿童健康福利受到家庭因素和母亲外出因素的影响力度较大。从个人因素来看，性别、民族、地区、年龄对儿童健康福利的影响程度分别达到了 0.278、0.202、0.597 和 0.291，均远高于 0.05 的限定值。同样，除了学习成绩指标达到了 0.005 和健康程度指标达到了 0.038 的显著性水平以外，个人因素的其余几个指标均没有呈现出明显的回归显著性。与此相反，家庭因素的影响水平则更为明显，家庭距离、单亲家庭、危重病人、父母学历四项指标均分别呈现出了 0.005、0.045、0.049 和 0.050 的显著性，可见家庭情况对于儿童健康福利的获取具有极为重要的影响力。同时，父亲外出与母亲外出对于儿童健康福利的影响力也有着很大的区别：在回归分析中，父亲外出因素对儿童健康福利的回归显著性达到了 0.248，远高于 0.05 的限定水平；而母亲外出因素对于儿童健康福利的影响度则达到了 0.001，显示出了较为密切的关系。观察各个二级指标的分析结果，父亲外出在健康资金、健康维护和健康照顾上的回归显著性分别达到了 0.540、0.862 和 0.002，母亲外出则分别达到了 0.009、0.021 和 0.004，后者的影响力度远高于前者（表 4—6）。

表 4—6　　　　　　　　　　　儿童群体健康福利的回归分析

总体分析	健康福利	健康福利的嵌套子模型		
		健康资金	健康维护	健康照顾
常量	10.282 (5.347)[+]	4.615 (2.081)[*]	0.764 (2.980)	6.147 (2.271)

续表

总体分析		健康福利	健康福利的嵌套子模型		
			健康资金	健康维护	健康照顾
个人因素	性别	-0.424 (0.515)	-0.180 (0.203)	-0.194 (0.297)	-0.187 (0.221)
	民族	-0.437 (0.832)	-0.358 (0.324)	-1.069 (0.478)*	0.524 (0.354)
	地区	0.246 (0.352)	0.140 (0.139)	0.081 (0.204)	-0.002 (0.152)
	年龄	0.187 (0.268)	0.036 (0.105)	0.445 (0.154)***	-0.160 (0.116)
	学习成绩	-0.851 (0.297)***	-0.019 (0.117)	-0.545 (0.171)***	-0.245 (0.127)+
	学生干部	0.207 (0.226)	0.046 (0.088)	0.110 (0.130)	-0.063 (0.097)
	性格情况	0.071 (0.533)	-0.096 (0.210)	0.193 (0.308)	-0.022 (0.230)
	健康程度	0.656 (0.315)*	0.146 (0.124)	0.138 (0.182)	0.392 (0.136)***
家庭因素	家庭距离	-0.576 (0.202)***	-0.165 (0.078)*	-0.240 (0.115)*	-0.107 (0.086)
	单亲家庭	1.779 (0.882)*	0.900 (0.352)*	0.413 (0.516)	0.412 (0.385)
	危重病人	0.480 (0.242)*	0.193 (0.096)*	0.150 (0.141)	0.113 (0.105)
	家庭人口	0.242 (0.197)	0.007 (0.078)	0.069 (0.114)	0.138 (0.085)
	父母年龄	-0.078 (0.054)	-0.010 (0.021)	-0.052 (0.031)+	-0.041 (0.023)+
	父母学历	0.858 (0.435)*	-0.090 (0.170)	0.617 (0.249)*	0.290 (0.185)

续表

总体分析		健康福利	健康福利的嵌套子模型		
			健康资金	健康维护	健康照顾
父母外出因素	父亲外出	0.305	-0.014	-0.027	0.328
		(0.263)	(0.105)	(0.154)	(0.115)***
	母亲外出	-0.916	-0.276	-0.345	-0.385
		(0.271)***	(0.108)**	(0.158)*	(0.118)***
F. sig		0.000	0.001	0.000	0.000
F		5.037	2.573	3.216	3.252
R^2		0.280	0.166	0.205	0.202

注：（1）括号内为标准误；（2）＊＊＊、＊＊、＊、+分别代表0.5%、1%、5%和10%水平上的显著。

四　健康福利获取的简单总结

从儿童群体有关健康福利的测量结果来看，研究发现了三个基本的特征：（1）从总体上看，留守儿童和普通儿童在健康福利上的得分存在明显差异。在均值分析中，儿童群体在健康福利指标的测量中呈现出了0.003的显著性差异，且留守儿童在得分上明显落后于普通儿童。子指标的测量结果也显示，留守儿童在健康资金、健康维护、健康照顾三个方面均呈现出了明显的落后，三项子指标在测量中的显著性水平分别为0.000、0.033和0.031，这充分表明在健康福利资金和健康福利服务中，留守儿童与普通儿童均呈现出了明显的分化。（2）从分类上看，留守儿童的健康福利获取水平在性别、民族、地区、年龄四项分类的考核中均与普通儿童差异显著，"留守"因素的负面影响具有广泛性。从八类人群的测量中可以看出，除了大龄儿童之外，留守儿童的健康福利得分在其余7类儿童群体的测量中均与普通儿童呈现出了较大程度的差异。聚类分析的结果也同样说明，留守儿童在各类子群体的聚合中均明显的落后，其与普通儿童的差异不但较为显著，而且非常普遍。（3）从影响因素上看，研究发现家庭因素和母亲外出因素对于儿童健康福利获取具有重要的制约作用，而个人因素、父亲外出因素的影响力度非常有限。这一方面说明了目前家庭状况已经成为儿童健康福利提升的重要基础；另一方面也说明了女性家庭成员在儿童健康福利获取中的作用比男性更为重要。

第三节　留守儿童的教育福利

一　教育福利获取的整体状况

随着现代社会中人力资本问题越来越成为影响个人发展的重要问题，教育福利也愈加成为影响社会公平的核心议题。因此，研究在将生活福利、健康福利纳入到整体分析框架之后也将教育福利视为儿童福利的核心事务予以研究。按照福利提供的方式，本书也将教育福利划分为教育资金、教育机会和教育辅助来进行综合考察。其中，在教育资金的测量中主要考察儿童所得到的教育费用；在教育机会的测量中主要考察儿童获得平等和充裕教育机会的基本状况；在教育辅助方面，本书测量的重点集中在学业教育和家庭教育等方面。

从教育福利的整体水平来看，研究发现留守儿童与普通儿童虽然存在一定的差距，但其整体的差异显著度却并不明显。在教育福利的整体测量中，留守儿童与普通儿童的差异显著性达到了 0.241，且儿童群体的得分分别为 14.129、13.583 和 14.199，并未呈现出阶梯形上升的趋势，因此留守儿童虽然在教育福利的整体状况上落后于普通儿童，但是人群整体差异的幅度比较有限。进一步对比教育福利中的三个子指标，研究发现在教育资金和教育机会方面，儿童群体的得分基本持平，其差异显著度分别高达 0.126 和 0.170，均高于 0.05 的限定水平。而在教育辅助方面，留守儿童与普通儿童的差异显著性也达到了 0.119，同样不具有统计学意义，因此留守儿童和普通儿童在教育福利上的差异在三个方面均没有明显体现。

二　教育福利获取的分类比较

从教育福利及其八个人群的分类统计结果来看，与整体的研究结论基本一致，留守儿童与普通儿童在教育福利领域也并不存在明显的整体差异。通过八类子人群的均值分析，研究首先发现留守儿童与普通儿童在教育福利上的差异主要体现在男童中，其群体显著性为 0.048，低于 0.05 的显著性水平，因而呈现出了一定水平的差距；但是由于其他多类儿童的统计中这种显著性差异均高于 0.1，因此研究认为其差异的普遍性是比较低的。进一步观察基于福利提供方式而划分的子指标，研究发现留守儿童与普通儿童在教育资金、教育机会、教育辅助上的差异比较有限，各个类型的儿童均未呈现出基于"留守"因素的明显人群差异，这说明目前无论是留守儿童还是普通儿童在教育资金、教育机会和教育辅助上受到的支持都比较均衡（表4—7）。

表4—7　　　　　　　儿童群体教育福利的均值分析

指标	子指标	总体	性别		民族		地区		年龄	
			男童	女童	汉族	少数民族	发达地区	落后地区	大龄儿童	低龄儿童
教育资金	教育花费	0.215	0.481	0.434	0.270	0.790	0.035	0.166	0.475	0.229
	教育费用	0.512	0.999	0.336	0.428	0.583	0.053	0.005	0.282	0.933
教育机会	辍学现象	0.682	0.531	0.251	0.200	0.044	0.875	0.562	0.570	0.956
	学习机会	0.050	0.017	0.772	0.043	0.830	0.242	0.176	0.766	0.004
教育辅助	学业教育	0.312	0.349	0.547	0.530	0.142	0.568	0.298	0.312	0.560
	家庭教育	0.026	0.035	0.290	0.010	0.057	0.675	0.007	0.102	0.095
综合分析	教育资金	0.126	0.048	0.874	0.159	0.790	0.060	0.035	0.172	0.359
	教育机会	0.170	0.149	0.822	0.283	0.422	0.535	0.121	0.630	0.018
	教育辅助	0.119	0.095	0.517	0.119	0.013	0.033	0.738	0.094	0.564
	总体水平	0.241	0.048	0.936	0.191	0.313	0.024	0.092	0.395	0.196

对于教育福利进行32类儿童子群体的聚类分析，研究并不能够明晰地发现留守儿童和普通儿童在教育福利获取上存在着明显的差距。研究发现，位于领先水平的一类和二类儿童群体以留守儿童居多，留守儿童和普通儿童的比例关系为2：1，可见普通儿童在优势集团中的子类型较少；而在处于底端的第四类、第五类和第六类儿童聚类结果中，留守儿童同样比普通儿童的数目多，两者的比例关系大致为4：3，说明留守儿童的子类型在分布上比较分散。进一步观察二级指标，研究发现资金、保护性服务、照顾性服务方面的区别都是比较有限的，三者均大致形成了自高向低的排列顺序，可见在这三个方面统计中不同儿童群体的差异数值都是非常有限的。因此，基于聚类分析的结果也再次证明了儿童教育福利获取并不

存在显著的群体差异，"留守"因素对于教育福利获取产生的影响并不剧烈（表4—8）。

表4—8　　　　　　　　　　儿童群体教育福利的聚类分析

水平	类型	教育福利	福利提供方式			模型聚类结果
			资金	保护性服务	照顾性服务	
领先水平	一类	18.000±0.000	6.000±0.000	8.000±0.000	4.000±0.000	L5
	二类	16.118±0.306	5.049±0.404	6.875±0.177	4.175±0.247	L11、P5
中间水平	三类	14.370±0.319	4.650±0.439	6.408±0.591	3.367±0.647	L3、L15、L6、L12、L1、L13、P7、P3、P13、P11、P12、P1、P6、P4、P10、P9
落后水平	四类	12.916±0.500	4.119±0.651	5.919±0.588	2.971±0.610	L10、L16、L4、L9、L2、L7、P2、P8、P14、P15
	五类	10.802±0.124	2.778±0.313	5.429±0.808	2.595±0.370	L8、P16
	六类	7.220±0.000	1.553±0.000	5.000±0.000	0.667±0.000	L14

三　教育福利获取的影响因素

通过整体与分类两个方面的比较，研究发现尽管留守儿童在得分上处于小幅度的落后状态，但是目前"留守"对于教育福利获取的影响是相对有限的，且这种趋势具有人群分布上的普遍性。基于此，研究将继续探讨教育福利的影响因素，以便通过个人因素、家庭因素和父母外出因素与教育福利之间的回归关系来确定各个指标的影响力度。

在回归分析研究中，儿童所获取的福利在整体上受到父母外出因素的影响也没有呈现出统计学意义上的显著性，个人因素反而在一定程度上成为其获得差异化教育福利的主要源头。总体来看，学习成绩、健康程度、单亲家庭和父母学历四项指标具有低于0.05的回归显著性，其显著性水平分别为0.003、0.036、0.028和0.004，而其余各项因素对于儿童教育福利的影响程度均不具有统计学意义（表4—9）。由此来观察，儿童个体的学习成绩和健康状况对儿童教育福利获取存在一定的影响，学习成绩越好、健康状况越好的儿童获得的教育福利供应越是充足。同时，家庭因素也具有一定的影响，非单亲家庭儿童和父母学历越高儿童获得的教育福利越高。具体关注父母外出因素，研究发现父亲外出对儿童教育福利的回归显著性为0.839，而母亲外出对儿童教育福利的影响也达到了0.735，因此父亲与母亲外出的影响力均不足。值得注意的是，母亲外出对儿童教育福利的影响之所以相对有限，主要源于在教育资金和教育机会上的显著性过高，但在教育辅助方面其回归显著性水平已经达到了0.038。结合其-0.495的回归系数，可以发现母亲外出时间越长则儿童教育辅助的整体状况越恶化，这在一定程度上反映出了儿童教育辅助中女性成员的不可替代性。

表4—9　　　　　　　　　　儿童群体教育福利的回归分析

总体分析		教育福利	教育福利的嵌套子模型		
			教育资金	教育机会	教育辅助
常量		6.082 (1.858)***	5.312 (2.338)*	11.457 (2.699)***	1.477 (2.944)
个人因素	性别	-0.049 (0.181)	-0.206 (0.228)	-0.077 (0.263)	0.135 (0.287)
	民族	-0.309 (0.289)	-0.394 (0.363)	-0.305 (0.420)	-0.230 (0.458)
	地区	0.002 (0.124)	-0.395 (0.156)*	-0.022 (0.180)	0.377 (0.197)+
	年龄	-0.018 (0.094)	-0.094 (0.118)	-0.168 (0.137)	0.207 (0.149)
	学习成绩	-0.311 (0.104)***	0.136 (0.131)	-0.758 (0.151)***	-0.310 (0.165)+
	学生干部	0.061 (0.079)	-0.052 (0.099)	-0.016 (0.115)	0.251 (0.125)*
	性格情况	-0.086 (0.187)	-0.094 (0.236)	0.019 (0.272)	-0.185 (0.297)
	健康程度	0.235 (0.111)*	0.365 (0.140)**	0.188 (0.161)	0.152 (0.176)

续表

总体分析		教育福利	教育福利的嵌套子模型		
			教育资金	教育机会	教育辅助
家庭因素	家庭距离	-0.017 (0.070)	-0.064 (0.088)	0.050 (0.102)	-0.038 (0.111)
	单亲家庭	0.695 (0.315) *	0.586 (0.396)	0.576 (0.457)	0.922 (0.499) +
	危重病人	0.031 (0.086)	0.070 (0.108)	0.110 (0.125)	-0.085 (0.136)
	家庭人口	0.005 (0.069)	0.020 (0.087)	-0.019 (0.101)	0.013 (0.110)
	父母年龄	-0.014 (0.019)	-0.006 (0.024)	-0.013 (0.027)	-0.023 (0.030)
	父母学历	0.442 (0.151) * * *	0.444 (0.191) *	0.233 (0.220)	0.650 (0.240) * * *
父母外出因素	父亲外出	-0.019 (0.094)	0.017 (0.118)	0.091 (0.136)	-0.165 (0.149)
	母亲外出	-0.033 (0.096)	0.113 (0.121)	-0.010 (0.140)	-0.495 (0.153) *
F. sig		0.005	0.001	0.001	0.023
F		2.230	2.580	2.722	1.888
R^2		0.147	0.166	0.174	0.127

注：（1）括号内为标准误；（2）＊＊＊、＊＊、＊、+分别代表0.5%、1%、5%和10%水平上的显著。

四 教育福利获取的简单总结

从留守儿童和普通儿童的统计结果来看，留守儿童在教育福利的获取中也存在着三个基本特点：（1）从总体上看，留守儿童和普通儿童在教育福利上的差异虽然是存在的，但是其差异水平并不大。目前，儿童在教育福利上的群体差异显著度在0.241，且在三类福利提供方式上都未呈现出统计学意义上的差异，因此可以说留守儿童在教育福利的获取上并不存在严重的福利衰减。（2）从分类上看，留守儿童的教育福利获取在性别、民族、地区、年龄四项分类的考核中呈现的差异并非是全面的，教育福利获取中的人群差异不能得到定量的证明。目前，儿童群体在男童的测量中存在一定程度的差异，但是在其余七个群体的测量中其差异显著性往往高于 0.05。同时，聚类的结果虽然也显示出留守儿童在聚类分析中分布比较分散，在优势集团和落后集团都占据较大比例，且儿童群体在教育福利上的差异幅度是比较有限的。（3）从影响因素上看，目前个人因素对于儿童教育福利的影响作用较为明显，而其余因素均没有产生明显的制约力，因而父母外出对于儿童教育福利的获取影响不大。观察父母外出对于儿童福利获取造成的影响，研究发现目前母亲外出对于教育辅助产生的影响是比较明确的，但在教育资金和教育机会上的回归显著性不高，而父亲外出对于留守儿童教育福利获取的影响作用则非常有限，父母之间的影响力比较趋同。

第四节　留守儿童的整体福利

一　儿童福利获取的整体状况

本章前三节的研究分别从生活福利、健康福利、教育福利三个方面对留守儿童与普通儿童的福利得分进行了对比，并通过儿童群体间的对比发现了留守儿童在三种福利获取过程上的基本特点。在定量的分析中，研究发现健康福利目前受到了"留守"因素的强烈影响，并充分体现在其各个子指标的分析中；而生活福利和教育福利目前受到的影响虽然在整体上缺乏显著性，但是在一些指标的测量中也具有潜在的差异。研究认为，在单独了解到留守儿童在生活福利、健康福利、教育福利上的基本状况后，仍然需要从整体上比较其整体状态，以便更为明确地发现留守儿童相比普通儿童存在的福利削减主要集中在哪些方面，其福利衰减的主要情况如何（表4—10）。

表4—10　　　　　　　留守儿童与普通儿童的整体福利获取

指标	子指标	显著性	平均得分	群体分类得分		
				双亲留守儿童	单亲留守儿童	普通儿童
生活福利	生活资金	0.820	4.772	4.819	4.816	4.743
	生活保护	0.004	6.618	6.736	6.224	6.679
	生活照顾	0.024	4.945	4.644	4.887	5.063

续表

指标	子指标	显著性	平均得分	群体分类得分		
				双亲留守儿童	单亲留守儿童	普通儿童
健康福利	健康资金	0.000	6.407	5.936	6.255	6.606
	健康维护	0.033	4.342	4.201	3.913	4.501
	健康照顾	0.031	5.041	4.755	5.333	5.065
教育福利	教育资金	0.126	4.588	4.731	4.337	4.603
	教育机会	0.170	6.327	6.479	6.152	6.320
	教育辅助	0.119	3.232	2.993	3.086	3.350
综合分析	生活福利	0.219	16.337	16.193	15.961	16.484
	健康福利	0.003	15.793	14.955	15.408	16.182
	教育福利	0.241	14.086	14.129	13.583	14.199
	资金	0.132	15.773	15.520	15.397	15.960
	保护性服务	0.075	17.288	17.423	16.324	17.490
	照顾性服务	0.000	13.186	12.335	13.303	13.558
	总体水平	0.038	45.831	45.146	44.272	46.478

从儿童群体的整体福利获取来看，研究发现留守儿童相比普通儿童的确存在一定程度的衰减。由于普通儿童与留守儿童在福利供应上的差异显著度达到了 0.038，且留守儿童在得分上处于明显的劣势，因而其福利衰减是比较明确的。从福利提供内容来看，目前留守儿童与普通儿童在健康福利的得分上均存在较大差距，其差异显著性水平甚至高达 0.003，属于较为明显的人群差异；而在生活福利和教育福利上的人群差异显著性分别为 0.219 和 0.241，两者均高于 0.05 的显著性，因而并不具有统计学意义。从福利提供方式来观察，目前留守儿童与普通儿童在福利资金和保护性服务获取上的差距相对有限，其群体差异的显著性为 0.132 和 0.075，而照顾性福利服务的差异显著度则达到了 0.000。因此，研究认为留守儿童与普通儿童在整体福利获取上存在差异，且这种差异在健康福利和照顾性服务的测量中体现得最为明显。比较具体的得分也可以清楚地看到，双

亲留守儿童和单亲留守儿童在福利供应上处于明显的落后状态，并以照顾性服务项目上的差距最为突出。

二 儿童福利获取的分类比较

从八类儿童的均值分析来看，儿童群体的整体差异显著性水平达到了0.038，且男童、汉族儿童、少数民族儿童、发达地区儿童、低龄儿童均呈现出了低于0.1的显著性水平。具体观察福利提供内容，生活福利的差异水平相对较小，八个类别人群只有少数民族儿童呈现出了明显的差异，而其余儿童间的差异均不甚明显；健康福利的测量效果则大相径庭，除了大龄儿童外，其余儿童均呈现出了留守儿童与普通儿童的显著分野，它们的显著性水平均低于0.1；而在教育福利领域，这一趋势并没有得到延续，除了男童和发达地区儿童，其余的儿童类型也没有呈现出群体间的较大分化。而观察福利提供的方式，这种基于子指标上的差异能够更为清晰地展现出福利服务上的普遍差异。在福利资金获取上，目前留守儿童与普通儿童的差异并不显著，八类儿童的差异显著性高于0.05的限定水平，因而均未呈现出统计学意义；保护性服务方面的差异则有较大提升，四类儿童出现了明显的差异，但其整体的差异显著性水平却高于0.05；而在照顾性服务方面，其差异显著性也非常明显，七类儿童的差异显著性均低于0.1的显著性，且整体差异显著性达到了0.000（表4—11）。

表4—11 儿童群体整体福利的均值分析

指标	子指标	总体	性别		民族		地区		年龄	
			男童	女童	汉族	少数民族	发达地区	落后地区	大龄儿童	低龄儿童
生活福利	生活资金	0.820	0.998	0.678	0.770	0.798	0.914	0.912	0.557	0.868
	生活保护	0.004	0.019	0.086	0.007	0.093	0.211	0.010	0.095	0.033
	生活照顾	0.024	0.097	0.028	0.155	0.005	0.004	0.616	0.406	0.069
健康福利	健康资金	0.000	0.004	0.002	0.000	0.009	0.006	0.002	0.202	0.000
	健康维护	0.033	0.028	0.467	0.026	0.200	0.039	0.251	0.776	0.027
	健康照顾	0.031	0.317	0.079	0.109	0.016	0.015	0.763	0.050	0.334

续表

指标	子指标	总体	性别		民族		地区		年龄	
			男童	女童	汉族	少数民族	发达地区	落后地区	大龄儿童	低龄儿童
教育福利	教育资金	0.126	0.048	0.874	0.159	0.790	0.060	0.035	0.172	0.359
	教育机会	0.170	0.149	0.822	0.283	0.422	0.535	0.121	0.630	0.018
	教育辅助	0.119	0.095	0.517	0.119	0.013	0.033	0.738	0.094	0.564
综合分析	生活福利	0.219	0.155	0.497	0.573	0.017	0.166	0.407	0.788	0.250
	健康福利	0.003	0.017	0.062	0.005	0.098	0.011	0.086	0.404	0.005
	教育福利	0.241	0.048	0.936	0.191	0.313	0.024	0.092	0.395	0.196
	资金	0.132	0.084	0.596	0.163	0.235	0.077	0.257	0.613	0.218
	保护性服务	0.075	0.006	0.255	0.023	0.116	0.051	0.023	0.759	0.004
	照顾性服务	0.000	0.060	0.048	0.056	0.005	0.002	0.805	0.023	0.195
	总体水平	0.038	0.020	0.407	0.083	0.091	0.009	0.245	0.287	0.084

　　研究还进一步发现，留守儿童相比普通儿童在男童、女童、汉族儿童、少数民族儿童、发达地区儿童、落后地区儿童、大龄儿童和低龄儿童的测量中均处于落后状态。从整体上看，目前"留守"对于儿童福利的获取呈现出了负面的影响，其影响的力度在本次调查中约为7.933%，这一数值虽然并不高，但是如果观察其内部的结构会发现部分项目上的差异幅度却高于10%。研究发现，这种落后的现象在健康福利和照顾性服务方面表现得更为集中，两者的落后幅度分别达到了13.228%和13.832%。第三级指标的分析结果与此相类似，有关健康福利方面的群体差异在福利提供内容上最为明确，健康资金、健康维护上的差异值都达到了15%以上，分别为16.899%和22.168%，而生活照顾与教育辅助上的差异也达到了10%以上的差异，其余指标的差异则相对较小，这也使目前健康福利方面的差异异常明显；比这更为突出的情况发生在福利提供方式上，研究发现留守儿童与普通儿童在福利资金获取上的差异比较有限，其中生活资金竟然出现了留守儿童领先的局面，这说明在一部分资金供应中留守儿

童获得的水平反而要高，保护性服务上的差异也客观存在，普通儿童的领先幅度达到了 7% 以上，而在儿童照顾性服务方面，生活照顾和教育辅助上的差异值均达到了 12.624% 和 20.482%，属于较高的差异范畴（表 4—12）。

表 4—12　　　　　　　　普通儿童在整体福利中的领先幅度　　　　　　单位:%

指标	子标题	总体	性别		民族		地区		年龄	
			男童	女童	汉族	少数民族	发达地区	落后地区	大龄儿童	低龄儿童
生活福利	生活资金	-3.093	-3.733	-13.031	-8.308	0.252	-1.176	-17.747	-14.541	-5.304
	生活保护	6.464	2.632	6.441	3.579	14.283	1.665	6.574	3.053	6.136
	生活照顾	12.624	20.949	6.154	11.374	46.837	11.019	14.469	6.506	15.466
健康福利	健康资金	16.899	12.467	11.959	10.530	19.773	13.072	8.366	4.986	13.910
	健康维护	22.168	22.095	8.484	16.009	22.955	18.580	9.131	7.314	19.630
	健康照顾	1.494	11.202	10.376	8.983	31.106	11.051	7.838	5.563	13.652
教育福利	教育资金	3.428	-11.444	-1.483	1.942	10.776	13.987	-12.013	-7.548	-0.169
	教育机会	0.277	4.994	2.096	3.104	10.741	5.731	-0.664	-3.052	5.930
	教育辅助	20.482	28.241	6.195	19.009	9.088	5.434	24.229	24.100	14.101
综合分析	生活福利	5.0741	5.991	1.409	2.759	19.153	3.700	2.198	-0.701	5.945
	健康福利	13.228	14.305	10.319	11.401	22.435	13.615	8.274	5.355	15.221
	教育福利	5.031	7.431	2.505	7.771	8.665	7.603	3.975	4.253	6.898
	资金	6.492	1.648	1.600	3.143	12.250	9.429	-4.013	-3.727	4.991
	保护性服务	7.527	8.209	5.395	6.495	13.945	7.246	4.515	2.007	9.327
	照顾性服务	13.832	18.990	7.532	12.633	27.309	9.075	14.364	11.659	14.047
	总体水平	7.933	9.342	4.833	7.320	16.873	8.403	4.716	2.962	9.437

进一步讨论八个子类型的儿童福利得分，研究也可以清晰地发现各个群体在"留守"的影响下均呈现出更为消极的状态，尤其以少数民族 16.873% 的整体差异幅度最为明显。与整体的分析相类似，"留守"对于

儿童群体福利获取的影响也较多地集中在健康福利和照顾性服务方面，两者的差异值最高达到了 22.435% 和 27.309%。从福利提供内容来看，除了少数民族儿童中留守儿童相比普通儿童低 2 个百分点以外，其余各个人群在生活福利上的差异度均低于 6%，可见其差异的幅度比较有限；而健康福利方面的差异则明显增长，除了落后地区儿童和大龄儿童外，其余人群的差异值均在 10% 以上；而教育福利上的差异也相对较低，各个群体间的差异普遍在 5% 左右。观察福利提供的方式，研究发现少数民族儿童与发达地区儿童受到"留守"因素的影响比较严重，而其余群体中留守儿童与普通儿童的得分基本持平；在保护性服务方面这一趋势有所扩大，各个群体间的差距普遍在 8% 左右，最大的差距达到了 13.945%；而照顾性服务方面的差距则更为显著，各个群体普遍的差异值在 10% 以上，男童、少数民族中留守儿童与普通儿童的差异幅度甚至分别达到了18.990% 和 27.309%。因此，这种分析结果也明显地显示出，目前"留守"因素产生的负面影响较为全面地体现在不同人群中，但是这种负面影响并不是在每个指标上都存在，它比较集中地体现在健康福利和照顾性服务上，尤其以后者最为明显。

表 4—13　　　　　　　　　儿童群体整体福利的聚类分析

水平	类型	整体福利	福利提供方式			模型聚类结果
			资金	保护性服务	照顾性服务	
领先水平	一类	51.281±1.143	16.601±0.372	18.800±4.015	15.880±2.854	P5、P6、L5
	二类	46.603±0.915	15.938±0.659	17.420±0.718	13.349±1.276	L1、L10、L13、L12、L11、P4、P11、P10、P12、P2、P3、P7、P1、P14、P9、P13
较低水平	三类	43.678±0.711	15.362±0.642	16.704±0.652	12.170±0.588	L4、L6、L9、L2、L16、L3
	四类	41.106±0.783	13.995±0.686	15.203±1.142	12.812±1.101	L15、L7、P8、P15、P16
落后水平	五类	30.655±1.087	10.622±2.925	14.917±0.825	8.067±1.508	L8、L14

对留守儿童和普通儿童进行 32 类儿童的聚类分析，研究可以更为清晰地发现"留守"因素对于儿童群体存在的显著影响（表 4—13）。聚类分析结果显示，在 32 种儿童群体的子类型聚合中，以字母 L 开头的留守儿童在整体福利获取上的得分要普遍低于以字母 P 开头的普通儿童，且在福利资金、保护性服务、照顾性服务三个方面均存在着明显的类型差异。其中，在处于优势地位的一类和二类儿童群体中，留守儿童与普通儿童的比例大致为 1：2，而在处于最后位置的两类儿童群体中，留守儿童与普通儿童的比例则达到了 2：0，可见留守儿童群体所形成的群体劣势是比较明显的。进一步观察三类子指标，资金、保护性服务、照顾性服务所呈现出的变化趋势是相对明晰的，其群体之间的差异幅度也比较清晰，且以照顾性服务的差异最为明确。因此，从聚类分析来看，留守儿童形成的差异是分布在各个子类型中的相对全面的群体性差异。

三 儿童福利获取的影响因素

在上述的讨论中，整体分析的结果显示出了留守儿童相比普通儿童存在着显著的福利衰减，而分类分析的结果则进一步反映了福利衰减所具有的普遍性。在此基础上，研究试图进一步讨论儿童福利获取受到何种因素的影响，分析个人因素、家庭因素与父母外出因素与儿童福利获取之间存在的关联（表 4—14）。

表 4—14 儿童群体整体福利的回归分析

指标		总体福利	福利提供内容			福利提供方式		
			生活福利	健康福利	教育福利	福利资金	保护性服务	照顾性服务
常量		5.944 (1.556) ***	5.960 (1.794) ***	5.846 (2.122) **	6.082 (1.858) ***	6.908 (1.510) ***	5.963 (1.862) ***	4.964 (2.304) *
个人因素	性别	-0.164 (0.153)	-0.216 (0.175)	-0.225 (0.207)	-0.049 (0.181)	-0.129 (0.147)	-0.108 (0.181)	-0.253 (0.225)
	民族	-0.267 (0.243)	-0.068 (0.279)	-0.422 (0.330)	-0.309 (0.289)	-0.412 (0.235) +	-0.483 (0.289) +	0.095 (0.358)
	地区	-0.041 (0.105)	-0.199 (0.120) +	0.075 (0.142)	0.002 (0.124)	-0.246 (0.101) *	-0.042 (0.124)	0.081 (0.154)

续表

指标		总体福利	福利提供内容			福利提供方式		
			生活福利	健康福利	教育福利	福利资金	保护性服务	照顾性服务
	年龄	0.046	0.042	0.114	−0.018	−0.040	−0.161	0.017
		(0.079)	(0.091)	(0.107)	(0.094)	(0.076)	(0.094)+	(0.117)
	学习成绩	−0.260	−0.093	−0.376	−0.311	0.026	−0.518	−0.287
		(0.088)***	(0.100)	(0.119)***	(0.104)***	(0.085)	(0.104)***	(0.129)*
	学生干部	0.018	−0.050	0.042	0.061	−0.017	0.019	0.051
		(0.067)	(0.076)	(0.090)	(0.079)	(0.064)	(0.079)	(0.098)
	性格情况	0.082	0.287	0.045	−0.086	0.106	0.070	0.070
		(0.158)	(0.181)	(0.214)	(0.187)	(0.152)	(0.188)	(0.232)
	健康程度	0.242	0.226	0.265	0.235	0.191	0.155	0.380
		(0.094)**	(0.107)*	(0.127)*	(0.111)	(0.090)*	(0.111)	(0.138)**
家庭因素	家庭距离	−0.116	−0.098	−0.233	−0.017	−0.102	−0.053	−0.194
		(0.059)*	(0.068)	(0.080)***	(0.070)	(0.057)+	(0.070)	(0.087)*
	单亲家庭	0.676	0.518	0.815	0.695	0.522	0.752	0.754
		(0.265)*	(0.304)+	(0.359)*	(0.315)*	(0.256)*	(0.315)*	(0.390)+
	危重病人	0.136	0.140	0.236	0.031	0.262	0.102	0.043
		(0.072)+	(0.083)+	(0.098)*	(0.086)	(0.070)***	(0.086)	(0.107)
	家庭人口	0.045	0.007	0.137	0.005	−0.012	0.030	0.116
		(0.058)	(0.067)	(0.079)+	(0.069)	(0.056)	(0.069)	(0.086)
	父母年龄	−0.025	−0.016	−0.044	−0.014	−0.018	−0.016	−0.040
		(0.016)	(0.018)	(0.022)*	(0.019)	(0.015)	(0.019)	(0.023)+
	父母学历	0.371	0.223	0.448	0.442	0.182	0.306	0.626
		(0.128)***	(0.146)	(0.173)*	(0.151)***	(0.123)	(0.152)*	(0.188)***
父母外出因素	父亲外出	−0.001	−0.033	0.049	−0.019	−0.037	0.018	−0.016
		(0.079)	(0.091)	(0.107)	(0.094)	(0.076)	(0.094)	(0.116)
	母亲外出	−0.138	−0.025	−0.354	−0.033	−0.096	−0.118	−0.199
		(0.081)+	(0.093)	(0.110)***	(0.096)	(0.078)	(0.097)	(0.120) +
F. sig		0.000	0.004	0.000	0.005	0.000	0.000	0.000
F		4.078	2.092	5.037	2.230	0.432	3.333	3.316
R^2		0.240	0.150	0.280	0.147	0.250	0.205	0.204

注:(1)括号内为标准误;(2)***、**、*、+分别代表0.5%、1%、5%和10%水平上的显著。

　　整体上观察个人因素、家庭因素和父母外出因素对于儿童福利获取的影响，研究发现个人因素和家庭因素对儿童福利供应均具有一定的影响，但是家庭因素的影响作用似乎更强；而父亲与母亲外出行为造成的影响也存在差异，母亲外出行为的影响程度强于父亲。从具体的影响因素来分析，研究发现学习成绩和健康程度会对整体福利供应分别造成 0.003 和 0.010 的显著性影响，但是在学生干部与性格情况的测量中均未表现出明确的统计学意义；同样的分析结果在性别、民族、地区、年龄等因素的讨论中也有明确的表现。而从家庭因素来看，家庭距离、单亲家庭、危重病人、父母学历四个指标均对儿童福利获取产生了一定的影响，其回归显著性分别达到了 0.050、0.011、0.063 和 0.004，可见家庭中的大部分指标对于儿童福利供应的影响较为强烈。因而从个人因素与家庭因素的比较来看，研究发现家庭对于儿童福利供应的影响更为显著，其影响不但全面而且深刻，已经成为制约儿童福利提升的重要诱因。就"留守"因素而言，父亲和母亲的外出行为对儿童福利获取的影响程度是不同的：其中，父亲对儿童福利获取的整体影响目前偏低，无论是在福利提供内容还是在福利提供方式上均没有对儿童福利获取的结果产生直接的显著影响，而母亲在福利获取中的作用则更为明显，母亲的外出行为对于儿童健康福利和照顾性福利服务的影响较大。从具体数值来看，父亲外出因素对于儿童福利供应的影响程度达到了 0.990，远高于 0.1 的显著性水平，不具有明确的统计学意义；而母亲外出因素对于儿童福利供应的影响则达到了 0.092，低于 0.1 的显著性水平，存在较为明确的回归关系。同时，母亲外出时间对于儿童健康福利和照顾性服务均有较为明确的影响力，在上述因素中的影响显著性分别达到了 0.001 和 0.098。

四　儿童福利获取的简单总结

　　研究发现，留守儿童相比普通儿童在整体福利获取方面存在着三个明显特点：（1）从总体上看，留守儿童相比普通儿童存在统计学意义上的福利衰减。目前，留守儿童与普通儿童在整体福利获取上的群体差异显著性已经达到了 0.038，属于明显的显著性水平。从福利提供内容来看，留守儿童的福利供应差异主要体现在健康福利上，而生活福利和教育福利上的差异比较有限；从福利提供方式来看，留守儿童和普通儿童在福利获取上的差异主要体现在照顾性服务方面，保护性服务居中，而福利资金的差异则较为有限。（2）从分类上看，留守儿童与普通儿童所存在的差异是比较普遍的。在分类人群获取的均值分析中，研究发现男童、汉族儿童、少数民族儿童、发达地区儿童、低龄儿童受到"留守"因素的较强影响，其人群的差异显著性均已经达到或接近了 0.05 的显著水平；而在聚类分析中，研究也发现普通儿童在得分上也普遍高于留守儿童，其整体福利的得分存在群体性的优势。（3）从影响因素来看，研究发现家庭对于儿童福利获取的影响力度更为强烈，且女性家庭成员在儿童福利获取中的作用也更为明显；家庭因素相比个人因素所产生的直接影响更大，而母亲外出对于留守儿童福利衰减也相比父亲具有更为重要的影响力。

当然，通过具体的数据也可以发现，目前"留守"对于儿童福利获取的影响在程度上并不是特别严重，在"留守"因素的影响下留守儿童仅比普通儿童低 8%左右。这种现象的形成源于我国留守儿童与普通儿童在各个分项目上的差异值存在着结构上的分化。结合具体的数据，"留守"所造成的普遍性差别在健康福利和照顾性服务方面呈现出了明显的集中趋势。从前者的集中趋势可见，留守儿童和普通儿童在生活福利等替代性较强的福利供应领域往往差距较小，但是在替代性不强的、发展性福利方面的差异则更为明确；而从后者的集中趋势则可以看出，留守儿童和普通儿童在资金保护和法律保护等替代性较强的、比较基础的福利供应领域往往差距较小，但是在替代性不强的儿童照顾方面的差异则更为明显。基于此，研究认为留守儿童虽然相比呈现出了普遍衰减的福利供应态势，但是其整体的差异水平却不高，而是更多地集中在某些领域，因此可以推测出留守儿童在外出家庭福利供应出现问题时可能获得了其他主体福利替代，只是在某些环节福利替代的效果不佳。

本章小结

留守儿童福利问题的研究首先必须围绕着留守儿童已经获得了什么样的福利作为主要的研究议题。按照此设计，本章主要围绕留守儿童的福利获取状况进行分析，并通过对生活福利、健康福利、教育福利的分类分析对留守儿童福利获取状况进行了详细的讨论。研究发现，目前留守儿童相比普通儿童在福利获取中存在着显著的劣势，这种劣势不但在均值分析中有所表现，在聚类分析中的子类型和回归分析的显著性等方面也都有明显的反映。同时，在基于性别、民族、地区、年龄四个维度的进一步讨论中，研究也发现这种劣势具有很强的普遍性，不同群体受到"留守"因素的影响幅度虽然不同，但是绝大多数类型均呈现出了福利获取上的劣势，因而可以发现这种劣势是客观存在的。

当然，留守儿童在整体上出现的福利衰减绝不意味着在每个指标上都存在着明确的落后。从福利提供内容来看，这种落后的趋势主要出现在健康福利上，而在教育福利和生活福利上的差异则相对有限；从福利提供方式来看，照顾性服务的落后是比较明显的，而福利资金和保护性服务在实际的测量中则并未体现出统计学意义上的差异。研究认为，尽管留守儿童福利获取的衰减具有整体性，但是该群体的福利衰减在某些福利项目上更为集中，而在某些项目上则相对有限，其福利衰减的水平和力度并不是完全均等的。因此，对于留守儿童的福利供应必须要重新审视其政策的有效性，而强化健康福利和照顾性服务可能才是更需要重视的现实问题。

在发现留守儿童出现了较为明确而普遍的福利衰减后，研究也同时发现整体上福利衰减的力度似乎并不大。这不但是由于其指标衰减幅度不均等的结构性问题所引起，同样也能够揣测出部分福利供应的信息。鉴于目前留守儿童的整体福利衰减幅度存在一定的有限性，可以推测出留守儿童在父母外出后仍然受到了福利多元主体的持续供应。由于福利获取在得分上的差异幅度并不高，且比较多地体现在部分福利项目上，因而父母外出后在哪些方面还存在着明确的福利供应而在哪些方面出现了不足，在父母外出后谁来承担留守儿童的福利供应责任就成了非常有意义的话题。

第五章

家庭的福利责任与现实困境

通过留守儿童与普通儿童的对比，研究发现尽管留守儿童在整体福利供应中表现出了显著的群体落后，但是这种整体落后的幅度并不剧烈，并主要集中在某些福利项目上。这在说明留守儿童福利供应差异项目存在内部分化的同时，也使本书对于这种多元主体的福利供应过程产生了浓厚的兴趣。而对多元主体的福利供应过程进行观察，则首先需要深入透析家庭在儿童福利供应中的作用。这是因为，由于东亚福利体制具有"家庭中心"的基本特征，因此家庭福利供应在我国现存福利体系中处于基础性的地位。对于留守儿童而言，家庭作为其福利供应的重要主体之一，很可能已经成为并将继续成为满足其福利需要的最重要依托和最坚实保障，进而嬗变为其当前福利获取衰减的主要诱因。因此，研究将在此章通过家庭福利供应的定量分析和定性讨论来明确家庭在留守儿童福利供应中的地位，分析其是否存在较为明显的福利责任转移。

由于本书不但希望静态地探讨家庭在福利供应中的福利责任定位，也希望动态地观察到家庭中是否也存在福利责任转移，因而研究将家庭主体进行了进一步的细分。对于家庭内部结构的划分，美国人类学家默多克（Murdock）在《社会结构》一书中将家庭分为"外出家庭"、"复婚家庭"和"扩大家庭"三种类型，法国社会学家勒普累（Le Play）则将家庭分为"父权家庭"、"不稳定家庭"和"主干家庭"①；目前在留守儿童的家庭研究中，部分学者使用了"核心家庭"和"扩展家庭"来分别指

---

① 中国大百科全书出版社：《中国大百科全书（社会学卷）》，中国大百科全书出版社1994年版，参看目录中的名词解释。

代父母和亲属。[1] 但是，如果考虑到核心家庭和扩大家庭是包含与被包含关系，而非对等关系，那么目前区分家庭内部结构的概念对于分析留守儿童父母和亲属之间的关系都是不太适合的。[2] 因此，研究倾向于将其分别命名为"外出家庭"和"留守家庭"予以研究。其中，前者主要为留守儿童和父母组成的家庭，后者是留守儿童和亲属等组成的家庭。

第一节　外出家庭福利供应的定量研究

一　外出家庭福利供应的整体状况

从外出家庭福利供应的得分上看，研究首先发现目前该主体在儿童福利供应中占据着重要的位置。在总分为 36 分的测量中，外出家庭对于儿童的福利供应得分在 26 分左右，显示出了较为有力的福利供应力度。从福利提供内容来看，生活福利和教育福利的得分比较高，两者的得分均超过了 9 分，而健康福利则处于最为有限的水平，其得分仅有 7.804 分，说明父母在改善儿童健康福利方面的努力受到一定程度的限制；而从福利提供方式来看，目前其福利供应在资金方面的支持力度是最大的，其得分达到了 9.660 分，儿童保护性服务居中，得分也接近于 9 分，而在儿童照顾性服务方面则较为落后，其得分仅为 7.663 分（表5—1）。

表5—1　　　　　　　　儿童群体外出家庭福利供应的差别

指标	子指标	平均值	显著性	外出家庭得分		
				双亲留守儿童	单亲留守儿童	普通儿童
生活福利	生活资金	3.754	0.000	3.589	3.638	3.840
	生活保护	2.625	0.013	2.578	2.407	2.696
	生活照顾	2.695	0.000	1.982	2.734	2.928

[1] 尚晓援、刘浪：《解构东亚福利模式之谜——父系留守家庭在儿童保护中的作用》，《青少年犯罪问题》2008 年第 5 期。

[2] 按照《中国大百科全书（社会学卷）》对于扩大家庭和主干家庭的界定，扩大家庭是指"由共同血缘关系的父母和已婚子女，或已婚兄弟姐妹的多个核心家庭组成的家庭模式"，因而从理论上看它不是与核心家庭并列的概念，其在实际的外延上要大于核心家庭，因而用核心家庭和扩大家庭来界定留守儿童的父母和亲属是不准确的。而主干家庭是指"父母与一对已婚子女生活的家庭模式"，这与当前留守儿童的实际抚育模式也不完全符合。因此本书倾向于通过概念界定的方式来区分家庭内部的关系。

续表

指标	子指标	平均值	显著性	外出家庭得分		
				双亲留守儿童	单亲留守儿童	普通儿童
健康福利	健康资金	2.665	0.982	2.681	2.645	2.664
	健康维护	2.557	0.000	2.095	2.530	2.721
	健康照顾	2.594	0.000	1.912	2.631	2.817
教育福利	教育资金	3.291	0.000	3.031	3.185	3.407
	教育机会	3.767	0.338	3.825	3.757	3.749
	教育辅助	2.378	0.823	2.353	2.416	2.377
综合分析	生活福利	9.043	0.000	8.149	8.778	9.464
	健康福利	7.804	0.000	6.688	7.806	8.203
	教育福利	9.428	0.035	9.209	9.358	9.533
	资金	9.660	0.001	9.214	9.434	9.871
	保护性服务	8.923	0.000	8.454	8.671	9.149
	照顾性服务	7.663	0.000	6.255	7.780	8.115
	总体水平	26.275	0.000	24.047	25.942	27.199

　　通过对比留守儿童与普通儿童在外出家庭中的福利供应状况，研究发现两类留守儿童在实际的测量中均存在明显的劣势，儿童群体在得分上依照双亲留守儿童、单亲留守儿童、普通儿童的顺序呈现出了递增的趋势，且以照顾性服务的差异最为明显。整体来看，"留守"对于儿童福利供应的影响在均值分析中已经呈现出了 0.000 的群体差异显著性，且双亲留守儿童和单亲留守儿童相比普通儿童分别存在 13.109% 和 4.845% 的福利衰减，因此留守儿童在外出家庭的福利供应中存在着较为明确的劣势，尤其以双亲留守儿童的福利衰减最为严重。具体来说，从福利提供内容来看，留守儿童和普通儿童在生活福利、健康福利、教育福利三个方面分别存在 0.000、0.000 和 0.035 的显著性差异，且双亲留守儿童和单亲留守儿童相比均存在显著的福利衰减，其中双亲留守儿童福利衰减的幅度分别达到了 16.128%、22.648% 和 3.511%，而单亲留守儿童的衰减幅度也达到了 7.811%、5.082% 和 1.866%。这说明生活福利和健康福利上的差异目前构成了留守儿童外出家庭福利衰减的主体，而教育福利上的差别则相对有限。而从福利提供方式来看，儿童群体在资金供应、保护性服务供应和照顾性服务供应三个方面也均存在低于 0.001 的显著性差异，且普通儿童的

领先幅度仍然非常明显，其领先双亲留守儿童的幅度分别达到了6.569%、7.844%和30.077%，领先单亲留守儿童的比例也分别达到了4.690%、5.425%和4.387%。

二　外出家庭福利供应的分类比较

从儿童群体在外出家庭福利供应上的均值分析结果来看，留守儿童与普通儿童的实际差异已经形成，且在各个类型的人群中出现了普遍性的差别（表5—2）。除了少数民族群体中的人群分化达到了0.006外，其余各个人群在测量中均呈现出了0.002以下的显著性。进一步观察福利提供的内容，研究发现生活福利、健康福利的差异显著性更为明确，其中生活福利在所有八类人群的测量中均呈现出了0.000的显著性；健康福利中也有四类人群低于0.003的显著性水平，其余的群体也低于0.015的显著性水平；而教育福利虽然在总体上呈现出0.035的差异显著性，但是由于在分类分析中仅有男童呈现出了统计学意义，因此不具有普遍性。从福利提供方式来看，资金、保护性服务、照顾性服务的差异也非常明显，其中资金方面的人群差异是最小的，其虽然存在0.001的群体显著性，但是在个别群体中却并未出现显著差异，男童、汉族儿童、欠发达地区儿童和低龄儿童四类儿童呈现出了低于0.05的显著性差异；保护性服务的差异则较为全面，八类群体全部呈现出了低于0.05的显著性水平；而照顾性服务的差异则最为显著，所有人群在此方面的测量中均呈现出了低于0.001的显著性水平。因此，研究认为"留守"对于外出家庭福利供应的影响是明确而全面的，它不但在六项二级指标中均有明确的表现，而且在八类人群的测量中也呈现出了显著的差异，且以照顾性服务的人群差异表现得最为明显。

表5—2　　　　　　　　儿童群体外出家庭福利供应的均值分析

指标	子指标	总体	性别		民族		地区		年龄	
			男童	女童	汉族	少数民族	发达地区	落后地区	大龄儿童	低龄儿童
生活福利	生活资金	0.000	0.000	0.002	0.000	0.039	0.000	0.000	0.199	0.000
	生活保护	0.013	0.013	0.122	0.045	0.064	0.221	0.074	0.009	0.273
	生活照顾	0.000	0.000	0.000	0.000	0.000	0.000	0.000	0.000	0.000

续表

指标	子指标	总体	性别		民族		地区		年龄	
			男童	女童	汉族	少数 民族	发达 地区	落后 地区	大龄 儿童	低龄 儿童
健康 福利	健康资金	0.982	0.460	0.660	0.775	0.359	0.374	0.400	0.509	0.803
	健康维护	0.000	0.000	0.000	0.000	0.036	0.002	0.000	0.002	0.000
	健康照顾	0.000	0.000	0.000	0.000	0.002	0.000	0.000	0.000	0.000
教育 福利	教育资金	0.000	0.000	0.054	0.000	0.126	0.020	0.000	0.028	0.000
	教育机会	0.338	0.131	0.907	0.352	0.755	0.969	0.095	0.904	0.109
	教育辅助	0.823	0.738	0.272	0.922	0.343	0.831	0.613	0.328	0.826
综合 分析	生活福利	0.000	0.000	0.000	0.000	0.000	0.000	0.000	0.000	0.000
	健康福利	0.000	0.000	0.000	0.000	0.015	0.004	0.000	0.015	0.000
	教育福利	0.035	0.047	0.192	0.085	0.254	0.122	0.280	0.366	0.068
	资金	0.001	0.003	0.097	0.002	0.250	0.496	0.000	0.197	0.000
	保护性服务	0.000	0.007	0.002	0.002	0.034	0.027	0.008	0.013	0.014
	照顾性服务	0.000	0.000	0.000	0.000	0.001	0.000	0.000	0.000	0.000
	总体水平	0.000	0.000	0.000	0.000	0.006	0.001	0.000	0.002	0.000

对比留守儿童与普通儿童在外出家庭福利供应上的得分也可以更为清晰地发现，儿童在外出家庭福利供应中受到"留守"因素的影响较为深刻，并普遍表现在八项子人群的分析中（表5—3）。其中，生活福利和健康福利的衰减幅度在20%以上，而教育福利的衰减也达到了5%，因此各个类型儿童均呈现出了生活福利和健康福利的巨大分化；同样，资金、保护性服务的衰减幅度在11%—14%，而照顾性服务的衰减幅度则高达34.394%，因而照顾性服务是目前差异最大的福利提供方式。综观八类人群的分析结果，尽管各个人群的外出家庭福利供应在具体得分上呈现出了一定程度的差别，但是总体上看"留守"在各类儿童中所呈现出来的负面状态是极为清晰的：普通儿童相比留守儿童呈现出来的优势分别在10%—32%，且以少数民族儿童31.363%和落后地区儿童23.151%的分化

最为严重。进一步考察二级指标，研究发现普通儿童领先留守儿童的主要指标集中在生活福利、健康福利和照顾性服务三个方面，三者的最大领先幅度分别达到了45.269%、42.496%和66.186%，呈现出了巨大的人群差异；而教育福利、资金、保护性服务的差异幅度则分别达到了5.377%、11.259%和13.270%，也具有一定的人群分化。

表5—3　　　　　普通儿童在外出家庭福利供应上的领先幅度　　　　单位：%

指标	子指标	总体	性别		民族		地区		年龄	
			男童	女童	汉族	少数民族	发达地区	落后地区	大龄儿童	低龄儿童
生活福利	生活资金	12.566	14.751	10.567	8.240	17.418	9.553	17.379	4.422	15.185
	生活保护	16.559	15.458	17.545	8.315	43.619	11.594	21.181	31.035	9.859
	生活照顾	54.814	50.922	58.955	33.716	113.305	48.027	62.482	68.417	49.086
健康福利	健康资金	0.109	0.693	-0.121	1.211	-6.986	-14.400	19.330	-10.863	4.919
	健康维护	37.430	41.432	34.109	23.941	70.209	29.162	47.941	46.616	35.096
	健康照顾	54.432	60.591	47.310	35.177	87.586	43.165	68.597	51.852	54.883
教育福利	教育资金	19.397	28.542	11.245	13.318	23.042	15.575	24.460	16.726	21.436
	教育机会	-2.226	-3.529	-0.750	-1.957	4.224	-0.398	-5.155	-1.650	-2.630
	教育辅助	-0.622	4.495	-5.678	-1.197	13.995	3.244	-6.542	6.557	-3.870
综合分析	生活福利	23.939	23.997	23.694	15.411	45.269	19.275	29.364	26.120	22.171
	健康福利	27.729	31.191	24.345	19.259	42.496	15.858	42.935	23.861	29.585
	教育福利	5.377	8.899	2.023	3.375	12.810	5.883	4.171	6.447	4.699
	资金	11.259	14.818	7.788	7.946	11.722	4.244	20.253	4.096	14.230
	保护性服务	13.270	13.569	13.015	8.082	32.203	10.855	15.237	20.105	10.569
	照顾性服务	34.394	37.668	30.683	22.482	66.186	30.316	38.516	40.058	31.596
	总体水平	17.955	20.536	15.235	12.091	31.363	13.282	23.151	17.965	17.632

而从32类儿童群体的聚类分析结果也可以得知，目前留守儿童在外

出家庭福利供应中存在着非常明显的群体性劣势（表5—4）。通过聚类分析，研究发现目前普通儿童在外出家庭福利供应中占据绝对的优势，9类普通儿童在聚类分析中进入了优势群体的范围内，而与此相对应的留守儿童群体数目则为0。而在处于较低水平和落后水平的四类和五类的聚类结果中，共有11类留守儿童和2类普通儿童进入，最低水平的儿童类型也是L6和L14两类留守儿童，可见留守儿童所处的群体劣势也非常明确。同时，在二级指标的分析中，研究还发现无论是福利资金、保护性服务还是照顾性服务，普通儿童的子类型均在聚类分析中领先于留守儿童，因此研究倾向于认为目前"留守"对于外出家庭的福利供应状况呈现出了明确的负面影响。

表5—4 儿童群体外出家庭福利供应的聚类分析

水平	类型	外出家庭	福利供应方式			模型聚类结果
			资金	保护性服务	照顾性服务	
领先水平	一类	31.680±1.584	10.960±0.339	10.670±0.099	10.050±1.344	P5、P14
较高水平	二类	27.451±0.219	10.020±0.284	9.201±0.138	8.228±0.190	P1、P2、P3、P9、P4、P11、P8
	三类	26.232±0.390	9.763±0.451	8.888±0.299	7.493±0.484	P7、P10、P12、P13、P16、L12、L15、L13、L10、L1
较低水平	四类	24.099±0.855	8.396±1.775	8.598±1.343	7.105±0.647	P6、P15、L7、L11、L5、L8、L2、L3、L4、L9、L16
落后水平	五类	18.717±1.248	10.634±1.933	5.500±0.141	2.584±0.825	L6、L14

三 外出家庭福利供应的影响因素

对于外出家庭福利供应的整体分析和分类分析证明了"留守"对于外出家庭的福利供应不但具有较为明确的负面影响，且这种影响是普遍存在的。这在说明外出家庭福利供应基本趋势的情况下也让本书具有更进一步的研究空间：在外出家庭福利供应中，何种因素的影响是最为重要的，而哪些因素的影响则并不显著。研究希望通过进一步的回归分析，从个人因素、家庭因素和父母外出因素等指标与外出家庭福利供应的关系来进行深层讨论（表5—5）。

表5—5　　　　　　　儿童群体外出家庭福利供应的回归分析

指标		外出家庭福利供应	福利提供内容			福利提供方式		
			生活福利	健康福利	教育福利	资金	保护性服务	照顾性服务
常量		5.956	4.836	6.453	7.412	7.174	5.979	4.715
		(2.111)***	(2.244)*	(3.400)+	(2.040)***	(2.876)*	(2.409)*	(3.048)*
个人因素	性别	-0.176	-0.306	-0.474	0.226	0.061	-0.150	-0.438
		(0.204)	(0.219)	(0.331)	(0.199)	(0.276)	(0.235)	(0.297)
	民族	0.181	-0.195	0.280	-0.159	0.226	-0.348	0.664
		(0.325)	(0.349)	(0.529)	(0.317)	(0.441)	(0.376)	(0.474)
	地区	-0.107	-0.023	-0.163	-0.139	-0.306	0.022	-0.037
		(0.140)	(0.150)	(0.227)	(0.136)	(0.189)	(0.161)	(0.203)
	年龄	0.103	0.048	0.232	0.038	0.021	0.207	0.080
		(0.106)	(0.114)	(0.172)	(0.103)	(0.144)	(0.122)+	(0.154)
	学习成绩	-0.169	-0.137	-0.213	-0.128	-0.112	-0.213	-0.182
		(0.117)	(0.126)	(0.190)	(0.114)	(0.159)	(0.135)	(0.171)
	学生干部	0.013	-0.030	-0.021	0.016	-0.073	0.029	0.084
		(0.089)	(0.095)	(0.144)	(0.087)	(0.121)	(0.102)	(0.130)
	性格情况	-0.324	-0.069	-0.694	-0.221	-0.275	-0.328	-0.370
		(0.211)	(0.226)	(0.343)*	(0.206)	(0.286)	(0.243)	(0.307)
	健康程度	0.368	0.447	0.447	0.253	0.070	0.328	0.708
		(0.125)***	(0.134)***	(0.203)*	(0.122)*	(0.169)	(0.144)*	(0.182)***
家庭因素	家庭距离	-0.101	-0.154	-0.200	0.021	0.082	-0.193	-0.192
		(0.079)	(0.084)+	(0.128)	(0.077)	(0.107)	(0.091)*	(0.115)
	单亲家庭	1.238	1.681	0.865	1.123	1.414	0.908	1.392
		(0.354)***	(0.380)***	(0.576)	(0.346)***	(0.480)***	(0.408)*	(0.516)**
	危重病人	-0.060	0.032	-0.139	-0.066	-0.014	-0.100	-0.067
		(0.097)	(0.104)	(0.157)	(0.094)	(0.131)	(0.112)	(0.141)
	家庭人口	0.089	0.107	0.171	-0.007	0.099	0.111	0.056
		(0.078)	(0.084)	(0.127)	(0.076)	(0.106)	(0.090)	(0.114)

续表

指标		外出家庭福利供应	福利提供内容			福利提供方式		
			生活福利	健康福利	教育福利	资金	保护性服务	照顾性服务
	父母年龄	-0.016	-0.007	-0.033	-0.022	0.021	-0.031	-0.038
		(0.021)	(0.023)	(0.034)	(0.021)	(0.029)	(0.024)	(0.031)
	父母学历	0.198	0.098	0.116	0.310	-0.138	0.468	0.264
		(0.171)	(0.183)	(0.277)	(0.166)+	(0.231)	(0.196)*	(0.248)
父母外出因素	父亲外出	-0.142	-0.154	-0.289	0.002	-0.122	-0.056	-0.243
		(0.106)	(0.113)	(0.172)+	(0.103)	(0.143)	(0.122)	(0.154)
	母亲外出	-0.315	-0.270	-0.535	-0.179	-0.134	-0.292	-0.520
		(0.109)***	(0.116)*	(0.176)***	(0.106)+	(0.147)	(0.125)*	(0.158)***
F.sig		0.000	0.000	0.000	0.004	0.070	0.000	0.000
F		4.523	4.698	3.884	2.262	1.384	2.977	5.624
R^2		0.286	0.283	0.254	0.151	0.110	0.200	0.317

注：（1）括号内为标准误；（2）＊＊＊、＊＊、＊、+分别代表0.5%、1%、5%和10%水平上的显著。

从外出家庭福利供应的回归分析模型来看，研究发现其R^2达到了0.286，属于具有统计学意义的回归模型。进一步观察各个指标的回归分析结果，研究发现个人因素的整体影响相对有限，其中性别、民族、地区、年龄分别呈现出了0.390、0.579、0.445和0.334的回归显著性，因此外出家庭福利供应与这些因素并无明显联系；个人因素中的其他指标在影响力方面也相对缺乏，其影响作用主要体现在身体健康指标上，该指标与外出家庭福利供应呈现出了0.000的正相关性，而学习成绩、学生干部、性格情况三个指标的回归显著性则分别达到了0.150、0.881、0.126。在家庭因素指标上，目前单亲家庭指标的回归显著性为0.001，回归系数达到了1.238，因此单亲家庭的儿童在获取来自父母的福利过程中难度更大，而其余五个指标由于均呈现出了0.1以上的回归显著性，因而这些指标与外出家庭福利供应的联系也不甚密切。从父母外出因素对儿童福利供应的影响来看，研究发现父亲外出对福利供应的影响不具有统计学意义，两者的回归显著性达到了0.135，高于0.1的限定水平；而母亲外出对福利供应的影响则异常明显，其显著性水平达到了0.004，呈现出的回归系数也为-0.315，可见母亲外出时间越长的儿童所享受到的外出家庭福利供应水平越是有限。这种分析结果就显示出了女性在儿童福利供应中的作用往往更为重要，留守儿童所面临的问题往往也来自于女性成员的角色缺位。

从福利提供的内容上看，研究进一步印证了外出家庭福利供应受到"留守"因素的全面影响。生活福利模型、健康福利模型与教育福利模型的 R^2 分别为 0.283、0.254 和 0.151，三者均属于具有较强统计意义的回归分析模型。建立于此模型基础上，研究发现当前生活福利、健康福利和教育福利受到个人健康程度和单亲家庭两个指标的较大影响，其中个人健康程度指标对于生活福利、健康福利和教育福利的影响程度分别为 0.001、0.029 和 0.039，三者均在 0.1 的显著性标准值以下，因而具有较强的影响度，结合其 0.447、0.447 和 0.253 的回归系数，研究发现个人健康程度越高的儿童在生活、健康、教育方面获得外出家庭福利供应的充裕性越高；而单亲家庭指标则分别与生活福利、健康福利和教育福利形成了 0.000、0.134 和 0.001 的回归显著性，结合其 1.681、0.865 和 1.123 的回归系数，也可以认为单亲家庭的儿童在外出家庭福利供应上存在明显的劣势。进一步关注父亲与母亲外出因素的影响力，研究首先发现父亲外出的影响力在回归测量中是不明显的，其在生活福利、健康福利与教育福利领域所具有的回归显著性分别为 0.175、0.094 和 0.981，可见其在生活福利、健康福利和教育福利上的影响力均比较缺乏。而母亲外出因素在这三个方面均产生了直接的影响，其 0.022、0.003 和 0.092 的回归显著性反映出了该指标的重要作用，结合 -0.270、-0.535 和 -0.179 的回归系数，研究发现母亲外出时间越长则儿童获得外出家庭福利供应的充裕度越低。

从福利提供方式来看，研究发现母亲外出行为对福利资金的影响相对较小，而对保护性福利服务与照顾性福利服务的影响较为明显；而父亲外出行为的影响力度则在整体上较为有限。在资金、保护性服务与照顾性服务的模型分析中，研究仍然发现儿童健康程度与单亲家庭两项指标的影响度较高。其中，儿童健康程度与资金、保护性服务与照顾性服务的回归显著性分别为 0.681、0.024 和 0.000，各自的回归系数分别为 0.070、0.328 和 0.708；同样，单亲家庭在福利提供方式上的回归显著性分别达到了 0.004、0.028、0.008，结合其 1.414、0.908 和 1.392 的回归系数，可见单亲家庭的儿童在资金与福利服务上处于全面的落后。从父母双方外出因素来看，父亲的外出不会明显降低资金和保护性服务，其 0.394、

0.644 的回归显著性说明了此问题；在儿童照顾方面，父亲的外出因素的回归显著性达到了 0.115，其对福利供应的影响虽然有一定程度的提升，但是整体上也不甚明显。而母亲外出的影响程度则更为明确，并充分体现在福利服务方面：母亲外出因素对资金的影响达到了 0.364，说明其对资金的影响相对较小；对保护性服务和照顾性服务的影响则分别达到了 0.020 和 0.001，结合其 -0.292 和 -0.520 的回归系数，可以发现母亲外出会显著地降低留守儿童的福利服务水平。

四 外出家庭福利供应的责任与困境

综合观察儿童群体在外出家庭福利供应上的基本状况，研究发现其基本特点有：（1）从福利供应的力度来看，父母在儿童福利供应上既非常充裕又非常全面。从外出家庭福利供应上的得分来看，研究发现目前各个指标的得分均在总得分的 50% 以上，且其总体得分呈现出 72.986% 的得分率。同时，研究还发现其福利供应的充裕性是较为全面的，目前父母在儿童福利供应中的整体水平是非常高的。（2）从福利供应的差异来看，留守儿童相对普通儿童在外出家庭福利供应中存在着明确、巨大且普遍的福利衰减。研究发现，目前均值分析和聚类分析都发现各个子群体的外出家庭福利供应均受到"留守"因素的显著影响，留守儿童相比普通儿童存在着普遍的差异。其中，均值分析的结果普遍显示出了 0.000 的显著性差异，聚类分析的结果则呈现出了明确的人群劣势，因而留守儿童所存在的差距较大。（3）从福利供应的影响来看，家庭因素和母亲外出因素的制约作用较强，而其余指标对于儿童福利供应的影响不甚明显。通过回归分析，研究发现家庭指标和母亲外出指标在与外出家庭福利供应的回归测量中均呈现出了较强的关联性，因此可以说外出家庭福利供应的水平主要受上述两个因素的影响。（4）从福利供应的困境来看，父母外出并非对所有福利项目都造成了致命的影响，生活福利、健康福利和照顾性服务是目前存在较大劣势的福利供应项目，教育福利、资金和保护性服务的劣势程度相对缓和。从"留守"对于外出家庭福利供应的影响来看，研究发现儿童福利的整体衰减幅度在 20% 左右，在福利提供内容上主要表现在生活福利和健康福利方面，两者福利供应水平上的差异在 23% 以上；而在福利提供方式上的福利衰减主要体现在照顾性服务方面，其超过 30% 的差异水平显示出了儿童照顾领域的福利缺失。

通过以上总结，研究发现目前留守儿童的福利供应水平在父母外出后呈现出了大幅度的衰减，这可能是引起其整体福利削减的直接原因，而其背后则反映出了儿童福利与外出家庭之间在福利供应上的密切关系。在我国传统的观念中，儿童福利供应应当主要由父母为主的家庭来承担，这种儿童福利供应形式虽然在大部分家庭中都能够保证稳定的供应，然而随着家庭的核心化、家庭结构的变化和女性参与人力资本市场等现代社会风险的增强，留守儿童等特定人群就会随着父母的外出而面临非常全面的福利衰减。通过本书的调查就可以发现，目前父母在儿童福利供应中仍然扮演着极为重要的角色，虽然父母外出务工后对于留守儿童的福利供应仍然在持续，但是其结构性不足的特征表现得非常明显，因而越是涉及儿童日常生存的事务，留守儿童在福利供应上的差距越是明显。这不但反映出我国目前外出家庭的福利供应仍然以生存因素为主，也反映出西部地区在儿童发展性事务上的集体落后与失能。而从福利提供方式来观察，父母离去主要对儿童照顾影响较大，而在资金和保护性服务方面的削减比较有限。定量的调查结果显示，父母仍然在着力保障其外出家庭的福利供应，以便使儿童的福祉得以提升，但他们的努力主要集中在资金供应上，试图以充裕的资金来换取儿童的满足；同时，由于亲子见面机会的降低、子女数量的减少和法律意识的提升，有关儿童人身侵害、营养匮乏、机会丧失等现象在实际的测量中已经比较少见；但是很显然，留守儿童的生活照顾、健康照顾等方面仍然在父母外出务工后面临着一定程度的漏洞。因此，整体来看，目前留守儿童外出家庭福利供应的衰减是伴随着父母外出时间的增加而逐步明确的，福利衰减主要集中在以往父母负担较多的生活领域和健康领域，并在儿童照顾性服务等方面出现得较为频繁。

第二节　留守家庭福利供应的定量研究

一　留守家庭福利供应的整体状况

与外出家庭对于儿童福利供应的力度与范围相类似，目前留守家庭在儿童福利供应中也展现出了较为积极的作用，不但其福利供应的力度较大，而且在具体的指标得分上也普遍处于较高的水平。从福利供应的力度来看，研究发现目前留守家庭在总分为 36 分的得分中也得到了 21.701 分，占据总得分比例的 60.281%，这一福利供应水平虽然比外出家庭的

72.986%的比例略低，但是也远高于总得分的一半（表5—6）。同时从其福利供应的范围来看，研究发现目前留守家庭在生活福利、健康福利和教育福利上的得分基本相当，但是在福利提供方式上却存在一定的结构性差异。观察三级指标也可以发现，目前绝大部分指标在测量中均高于2分，显示出了留守家庭对于儿童福利供应整体上具有较为全面的覆盖。其中，生活资金、健康资金、教育资金三个方面的指标得分均低于2分，可见留守家庭在此方面的供应与其他指标相比是比较有限的；而在教育机会和生活保护的测量中，目前留守家庭的得分则超过了3分，因而在此方面留守家庭的福利供应最为充足。

表5—6　　　　　　　　儿童群体留守家庭福利供应的差别

指标	子指标	平均值	显著性	留守家庭得分		
				双亲留守儿童	单亲留守儿童	普通儿童
生活福利	生活资金	1.543	0.000	2.050	1.448	1.393
	生活保护	3.063	0.007	2.417	2.113	2.083
	生活照顾	2.160	0.610	3.133	3.085	3.034
健康福利	健康资金	1.936	0.000	2.636	1.774	1.735
	健康维护	2.963	0.000	3.356	2.971	2.820
	健康照顾	2.275	0.035	2.504	2.170	2.218
教育福利	教育资金	1.590	0.002	1.902	1.519	1.499
	教育机会	3.205	0.922	3.238	3.202	3.194
	教育辅助	2.966	0.000	2.310	2.928	3.202
综合分析	生活福利	6.766	0.000	7.600	6.646	6.510
	健康福利	7.172	0.000	8.496	6.915	6.773
	教育福利	7.761	0.083	7.450	7.649	7.895
	资金	5.069	0.000	6.588	4.741	4.627
	保护性服务	9.231	0.013	9.011	8.286	8.097
	照顾性服务	7.399	0.364	7.947	8.183	8.454
	总体水平	21.701	0.000	23.546	21.210	21.178

研究同时发现，留守儿童在得分上相对于普通儿童呈现出了显著的增长，双亲留守儿童、单亲留守儿童和普通儿童呈现出了逐次下降的趋势，这一局面恰恰与外出家庭的福利供应状况呈现出了截然相反的趋势。整体来看，双亲留守儿童在留守家庭福利供应上的得分为 23.546 分，比普通儿童的得分高 11.181%，单亲留守儿童在留守家庭福利供应上的得分与普通儿童相当，两者仅呈现出了 0.151% 的群体差异，因而总体上的人群差异显著性达到了 0.000。从福利提供内容来看，留守家庭在生活福利和健康福利上会出现较为有力的福利替代，其人群的差异显著性水平均为 0.000，留守儿童的领先幅度分别达到了 18.833% 和 27.536%；教育福利方面 0.083 的差异显著性和 8.752% 的差异幅度显示出其人群的差异相对有限。而从福利提供方式来看，资金和保护性服务的差异显著性分别达到了 0.000 和 0.013，具有显著的统计学意义，照顾性服务的显著性水平则达到了 0.364，其人群差异的状况比较有限。观察得分的差异值也可以发现，留守儿童在资金和保护性服务方面比普通儿童高 44.845% 和 13.622%，而照顾性服务则有 9.203% 的衰减。

二　留守家庭福利供应的分类比较

从留守家庭福利供应上的显著性差异可以看到，八类儿童受到"留守"因素的强烈影响，留守儿童与普通儿童存在的显著性差异具有普遍性。从总体水平来解读，除了少数民族群体中的人群分化达到了 0.880 和大龄儿童达到了 0.451 以外，其余各个人群在测量中均呈现出了 0.01 以下的显著性。观察福利提供的内容，研究发现生活福利、健康福利的差异显著性更为明确，两者在指标测量中多呈现出低于 0.005 的高度显著性，而教育福利虽然在总体上呈现出 0.083 的差异显著性，但是其在各个人群的分类测量中分别呈现出了 0.878—0.004 的显著性波动，因而不具备统一的规律。从福利提供方式去考察，资金、保护性服务、照顾性服务的差异也比较明显，其中资金的人群差异显著性最高，八类人群中有六类呈现出了低于 0.001 的显著水平；保护性服务居中，有四类人群存在着统计学意义上的显著性差异，但各个人群未能形成完全的统一；而照顾性服务也出现了较大的波动，健康照顾、教育辅助尽管都出现了 0.000 的差异显著性，但是由于留守儿童在健康照顾方面领先而在教育辅助方面落后，且生活照顾呈现出了 0.610 的低显著性，因此其整体的差异并不具有统计学意义（表5—7）。

表5—7　　　　　　　　儿童群体留守家庭福利供应的均值分析

指标	子指标	总体	性别		民族		地区		年龄	
			男童	女童	汉族	少数民族	发达地区	落后地区	大龄儿童	低龄儿童
生活福利	生活资金	0.000	0.000	0.005	0.000	0.336	0.000	0.010	0.037	0.000
	生活保护	0.007	0.816	0.464	0.289	0.203	0.588	0.829	0.685	0.255
	生活照顾	0.610	0.012	0.306	0.013	0.558	0.201	0.013	0.588	0.002
健康福利	健康资金	0.000	0.000	0.000	0.000	0.222	0.000	0.000	0.003	0.000
	健康维护	0.035	0.004	0.025	0.000	0.641	0.007	0.003	0.284	0.000
	健康照顾	0.000	0.183	0.160	0.068	0.585	0.009	0.444	0.622	0.023
教育福利	教育资金	0.002	0.007	0.069	0.005	0.514	0.122	0.011	0.452	0.003
	教育机会	0.922	0.327	0.654	0.728	0.430	0.763	0.409	0.453	0.699
	教育辅助	0.000	0.000	0.000	0.000	0.001	0.000	0.000	0.000	0.000
综合分析	生活福利	0.000	0.000	0.007	0.000	0.763	0.001	0.004	0.263	0.000
	健康福利	0.000	0.000	0.000	0.000	0.319	0.000	0.000	0.055	0.000
	教育福利	0.083	0.151	0.041	0.016	0.189	0.004	0.878	0.207	0.257
	资金	0.000	0.000	0.001	0.000	0.374	0.000	0.000	0.024	0.000
	保护性服务	0.013	0.027	0.208	0.004	0.649	0.208	0.036	0.437	0.010
	照顾性服务	0.364	0.676	0.245	0.363	0.663	0.042	0.556	0.163	0.663
	总体水平	0.000	0.001	0.077	0.000	0.880	0.023	0.004	0.451	0.000

　　基于性别、民族、地区、年龄等方面的福利差异幅度也显示，留守儿童的留守家庭福利供应在整体上存在超过10%的提升，且在各个人群中均基本保持着相类似的福利供应差异，因而其整体分析与分类讨论具有相似的研究结果（表5—8）。研究发现，目前儿童群体的整体福利供应差异幅度在人群间基本均衡，最高的差异幅度出现在落后地区儿童中，其17.971%

的差异水平显示出了较为明显的群体差异；而最低差异幅度为少数民族儿童，但是其差异幅度也接近了7%。进一步观察二级指标，研究发现生活福利和健康福利的领先幅度约为18.833%和27.536%，说明在这两个方面亲属们往往提供了较多的帮助；而留守儿童的教育福利反而在整体上存在8.752%的落后，并主要体现在教育辅助上36.415%的下降趋势，显示出亲属不能够在儿童父母外出后对其提供更为充裕的教育辅助服务。同时，目前留守家庭在福利供应上多以资金为主，其44.845%的提升比例显示出父母外出后亲属们在资金方面的"慷慨"；留守儿童在保护性服务方面也存在较为有力的提升，其13.622%的优势显示出在此方面也具有较大幅度的帮扶；值得担忧的是在照顾性服务方面，留守儿童并未在此方面受到更多的生活照顾和教育辅助，仅在健康照顾方面有一定幅度的提升。

表5—8　　　　　　留守儿童在留守家庭福利供应中的领先幅度　　　　　单位:%

指标	子指标	总体	性别		民族		地区		年龄	
			男童	女童	汉族	少数民族	发达地区	落后地区	大龄儿童	低龄儿童
生活福利	生活资金	51.113	48.789	56.235	49.529	62.738	74.402	26.816	65.425	44.028
	生活保护	17.475	0.289	10.512	7.434	-19.033	7.884	2.019	-4.446	8.553
	生活照顾	4.944	24.042	11.555	17.525	18.809	10.866	27.093	16.028	17.353
健康福利	健康资金	54.179	56.004	54.389	52.440	56.483	48.105	60.455	58.923	52.370
	健康维护	24.362	26.345	22.711	22.732	25.321	13.042	37.163	21.506	26.049
	健康照顾	10.730	10.694	12.049	8.330	21.700	4.921	17.537	40.348	18.646
教育福利	教育资金	28.219	18.769	43.482	25.196	42.073	15.933	41.750	26.020	29.259
	教育机会	1.628	3.470	0.011	3.403	-15.749	-3.521	9.496	11.358	-3.303
	教育辅助	-36.415	-35.826	-36.690	-36.030	-43.609	-19.480	-20.372	-41.738	-33.333
综合分析	生活福利	18.833	18.510	20.235	19.597	11.361	22.125	15.383	16.309	19.096
	健康福利	27.536	28.925	27.170	25.609	32.241	19.101	37.000	37.138	30.556
	教育福利	-8.752	-8.979	-7.768	-8.341	-17.268	-6.364	3.635	-7.665	-9.157
	资金	44.845	41.447	51.542	42.649	54.254	44.969	43.911	50.306	42.349

续表

指标	子指标	总体	性别		民族		地区		年龄	
			男童	女童	汉族	少数民族	发达地区	落后地区	大龄儿童	低龄儿童
保护性服务		13.622	9.494	10.578	10.844	-5.038	5.395	15.551	8.967	9.792
照顾性服务		-9.203	-5.100	-9.312	-8.029	-7.390	-3.744	3.803	-0.875	-3.980
总体水平		11.333	11.684	11.914	11.134	6.889	10.424	17.971	14.213	12.137

　　从儿童群体的聚类分析结果也可以清晰地观察到，留守儿童与普通儿童相比存在较大的优势，儿童群体在"留守"因素的影响下出现了较为明显的群体分化（表5—9）。研究发现，留守家庭福利供应较高的儿童群体以留守儿童为主，其中得分最高的群体即为留守儿童的子类型L5群体，且在一类和二类儿童群体中留守儿童与普通儿童的比例大致为5∶3，因而留守儿童所存在的优势还是比较明显的；而在五类和六类儿童的聚类中，虽然最低的福利供应子群体为L6群体，但是P7、P15、P14三个群体进入到了落后水平之中，可见普通儿童在此类分析中也处于下风。当然，留守家庭虽然也在整体上受到了明显的"留守"影响，但是与外出家庭明显的群体分化不同，其很多类的儿童群体还是存在相互混杂的局面。因此，研究在整体上认为留守家庭虽然会在很大程度上弥补"留守"造成的危害，但是其力度并不足以完全弥补外出家庭的福利衰减。

表5—9　　　　　　儿童群体留守家庭福利供应的聚类分析

水平	类型	留守家庭福利	福利提供方式			模型聚类结果
			资金	保护性服务	照顾性服务	
领先	一类	35.190±0.000	12.000±0.000	12.000±0.000	11.190±0.000	L5
中等水平	二类	24.147±0.110	6.067±0.468	10.041±0.271	8.025±0.893	L11、L12、L1、L2、P5、P6、P10
	三类	22.263±0.034	5.202±1.060	9.417±0.823	7.663±0.424	L7、L13、L3、L10、P1、P14、P3

续表

水平	类型	留守家庭福利	福利提供方式			模型聚类结果
			资金	保护性服务	照顾性服务	
	四类	20.568±0.058	4.742±0.839	8.709±0.980	7.138±0.296	P8、P9、P12、P2、P4、P16、P11、P13、L8、L4、L15、L16、L9
落后水平	五类	17.442±0.181	3.803±0.171	7.783±0.262	5.855±1.685	P7、P15、L14
	六类	12.330±0.000	2.000±0.000	9.000±0.000	3.330±0.000	L6

三 留守家庭福利供应的影响因素

对于留守家庭福利供应的分析发现，虽然目前父母外出后亲属会为儿童提供更为有力的支持，但是这种支持主要表现在生活福利、健康福利和福利资金方面，其福利替代作用并不全面。这就使本书对这种福利替代行为所受到的影响产生了较大的兴趣，并有必要持续观察留守家庭福利供应的影响因素（表5—10）。

表5—10   儿童群体留守家庭福利供应的影响因素

指标		留守家庭福利供应	福利提供内容			福利提供方式		
			生活福利	健康福利	教育福利	资金	保护性服务	照顾性服务
常量		8.972 (3.029)***	7.047 (3.043)*	8.918 (4.324)*	11.590 (3.176)***	9.664 (4.861)*	7.641 (3.625)*	9.711 (3.027)***
个人因素	性别	−0.547 (0.295)+	−0.459 (0.318)	−0.670 (0.422)+	−0.544 (0.310)+	−0.639 (0.475)	−0.635 (0.353)+	−0.393 (0.295)
	民族	−0.993 (0.479)*	−0.887 (0.517)+	−1.198 (0.684)+	−0.826 (0.503)	−1.684 (0.769)*	−0.814 (0.574)	−0.472 (0.479)
	地区	−0.129 (0.202)	−0.106 (0.218)	−0.228 (0.289)	−0.063 (0.212)	−0.105 (0.324)	−0.115 (0.242)	−0.164 (0.202)
	年龄	0.001 (0.154)	0.031 (0.166)	−0.142 (0.220)	0.068 (0.162)	−0.013 (0.248)	−0.081 (0.184)	0.056 (0.154)
	学习成绩	−0.014 (0.170)	−0.181 (0.183)	−0.164 (0.243)	−0.088 (0.178)	−0.038 (0.273)	−0.013 (0.204)	−0.017 (0.170)

续表

指标		留守家庭福利供应	福利提供内容			福利提供方式		
			生活福利	健康福利	教育福利	资金	保护性服务	照顾性服务
	学生干部	0.060 (0.129)	−0.130 (0.139)	0.237 (0.185)	0.100 (0.136)	−0.016 (0.208)	0.193 (0.155)	−0.005 (0.129)
	性格情况	−0.421 (0.306)	−0.470 (0.330)	−0.124 (0.437)	−0.696 (0.321)*	−0.933 (0.492)+	−0.115 (0.366)	−0.242 (0.306)
	健康程度	0.402 (0.181)*	0.429 (0.195)*	0.527 (0.258)*	0.273 (0.190)	0.191 (0.292)	0.747 (0.217)***	0.290 (0.181)
家庭因素	家庭距离	−0.239 (0.115)*	−0.107 (0.123)	−0.151 (0.163)	−0.463 (0.120)***	−0.299 (0.184)	−0.133 (0.137)	−0.277 (0.114)*
	单亲家庭	0.124 (0.513)	0.212 (0.553)	−0.049 (0.732)	−0.044 (0.538)	−0.050 (0.823)	0.709 (0.614)	−0.395 (0.513)
	危重病人	0.122 (0.140)	0.067 (0.151)	0.260 (0.201)	−0.082 (0.147)	−0.066 (0.226)	0.293 (0.168)+	0.129 (0.140)
	家庭人口	0.317 (0.117)**	0.188 (0.126)	0.359 (0.166)*	0.432 (0.122)***	0.507 (0.187)**	0.139 (0.139)	0.310 (0.116)
	父母年龄	−0.073 (0.031)*	−0.048 (0.033)	−0.075 (0.044)+	−0.100 (0.032)***	−0.098 (0.049)*	−0.065 (0.037)+	−0.055 (0.031)+
	父母学历	0.372 (0.248)	0.445 (0.268)	0.408 (0.354)	0.288 (0.260)	0.708 (0.399)+	−0.450 (0.297)	−0.025 (0.248)
父母外出因素	父亲外出	0.020 (0.153)	0.077 (0.165)	0.052 (0.218)	−0.066 (0.160)	−0.129 (0.246)	0.248 (0.183)	−0.052 (0.153)
	母亲外出	0.117 (0.057)+	0.181 (0.069)+	0.410 (0.224)+	−0.226 (0.165)	0.545 (0.252)*	0.012 (0.188)	−0.201 (0.157)
F. sig		0.002	0.068	0.004	0.000	0.008	0.002	0.041
F		2.632	2.033	2.298	3.384	2.260	2.288	1.743
R^2		0.161	0.111	0.151	0.218	0.144	0.163	0.119

注：（1）括号内为标准误；（2）＊＊＊、＊＊、＊、+分别代表 0.5%、1%、5%和 10%水平上的显著。

与外出家庭的福利供应相比，留守家庭在福利供应中受到更多因素的直接影响，这些因素广泛分布在个人因素、家庭因素和父母外出因素中。在 R^2 为 0.161 的回归模型中，研究发现性格、民族、健康程度、家庭距离、家庭人口、父母年龄和母亲外出等因素构成了最为直接的影响。从个人因素来看，性别和民族的影响程度较大，其分别呈现出了 0.065 和 0.039 的回归显著性，结合 -0.547 和 -0.993 的回归系数，研究发现女童和少数民族儿童获得留守家庭福利供应的机会较少。同时，个人的健康程度对于留守家庭的福利供应也具有重要的影响力，两者的回归显著性达到了 0.028，回归系数为 0.402，说明健康的儿童获得留守家庭福利供应的机会更大。研究还发现，家庭因素构成了留守家庭福利供应的重要影响因素，家庭距离、家庭人口、父母年龄的回归显著性分别达到了 0.038、0.007 和 0.018，结合其 -0.239、0.317 和 -0.073 的回归系数，研究发现家庭区位越是偏远、父母年龄越是偏大、家庭人口越是有限的儿童获得来自亲属福利的机会越是有限。从父母外出情况来看，研究发现母亲外出的因素相比父亲外出更为重要，并显著表现在多个子指标的测量中。其中，父亲外出因素与儿童福利存在着 0.896 的回归显著性，可见父亲外出的作用仍不是特别明显；与此相反，母亲外出的影响则有显著增强，其回归显著性和回归系数分别为 0.058 和 0.117，因此显示出母亲外出时间越长则留守家庭为其提供的福利替代越是充裕。

进一步讨论福利提供内容上的差异，研究发现留守家庭的福利增长主要体现在生活福利和健康福利上。从生活福利来看，民族、健康程度和父母学历三个因素分别呈现出了 0.088、0.029 和 0.097 的回归显著性，而其他因素均没有呈现出显著的影响效果，因此留守家庭在生活福利上的供应受到各个因素的影响较为有限。而从父母外出因素来观察，其分别呈现出了 0.643 和 0.087 的回归显著性，回归系数分别为 0.077 和 0.181，可见母亲外出时间长的儿童更容易获得亲属们在生活上的帮助。从健康福利来看，民族因素呈现出 0.081 的回归显著性，且其与留守家庭的福利供应存在负向的关系，因此少数民族儿童获得留守家庭健康福利较少；个人健康程度、家庭人口、父母年龄则分别呈现出了 0.043、0.032 和 0.090 的密切关系，且上述指标与留守家庭福利供应均存在正向的关系。具体观察父母外出因素的影响，研究发现父亲外出的回归显著性为 0.811，母亲外出的回归显著性达到了 0.069，因此母亲外出的影响程度要高于父亲。在教育福利的测量中，亲属们的福利供应受到家庭因素更为直接的制约，其中家庭距离、家庭人口和父母年龄的回归显著性分别为 0.000、0.000 和 0.002，学校离家越近、家庭人口越多、父母年龄越年轻的儿童获得亲属在教育方面的帮助越多。而在父母外出因素中,母亲外出存在着 0.171 的回归显著性,而父亲外出因素的影响也达到了 0.613,因而无法观察到其整体的影响度。

从留守家庭福利提供方式来分析,研究发现福利资金是留守家庭在留守儿童出现福利衰减后的重要替代领域,而两类福利服务则没有出现统计学意义上的福利替代。从资金的测量结果来看,儿童福利供应水平受到父亲外出因素的影响较为有限,其 0.600 的回归显著性说明了儿童留守家庭在父亲离去后也未显示出明显的资金支持;而母亲外出则存在 0.032 的回归显著性,说明随着母亲的外出,其亲属提供的福利资金会有明显的增强。在保护性服务方面,儿童获得留守家庭福利供应的充裕度随着父母的离去也未出现明显的增长,其中父亲外出因素的回归显著性为 0.177,母亲外出因素的回归显著性达到了 0.950,可见两者离去后亲属们在儿童保护方面的替代作用并无过度的强化。而在照顾性服务方面,研究发现父母外出所呈现出的回归显著性也非常有限,其 0.733 和 0.203 的回归显著性充分说明父母外出与留守家庭照顾性服务之间没有直接的联系。因此,从福利提供方式的角度来观察,可以清楚地发现目前亲属在儿童福利资金方面与母亲外出的联系较为密切,而在两类福利服务方面的联系均比较有限,而与父亲外出的联系均不甚明确。

四 留守家庭福利供应的责任与困境

综合观察儿童群体在留守家庭福利供应上的基本状况,研究发现其基本特点也可以概括为四个方面:(1)从福利供应的力度来看,亲属对于儿童福利供应是比较充分和全面的。从亲属在儿童福利供应中的得分来看,研究发现其总得分率已经达到了 60.281%,这一得分率虽然比外出家庭福利供应的 72.986% 的得分率略低,但是也在总体上高于 50%,因而亲属们在福利供应上具有较大的支持力度。同样,研究还发现目前留守家庭在福利供应中也比较全面,除了在福利资金上的支持程度较低以外,在其余子指标的分析中均呈现出了高于 50% 的得分率。定量的分析结果也显示,目前教育机会和生活保护是亲属最为重视的福利供应项目,其得分也领先于其余各个项目。(2)从福利供应的差异来看,留守儿童的亲属在福利供应中相对普通儿童存在着巨大且普遍的福利替代。其福利的整体增长幅度达到了 11.337%，且在生活福利和健康福利的增长幅度达到了 18%以上，而在福利资金上的增长幅度也达到了 44.845%。均值分析和聚类分析也都显示出，"留守"因素对留守家庭的显著影响同样是非常普遍的，男童、汉族儿童、发达地区儿童、低龄儿童受到"留守"因素的强烈影响，呈现出了低于 0.05 的显著性差异，且留守儿童的亲属在福利供应中所存在的群体优势是较为明晰的。（3）从福利供应的影响来看，个人因素、家庭因素和母亲外出因素所形成的影响都存在，但以后两者为主。与外出家庭的分析结果相类似，目前留守家庭福利供应受到家庭因素和母亲外出因素的强烈影响，亲属们的福利替代受到家庭状况和女性家庭成员外出情况的影响。在回归分析中，两者在与留守家庭福利供应的测量分析中均呈现出了较强的回归关联性，因此儿童福利供应的水平主要受这两个因素的直接制约。（4）从福利供应的困境来看，虽然亲属在福利供应上的替代在整体上有益于消除父母外出带来的影响，但是在某些方面却不能够实现福利替代，因而亲属的福利替代行为具有结构性的缺陷。

研究还进一步发现，外出家庭福利供应的衰减和留守家庭福利供应的增长主要由母亲的外出行为所引起，其背后体现出了女性在儿童福利供应中的核心地位。由于我国传统上具有"男主外、女主内"的农村文化，因此我国女性在儿童抚育方面往往相比男性具有更为重要的责任。从研究中的定量分析结果来看，母亲外出的时间对于儿童福利的减少和增长都具有极为重要的影响，且在福利衰减时的主要影响集中在儿童的保护性服务和照顾性服务上，在福利增长时与福利资金具有密切关系。因此可以说，母亲外出时间的延长不但广泛影响到儿童生活与健康等领域，而且对福利服务的衰减具有重要的制约力。当然，由于经济收入的压力、夫妻关系的维系和女性独立意识的增强等原因，部分家庭仍然形成了女性家庭成员外出的局面，且在短时间内无法改变，因此留守儿童的外出家庭福利供应在现有制度体系内仍然会继续面临着福利服务衰减的威胁。从未来来看，随着女性进入劳动力市场的增加、家庭结构变化等趋势的进一步加强，农村地区的女性家庭成员势必需要在传统家庭责任与夫妻感情维系方面做出选择，因此如何在制度上形成一种家庭支持型方案，应当成为未来留守儿童福利政策得以发展的关键要素。

第三节　家庭福利供应的定性研究

一　儿童眼中的家庭福利

在既有的定量研究中，我们已经发现留守儿童福利供应出现了一定程度的衰减，且这种衰减主要体现在健康福利和照顾性服务上。同时，定量的研究还非常清晰地观察到了家庭内部的福利替代关系，即面对外出家庭的福利衰减，留守儿童的亲属会以某种形式提供较为明确且有力的替代，只是这种替代在部分福利事务上体现得并不明晰。那么，这种福利责任的转移在定性的研究中是否也能够观察到，且当前家庭福利供应是否遭遇到了一些困境，就非常值得我们进行研究。

在和留守儿童谈及他们的生活福利议题时，研究发现留守儿童基本上是以父辈和祖辈联合抚育为主，其中外出家庭承担着其生活费用等日常开支，而其留守家庭负责日常的保护和照顾，双方大致形成了"父母出钱、亲属出力"的基本格局；但是，研究在访谈中也发现在儿童照顾方面，留守家庭由于能力、精力和观念的不同又具有诸多明显的问题，部分儿童被迫陷入到了一定的风险中。从儿童的访谈中不难发现，目前绝大多数留守儿童的生活费用都是由父母提供的，留守家庭一般只具有转交或者存储的行为，同时其生活费用相比普通儿童并没有明显的落后，在生活花费上儿童之间的情况基本相当。在生活保护领域，研究发现目前已经很少有打骂、虐待、家庭暴力等现象的发生，留守家庭对留守儿童的保护力度整体上比较好，并没有男童与女童的明显分化。而在生活照顾领域，研究发现目前留守儿童存在一定的分化：一部分祖辈比较健康的家庭对留守儿童给予了较好的生活照顾，其父母的照顾责任主要由爷爷奶奶等祖辈来承担，虽然留守儿童的留守家庭在照顾时的细致程度不高，未必能够完全满足儿童的实际需要，但是其祖辈抚养人仍然会尽力地满足其要求；但是对于一些祖辈有疾病或者已经去世的家庭而言，其儿童照顾的力度就会大打折扣，部分儿童甚至只能自己照顾自己，显示出了在儿童照顾方面的极大缺失；而由祖辈之外的亲族予以照顾的儿童一般获得的照顾比较好，当然很多儿童在访谈中也表示他们的很多亲属并不欢迎他们来到自己的家庭。

女童 Z："我的生活费都是父母提供，他们会把钱打到外婆的卡上，我觉得还是比较充裕的。我需要钱的话直接跟外公外婆要就行，他们不会限制我花钱的，当然我自己也比较节省。我每天中午在学校吃饭，两到三元钱，吃饭、零食什么都算的，水的话自己从家里带，吃饭的话就吃得特别少，就是吃包子、面包和饼干之类的。外公外婆很少体罚或者打我，他们对我都很好，我和外婆的关系是最好的。我的爷爷奶奶农活比较多，他们很少来，外公外婆对我的照顾比较多，我在家只负责扫地、洗碗、洗衣服、擦擦床、擦桌子，其他的事情都是他们去做，所以我觉得做的家务也不算多。"

女童 D："我的父母在贵州打工，现在我自己一个人住。钱直接由爸爸妈妈寄给我，爸爸妈妈给我的挺多，所以也够自己花了。现在各种家务都是自己干，因为我的爷爷奶奶已经去世了。我也没有在我伯伯叔叔家住，别人也有别人的孩子要抚养，所以我自己一个人住。所有家务都是自己做，平常做饭、洗衣服都是自己，但是其实也没有多少家务了，因此也不大会耽误自己的学习。"

在与留守儿童谈到健康问题的时候，研究发现留守儿童的亲属对于父母的缺位同样具有一定的补充作用，但在一些方面也仍然存在着巨大的风险。其中，在健康费用方面留守家庭仍然承担转交者的角色，在健康维护方面留守儿童的留守家庭也会尽力满足儿童的需要，但是在健康照顾上留守家庭则显示出了较大的漏洞。祖辈抚养人为主的留守家庭对于留守儿童的健康资金支持是较为充分的，当然其资金同样主要来源于孩子的爸爸妈妈，留守家庭直接提供健康费用的情况也比较少见。由于资金的替代比较简单，加之留守家庭多有溺爱或者害怕承担责任的状况出现，因此留守儿童如果出现疾病，其留守家庭会对他们进行积极的治疗。而在营养保障方面，目前留守儿童的留守家庭在这方面也做出了很多积极的努力，他们对于儿童营养改善具有重要的支持作用，没有发现有严重营养匮乏的现象出现，但留守家庭的营养改善观念普遍缺乏。而有关儿童健康照顾的问题，目前留守儿童的实际监护人会代替父母进行照顾，在调查中没有遇到生病后家人不予治疗的儿童，只是由于其实际监护者多以祖辈亲属为主，具有的健康照顾方式还是以传统的抚育方式为主，因此在此方面仍然不能够完全满足留守儿童的需要。特别是如果考虑到有的儿童没有实际监护人，那么这样家庭的儿童可能就具有更大的健康照顾风险。

男童 Q："医疗费用也是从爸爸妈妈的钱中去拿，但是没有改善生活的钱。爸爸妈妈很少关心我的健康问题，平常和我交流也就是询问学习成绩啊，平常学习得怎么样，还有就是谁照顾我，照顾得怎么样之类的问题。他们没有关心过我长多高、胖不胖之类的，也没有询问过营养够不够什么的问题。如果我生病了，一般都是奶奶来照顾，但是她的身体不好，所以照顾不过来就是姐姐的事情。有时候亲戚们也会来看看我们，但是他们基本不会带我去他们家改善伙食。"

女童 D："我现在是自己照顾自己，所有生病的费用是爸爸妈妈提供的，但是其他的事情就是自己负责。有时候亲属们也会过来帮忙，但是都是特别难受的时候才找他们，毕竟害怕麻烦他们。亲属对于我的生活还是比较关心的，也有一些周边的亲属偶尔会来照顾我，但是对于其他的不太关心。"

而在教育福利的访谈中，研究发现留守儿童在教育辅助方面是比较落后的，而在教育资金与教育机会上获得的福利支持则较为充裕。从教育资金的满足情况来看，目前留守儿童所获得的教育资金是非常充足的，绝大多数留守儿童在深度访谈中表示其物质资源的获得来自于其父母，同时表示父母在教育资金方面的供应力度也非常充裕；而留守家庭的作用一般是作为一种资金转移的主体，其本身并不过多地提供资金。在教育机会的保障上，留守儿童无论是在当前的教育机会中还是在未来的教育机会中都受到了父母的强力支持，外出家庭对于留守儿童的支持力度是非常大的。受访的儿童普遍表示，父母对于他们的学业成绩非常关注，对其未来的教育给予了空前的支持，并普遍认为教育是改变命运的重要途径。当然，目前在留守儿童教育辅助上的问题比较严重，这也是留守儿童出现教育福利供应问题的最主要方面。留守儿童的父母虽然对于孩子的学习成绩比较关心，但是却由于距离过远，无论是对于孩子学业上的辅导还是对孩子的家庭教育都是非常乏力的，因此只能转向使用资金予以"补偿"的方式来弥补自己亏欠的心理；更为可怕的是，父母的外出使家庭本身的一种说教功能大大丧失，留守儿童在思想上不能与父母进行深入的沟通，因此其教育辅助的不足容易导致其异端思想和不良行为的产生。

男童 L："爸爸妈妈非常关心我的学习，每次打电话都会说到这些，所以对我的学习非常支持。比如说，我有时候故意逗他们说我不读书了，他们就会说他们会打我，就算我爸爸妈妈不在外面了也要我读书。我的家人也都很鼓励我上学，都鼓励我上大学。爸爸妈妈会提供学费，亲属们也会提供一些学费。家人没有人辅导过我的学习，爸爸妈妈只关心我的成绩，其他的东西都不管；爷爷奶奶也不给我讲太多的东西，只是督促学习成绩。我和家人没有太多的交流，不高兴了独自一个人在一个地方发泄出来，比如说大喊之类的。"

女童 Z："我的学习费用也是父母出，外婆只是负责转交。我的学习成绩是中下等，爸爸妈妈比较关心我的学习，平常打电话也会跟我说这些东西，但是什么学习方法之类的就很少关心了。我如果考上大学爸爸妈妈应该会让我读，他们认为女孩也应该读书，所以在教育方面我和弟弟的待遇都一样。我除了学习成绩和生活费外的很多想法都不会跟爸爸妈妈说。外婆对我的关心比较多，但是我们聊的就是学习，然后就是费用够不够，我心里面的委屈什么的都不会和她谈。我现在学习不好主要是自己的努力不够，在学习方面还是以自己为主，外婆对我的约束不是特别多，她主要在生活费呀、生不生病啊之类的事情上管的比较多。"

通过对于儿童的访谈可以清晰地看到，留守儿童的父母与亲属呈现出了相互配合的福利组合，两者一起承担起了儿童福利供应的基本职能。从福利提供的内容来看，留守儿童的外出家庭在生活福利、健康福利和教育福利上都存在着一定的衰减，而留守家庭在生活福利、健康福利和教育福利上都存在一定的替代，但是健康福利的替代效果还需要进一步加强。从福利提供方式来看，留守儿童的外出家庭在福利资金上存在的福利衰减并不严重，而留守家庭对于此方面也存在一定的支持，其在福利资金上的作用主要体现在作为资金传递的媒介上；而在儿童保护方面他们却做得很好，并没有出现针对儿童生活保护、营养维护、教育机会上的严重落后；当然在儿童照顾方面，外出家庭的福利供应会出现大幅度衰减，留守家庭的实际支持力度则明显不足，因而在照顾性服务方面的不足也使得整体福利供应存在着一定的结构性缺陷。因此可以说，留守儿童的外出家庭主要在福利资金方面提供支持，留守家庭的福利供应主要体现在福利服务上，两者形成了家庭内部的福利责任划分和转移。

二　成人眼中的家庭福利

留守儿童眼中的家庭福利在一定程度上反映出了外出家庭与留守家庭在福利供应中所起到的作用，并发现两者形成了一种新的家庭福利组合。但是，儿童的一些想法也需要得到成人的佐证，因此研究进一步从老师、邻居、乡镇工作人员等角度去观察其福利供应中的家庭角色，分析他们对于家庭在留守儿童福利供应中角色的认识。

作为留守儿童的基本保障，研究在定性访谈中对于其生活资金的状况是比较关注的。通过与被访谈者的交流，可以清晰地发现生活资金供应具有如下两个特点：（1）生活资金的供应并不具有明显的降低。留守儿童在整体生活资金的获取上并未呈现出明确的落后，除了父母离婚等特殊情况，留守儿童在绝大多数情况下获得的生活资金支持并不少于普通儿童。（2）生活资金的供应主要由父母提供。目前，留守儿童在生活资金的获取上多以父母提供为主，由于父母在外打工往往能够获取更多的资金，因此在生活资金方面往往能够给予留守儿童更为有力的支持。同样，在生活保护方面，研究也并未发现留守儿童在此方面有非常严重的问题。通过访谈者的描述，研究发现留守儿童受到家庭虐待、打骂现象有了明显的遏制，虽然在一些偏远地区仍然会有一些恶性的事件发生，但是就整体而言，留守儿童在人身保护方面已经形成了很大程度的提升，目前针对留守儿童的家庭暴力情况已经压缩到了很低的水平。与生活资金和生活保护方面的访谈结果不同，在生活照顾方面被访问者则普遍表示出留守儿童出现了较为严重的问题。在与访谈对象的交流过程中，研究发现留守儿童在实际监护人的生活照顾之下存在很大的缺失，由于父母的外出和爷爷奶奶等监护人在体力精力、思维观念和抚育习惯等方面的限制，留守儿童所享有的生活照顾与普通儿童相比具有很大的差距。

> L先生："（资金方面）整体上是差不多，（留守儿童）稍微靠后一点，但是有的是普通的，有的就特别差。因为留守儿童的父母外出打工，有一定的经济收入，很多父母外出打工，回来之后目的就是修一栋房子，房子修了可能把所有的钱都用光了，所以对他们来讲就没有多少积蓄。这是一个。还有的因为他们本身所有的生活费都是来自父母的，所以生活还是比较有保障的。我们班现在有一个学生，父亲

被判无期，母亲刚刚去世，现在和他 80 多岁的老奶奶一起住，像这种情况一般没有固定的经济收入，就比较恼火。但是正常家庭一般生活没有问题，稍微靠后一点，比我们平均的稍微少一些。留守儿童的问题应该是在感情方面和他们的行为习惯方面。感情方面他们与一般儿童的不同之处在于他们的家庭原因，父母不在身边，感情比较缺失；另一个方面就是行为习惯，平时他们在说话、住宿等方面非常的随意和没有自觉性。还有他们在自己生活料理等方面也存在一定的问题。上次我们访问的时候啊，他们有很多的衣服和头两三天都不洗一次。整体上由于父母的关怀缺失，所以很多问题他们不认为是一个问题，因此自己照顾的能力有限。"

M 先生："在生活资金应该说没有太大的区别，两者应该差不多。因为我们学校留守儿童基本都是住校的，我们学校都会做定期的关怀啊，了解他们的生活之类的。在家里面的除了个别家庭，比如父母离过婚的家庭，环境不太好的，其他孩子的生活都还是可以的。留守儿童因为是爷爷奶奶负责照顾，所以基本上很少受到约束。你说的打骂的现象现在已经很少，因为爷爷奶奶害怕打坏了孩子，将来无法给自己的儿女交差。所以溺爱现象反而很多。还有，现在的法律宣传也多，孩子又少，打孩子怎么说也是不对的，打坏了还不是自己心疼。留守儿童的生活照顾肯定是存在问题的。现在很多爷爷奶奶已经比较老了，在照顾中不能抽出那么多的精力去管他们，他们的生活情况就非常的糟糕，坏毛病很多。现在的孩子也不好管，老人的生活习惯又和小孩不一样，所以很多方面根本照顾不到。这不是老人想不想的问题，有的老人 80 多岁了，还得带着自己的孙子，你说难不难？"

在对健康资金情况的访谈中，研究发现留守儿童与普通儿童的差距不大，绝大多数留守儿童的实际监护人由于害怕承担照看不善的风险，因此在孩子生病的第一时间都会送去医院治疗，其费用也从子女寄来的费用中直接予以支取。与健康资金相类似，在避免儿童遭受营养匮乏方面，留守儿童得到的家庭福利支持也比较充足。从留守儿童获得的营养维护服务方面来看，被访者均表示目前留守儿童与普通儿童的差距不是特别大，其实际监护人也会在日常生活中提供积极的帮助。而在健康照顾方面，研究发现"留守"对于儿童福利供应的影响也是非常明显的。通过与访谈者的交流，研究发现目前留守儿童在健康照顾上得到的帮助相对有限，并主要是由两个方面原因造成的：一方面主要源于留守儿童的监护者往往以祖辈亲属为主，由于其自身的身体条件和精力，无法保障留守儿童在生病时获得较为细心的照顾；另一方面，与年轻人相比，留守儿童的实际监护者往往在健康意识上具有较大的问题，祖辈的健康照顾方式相对传统，因此难免出现一定程度的照顾不周。

　　X 先生："留守儿童的资金这块都是父母提供的，因此如果生病什么的，他们的爷爷奶奶也会从父母给的钱中直接拿出来给孩子看病的，所以基本上没有什么区别。比如我们周边的留守儿童如果不舒服，他们的爷爷奶奶也都会直接带他们去看的，所以这方面他们不敢耽误，否则也担不起这个责任。现在有些年纪大点的家长对于儿童的心思了解不清，加上身体不好、自己照顾自己都有问题，只要不是太大的病他们的爸爸妈妈又不回来，所以一些留守儿童在生病期间的照顾就是问题。一般的孩子就没有这样的问题，爸爸妈妈都在，很多情况第一时间就能够得到照顾，所以心里踏实点。当然，也有差的，我们这边就有打牌的，自己孩子都不管，但是这是少数。"

　　S 女士："留守儿童在医疗健康上获得的支持并不少，有什么不舒服的地方，他们的爷爷奶奶或者监护人也都会直接带他们去看病。费用呢，当然是他们的爸爸妈妈来出，毕竟疾病这种事情一般还是不敢拖。现在我们农村也都是一两个孩子，如果出了事情，爷爷奶奶担不起这个责任。留守儿童与一般儿童相比比较挑食，在饭堂里面吃饭的时候我们随时就能够关注到，比如说不喜欢的菜，他们就把菜挑出来。这个原因呢主要是由于爷爷奶奶溺爱的结果，他们每次回去，家里面就准备了一些好吃的，就觉得家里面吃的要好一些，所以有一些留守儿童跟我们反映食堂里面的饭菜不怎么好吃。因为家里面和学校里面准备的肯定是不一样的，爷爷奶奶在饭菜这块还是比较丰盛的。"

进一步来观察留守儿童的教育福利，研究发现留守儿童在教育资金上的获取与普通儿童的差异非常有限。在访谈中，留守儿童的教育资金主要来自于父母，由于父母外出可能具有更多的收入，因此很多父母在教育资金上都积极支持孩子；同时，考虑到自己对孩子的照顾比较少，所以他们也都希望用钱来弥补孩子，因而其在教育资金上的投入比较多。在教育机会的访谈中，研究也发现目前留守儿童与普通儿童一样保持着较好的状态，儿童群体之间的差异并未明确出现。从被访问者那里可以了解到，目前儿童整体的辍学情况是比较少的，家庭成员对于教育的作用还是持非常肯定的态度的，并未出现普遍的"读书无用论"。但是，在以学业辅导和家庭教育为核心的教育辅助领域，留守儿童也出现了一定的问题。一方面，从学业教育的角度来看，留守儿童在祖辈等亲属的抚养下基本上无法获得学业的辅导，而普通儿童获得父母学业辅导的机会则大大增加。这主要源于祖辈抚养者所具有的文化水平普遍不高，其在学业上的辅导能力有明显的制约。另一方面，从家庭教育的角度来观察，尽管留守儿童的父母也会通过电话联系子女，但是其对子女的影响力度明显降低，同时由于实际监护人在这方面的约束相对较弱，因此留守儿童在此方面也处于落后的局面。

X 先生："留守儿童在生活和教育上的资金都不缺，反倒是落后、偏远地区的孩子的教育条件比较差。但这个和留守没什么关系，反正父母挣的钱都给子女花就是了。我们辍学这块呢，比例还是非常小的。我们县要求两基普及之后呢，这块负担，就是从学生经济负担来看，是比较少的。因为学费全免了。另外，如果他确实是留守的话尽量考虑他住校，然后我们还有住校生的补贴，还有阳光午餐，因此他们很愿意（读书）。至少愿意把中学读完。当然，父母也是非常支持的，因为没有什么后顾之忧，现在也都重视教育，所以基本上没有看到什么辍学的现象。家庭的辅导肯定做不到，现在一般的家长可能也就能辅导到小学，主要看老师呗。但是在家庭的思想教育方面留守儿童肯定有明显的问题，因为父母不在家，管不了，谁说的话都不听。我们班就有这样的孩子，我父母都不管我，你管得着我吗？"

S 女士："实际上现在除了个别家庭特别困难的，（家长）在教育上都不亏孩子，你想一家就那么两个孩子，有的还是一个，所以在教育上的投入都不小。毕竟，都知道教育有用，读书有出息了父母也有面子。（辍学现象）像我们班现在没有，包括我们上一届留守儿童也没有辍学的。因为留守儿童的父母亲还是特别关注他们的，基本上能够经常联系到他们，因此在教育上还是非常支持他们的。留守儿童现在在这个事情（家庭教育）上比较麻烦，家里面的爷爷奶奶约束不了他，单独一个父母在家的好些，但是也不是太好约束。所以在家庭教育中很多他们是不听你们的。特别是受到外界的影响比较多，一些男孩整天就知道要，爷爷奶奶的话很少听的。如果说辅导作业什么的就更不行了，爷爷奶奶都没文化，谁能管得了他们啊。"

通过对成年人眼中家庭福利供应情况的了解，本书再次印证了留守儿童的外出家庭和留守家庭在儿童福利供应中扮演着重要的角色。其中，外出家庭虽然出现了一定的衰减，但是仍然能以资金的形式来满足儿童的基本需要，而留守家庭主要是以适当的服务方式来予以替代的。研究还发现，留守家庭在儿童照顾方面的作用不强，而在资金供应与保护性服务方面则体现出了较大的支持力度，这点观察与留守儿童眼中的家庭福利供应具有很大的趋同性。在这种情况下，以祖辈监护人为主的留守家庭福利供应随着抚育人年龄的增大、精力的不足和抚育知识的落后，在儿童照顾上开始越来越不能满足儿童的基本需要：一方面，祖辈亲属由于溺爱等现象的出现，不能有效地约束和控制留守儿童的行为，使之更容易受到不良因素的影响；另一方面，抚育知识的缺乏容易导致儿童在受到照顾的过程中对抚育人的抚育技能和照顾观念产生不满。但是，在资金和保护性服务方面，由于实际监护者的溺爱现象，他们总是会尽可能地通过金钱和宠爱来满足留守儿童。这样就出现了福利提供方式上的不对称，即在福利需要和福利供应中间存在着一定的偏差。

三　家庭福利供应的责任与困境

定性的调查显示出，外出家庭在目前儿童福利供应中的主要角色是进行资金支持。通过访谈，可以清楚地发现目前留守儿童和普通儿童在生活费用、健康费用、教育费用上基本没有什么区别，甚至有部分留守儿童在资金上反而要强于普通儿童。这种现象的形成主要由于三个方面原因：首先，由于父母外出务工基本上都是以追求经济利益作为主要目的的，在经济收入上相比留在本地的居民更高，因此他们有实力为留守儿童提供充裕的资金支持；其次，父母对于自己外出行为给儿童造成的负面影响有一定的亏欠心理，所以很多父母多以资金来弥补对儿童照顾不周；最后，兴文县本地的收入水平比较低，在周边县市当中处于相对闭塞和落后的位置，因此兴文县普通儿童在日常生活、健康、教育上的消费也是比较低的。

如果说外出家庭的角色主要集中在资金供应上的话，那么留守家庭的福利供应责任则主要集中在儿童保护与儿童照顾等福利服务方面。目前，留守儿童的福利服务职责实际上是由留守家庭来承担的，而在大多数家庭中其实际的监护人是爷爷奶奶。这既是受到了父权制社会下父系血缘关系的影响，也同样受到农村"大家庭"观念的制约。从责任承担来看，留守家庭在儿童保护方面的作用比较重要，儿童在生活保护、健康维护和教育机会上基本上都得到了比较好的保障；而在儿童照顾方面，尽管祖辈抚养人也在努力为儿童提供更好的生活环境，但是由于精力、观念等方面具有明显的不足，因此他们提供的照顾性服务往往存在很大的风险。可以说，作为对外出家庭福利供应出现衰减的弥补，留守家庭在很大程度上保障了留守儿童的整体福利供应水平，对福利供应的衰减形成了一定的缓冲。

本章小结

作为传统意义上的主要福利来源，家庭一直在儿童福利供应中承担着重要的职责，因此研究有必要对家庭在儿童福利供应中所承担的基本职能、其内部所发生的责任变化、家庭福利供应所遭遇到的现实困境进行深入的剖析，并希望通过这种剖析来定位目前家庭的福利责任和福利困境。本书通过定量与定性的研究，发现两者的结果都是大同小异的，都显示出了家庭在留守儿童福利供应中的核心作用，因而这两种方法相互印证地证明了目前留守儿童福利供应体系中的家庭地位。

其基本结论可以总结为以下四个方面：（1）家庭在儿童福利供应中的作用是极为重要的。从定量的结果来看，外出家庭在测量中的得分率达到了72.986%，留守家庭的得分率达到了60.281%，两者的得分率处于较高的水平，实际上成为儿童福利供应的主要承担者。定性的分析结果也大致相当，儿童眼中的家庭福利与成人眼中的家庭福利具有相同的重要性，可见定性研究的结果也反映出家庭在儿童福利供应中的重要作用。（2）家庭在儿童福利供应上是非常全面的。定量研究发现，目前外出家庭在福利供应中得分率高于50%的三级指标比例为100%，留守家庭高于

50%的三级指标比例为 66.667%，可见两者在儿童福利供应上较为充裕的指标是比较普遍的，这说明了我国儿童福利供应中的各个项目受到了家庭比较大的影响。定性研究的结论也基本如此，访谈发现外出家庭和留守家庭在绝大多数方面都提供着相对充裕的福利，这些方面在生活福利、健康福利、教育福利领域都有所涉及，并且分别获得了儿童和成人的认可。（3）留守儿童福利责任的变化呈现出了外出家庭向留守家庭的转移，形成了一种家庭内部的福利组合。定量的研究发现，目前留守儿童在外出家庭福利供应中相比落后于普通儿童，而在留守家庭福利供应中则呈现出了明显的领先，因此其福利责任出现了家庭内部之间的转移。定性的访谈结果也证实了这种结论，儿童与成年人都证明了这种家庭内部的福利责任转移，并形成了外出家庭与留守家庭的福利组合。（4）留守儿童的福利服务出现了空巢化的现象，这对于留守儿童的部分福利项目具有明显的损害。定量的研究发现，留守儿童在父母离开后呈现出了 34.394% 的照顾性服务衰减，但是留守家庭并没有在此方面具有明显替代；而父母离去后在资金方面 11.259% 和 13.270% 的福利衰减被留守家庭 44.845% 和 8.726% 的福利增长所弥补。定性的访谈也发现，目前留守儿童家庭在儿童照顾方面存在着严重的问题，留守儿童被迫与老人"抱团取暖"，形成福利服务的空巢化现象；部分留守儿童甚至随着隔代家庭成员的去世而只能自己负责照顾自己，这无疑使他们在儿童照顾方面面临着巨大的风险。

通过这种定量与定性的相互印证，本章发现了目前家庭在儿童福利供应中的重要作用，并明确了留守儿童福利责任的替代在家庭之间体现得非常明显。从兴文县的调查结果可以发现，当前西部农村地区的儿童福利供应仍然坚持着固有的传统思维，儿童父母在外出后需要承担儿童抚育资金的责任，而亲属在儿童父母外出后仍然需要担负起重要的儿童保护与儿童照料职责，其福利责任的转移依靠的是一种家庭互济文化的约束。因而从实证调查不难看出，当前留守儿童福利供应形成了一种家庭内部责任的重新划分，并体现出了外出家庭与留守家庭在资金和服务方面的福利组合。随着父母的外出，儿童的福利资金主要由父母来提供，儿童的福利服务则由亲属来提供，这种资金与服务的组合模式构成了留守儿童当前福利供应的主要形式。这种福利责任的重新划分对于减少留守儿童因为父母外出而带来的福利衰减具有极为重要的作用，并为儿童福利服务的持续供应提供了保障。当然，在这种家庭责任的转移中，由于留守家庭多以隔代照看为主，空巢化的福利服务现象已经比较集中，因此老年人的离世和老年人照顾能力、观念意识的不足可能会在较大范围内影响留守儿童的照顾性服务。同时，随着家庭结构的持续变化和女性家庭成员进入劳动力市场的增多，这种新的家庭福利组合可能会面临着更为严重的社会风险，其未来的持续性影响仍然有待于进行进一步的学理讨论。

第六章

国家的福利责任与现实困境

　　对于家庭福利供应责任与困境的分析显示出，目前外出家庭的资金供应和留守家庭的服务供应已经形成了家庭内部的福利组合，且外出家庭的福利衰减和留守家庭的福利替代也已经形成了家庭内部的福利责任转移，因此可以说家庭在留守儿童福利供应中的作用是非常重要的。那么，作为福利多元主体重要组成部分的国家，在留守儿童福利供应中承担着怎么样的责任，其是否也形成了较强的福利替代，其在福利供应中出现了哪些现实性的困境等议题就需要我们进行更深层次的研究。

　　在本章，研究同样采取定量和定性相结合的方式展开讨论，其主要内容围绕着两个方面进行：（1）国家福利供应的定量分析。本书希望首先采用定量的分析方式对国家福利供应展开讨论，对其整体状况、分类状况、影响因素进行定量的测量，并对其整体的福利供应特点进行概括。在分析中，研究主要试图了解国家福利供应的整体水平如何、在哪些方面出现了有力的支持、在哪些方面没有形成有力的支持，希望分析国家在儿童福利供应中的福利定位，探讨国家对于留守儿童有无倾向性的福利替代，并在此基础上定量地挖掘其存在的风险。在定量分析中，研究主要采取了均值分析、回归分析、聚类分析的方式展开系统的讨论。（2）国家福利供应的定性分析。本书同样采取定性访谈的分析方式展开系统的讨论，希望通过国家福利供应的接受者、国家福利供应的提供者的访谈来定性地解读国家在儿童福利供应中所扮演的角色和所存在的困境。在讨论中，研究主要通过话语分析的方式展开具体的分析。研究希望通过定量与定性研究方式的互相印证来明确地发现国家在儿童福利供应中的福利责任和现实困境。

第一节 国家福利供应的定量研究

一 国家福利供应的整体状况

与外出家庭和留守家庭的福利供应不同，国家在福利供应上的力度有明显的降低，且在福利供应的范围上也有明显的缩小。外出家庭的平均福利供应得分在 36 分的总分中为 26.275 分，占据所有得分的 72.986%，平均每个题目的得分为 2.919 分；留守家庭的平均福利供应得分就下降到了 21.701 分，占据所有得分的 60.281%，平均每个题目的得分为 2.411 分；而国家福利的平均得分仅为 15.854 分，得分率下降到了 44.039%，平均每个题目的得分仅为 1.762 分。这种得分的比较虽然不具有明确测量儿童福利供应体系中责任分担比例的作用，但是却能够发现其在儿童福利供应中的重要性和充裕度排序。同样，研究还发现国家在儿童福利供应上呈现出的责任并不是全面的，其平均得分高于 50% 比例的指标主要有生活保护、健康资金、健康维护、教育机会和教育辅助上，说明在这些环节国家的福利责任具有较大的显现；而其余指标的得分率则均比较有限，因而在此方面不具有充裕的福利供应（表6—1）。

表 6—1   儿童群体国家福利供应的差别

指标	子指标	平均值	显著性	国家得分		
				双亲留守儿童	单亲留守儿童	普通儿童
生活福利	生活资金	0.954	0.183	0.801	1.019	0.990
	生活保护	2.026	0.235	2.014	2.181	1.990
	生活照顾	0.450	0.665	0.410	0.505	0.450
健康福利	健康资金	2.621	0.015	2.402	2.540	2.720
	健康维护	2.111	0.132	1.944	2.230	2.140
	健康照顾	1.734	0.733	1.799	1.745	1.708
教育福利	教育资金	0.732	0.982	0.720	0.724	0.738
	教育机会	3.161	0.865	3.194	3.162	3.149
	教育辅助	2.065	0.352	1.951	2.086	2.100

续表

指标	子指标	平均值	显著性	国家得分		
				双亲留守儿童	单亲留守儿童	普通儿童
综合分析	生活福利	3.430	0.163	3.225	3.705	3.430
	健康福利	6.466	0.207	6.145	6.515	6.568
	教育福利	5.958	0.822	5.865	5.972	5.987
	资金	4.307	0.096	3.923	4.283	4.448
	保护性服务	7.298	0.259	7.152	7.573	7.279
	照顾性服务	4.249	0.836	4.160	4.336	4.258
	总体水平	15.854	0.217	15.235	16.192	15.985

比较儿童群体之间在国家福利供应上的得分率也可以发现，双亲留守儿童、单亲留守儿童和普通儿童的得分率分别为42.319%、44.978%和44.403%，后两者略高于前者。这种现象的出现不但反映出目前双亲留守儿童并未获得具有倾向性的国家福利支持，反而出现了小幅度的福利供应劣势。具体而言，在生活福利方面，双亲留守儿童、单亲留守儿童和普通儿童的得分率分别为26.875%、30.875%和28.583%，均属于非常有限的福利供应水平，且以双亲留守儿童的福利供应水平最为有限；在健康福利方面，儿童群体的得分率均较高，三者分别达到了51.208%、54.292%和54.733%的得分率，其差异也是比较有限的，双亲留守儿童的得分率同样处在最为有限的水平上；而在教育福利方面，三者的得分率分别低于50%，双亲留守儿童同样在得分上处于最低水平，也不具有明显的倾向性福利供应。而福利供应方式的基本特点也大致如此，尽管保护性服务具有的整体优势较为明显，照顾性服务和资金的供应不具有明显意义，但是双亲留守儿童也均处于得分的低谷。观察三级指标也可以发现，双亲留守儿童在生活保护、健康资金、教育机会三个指标上具有高于50%的得分率，单亲留守儿童在生活保护、健康资金、健康维护、教育机会、教育辅助五个指标方面具有较大的供应力度，而普通儿童在健康资金、健康维护、教育机会和教育辅助四个方面具有较高得分率，三个群体中双亲留守儿童的得分情况最为有限。因此在国家福利供应的得分率测量中，研究发现三类

儿童群体不但没有形成针对留守儿童的倾向性支持，反而形成一定程度的反向福利剥夺。

比较儿童群体在获得国家福利上的充裕度，可以发现双亲留守儿童虽然相比单亲留守儿童和普通儿童具有一定的劣势，但是其人群差异显著性却高达 0.217，因此并未呈现出具有统计学意义的差异。在生活福利、健康福利、教育福利上，儿童群体获得国家福利的差异显著性为 0.163、0.207 和 0.822，具有的差异幅度分别仅为 1.066%、7.697% 和 2.331%；而在资金、保护性服务和照顾性服务方面，儿童群体获得国家福利的差异显著性分别为 0.096、0.259 和 0.836，存在的人群差异分别为 17.235%、2.106% 和 0.557%。进一步观察三级指标，研究发现健康资金是目前 9 个三级指标中唯一具有显著性差异的指标，其显著性差异值达到了 0.015，且两类留守儿童在得分上均落后于普通儿童；其余指标的显著性水平则均高于 0.1，因而不具备明确的统计学意义。而教育资金和教育机会方面所具有的差异则最小，其差异显著性水平分别达到了 0.982 和 0.865。因此，研究并未发现国家福利在整体上已经形成了针对弱势群体的优先性福利安排，留守儿童获得国家福利的充裕度也略低于普通儿童。

二　国家福利供应的分类比较

从差异显著性来看，基于性别、民族、地区和年龄的八类儿童群体在国家福利供应方面并没有体现出"留守"带来的强烈影响，全部八类人群在儿童群体的差异显著性上都呈现出了 0.1 以上的数值，可见均值分析结果并未显示出明确的统计学意义。观察福利提供的内容，研究发现在少数民族儿童、落后地区儿童和大龄儿童中出现了低于 0.05 的显著性，可见这三个群体的儿童受到"留守"因素的较强影响；而在健康福利和教育福利方面，其群体差异显著性分别达到了 0.207 和 0.822，其人群差异也并未形成（表6—2）。从福利提供方式来考察，资金、保护性服务、照顾性服务的差异也不尽明显，八类人群在福利资金上的差异显著性多在 0.1—0.3，不具有明确的统计学意义；而保护性服务和照顾性服务的差异显著性则更高，绝大多数儿童的显著性水平都超过了 0.4，可见其群体差异更为有限。进一步观察三级子指标，研究发现除了健康资金出现了 0.015 的显著性差异外，其余各个指标的差异显著性均在统计学范畴以外。因此，研究整体上认为"留守"对于国家福利供应的影响不大，留守儿童与普通儿童在此方面并没有出现统计学意义上的人群分化。

表6—2　　　　　　　　　儿童群体国家福利供应的均值分析

指标	子指标	总体	性别		民族		地区		年龄	
			男童	女童	汉族	少数民族	发达地区	落后地区	大龄儿童	低龄儿童
生活福利	生活资金	0.183	0.875	0.107	0.373	0.046	0.786	0.133	0.060	0.857
	生活保护	0.235	0.154	0.737	0.267	0.690	0.442	0.028	0.073	0.645
	生活照顾	0.665	0.341	0.835	0.992	0.032	0.665	0.111	0.376	0.943
健康福利	健康资金	0.015	0.017	0.310	0.014	0.694	0.022	0.373	0.150	0.058
	健康维护	0.132	0.605	0.179	0.341	0.147	0.042	0.922	0.272	0.416
	健康照顾	0.733	0.561	0.988	0.609	0.495	0.532	0.999	0.975	0.721
教育福利	教育资金	0.982	0.875	0.917	0.873	0.482	0.601	0.357	0.868	0.908
	教育机会	0.865	0.373	0.806	0.973	0.713	0.418	0.364	0.312	0.910
	教育辅助	0.352	0.477	0.659	0.433	0.729	0.138	0.248	0.909	0.248
综合分析	生活福利	0.163	0.377	0.291	0.443	0.036	0.956	0.008	0.023	0.857
	健康福利	0.207	0.565	0.116	0.456	0.159	0.121	0.788	0.265	0.508
	教育福利	0.822	0.982	0.641	0.761	0.597	0.980	0.623	0.980	0.629
	资金	0.096	0.288	0.090	0.128	0.308	0.304	0.214	0.109	0.307
	保护性服务	0.259	0.494	0.208	0.340	0.688	0.342	0.602	0.307	0.637
	照顾性服务	0.836	0.884	0.936	0.977	0.187	0.884	0.284	0.810	0.963
	总体水平	0.217	0.903	0.115	0.323	0.128	0.661	0.166	0.180	0.659

　　从儿童群体在国家福利上的差异幅度也能够清晰地观察到其所存在的群体差距是非常有限的，但普通儿童所具有的小幅优势仍然值得学理反思。研究发现，普通儿童在国家福利供应上的得分领先留守儿童3.644%，同时八类群体中有三类儿童的实际差异也分布在-4.108%—5.812%，均属于非常有限的差异幅度（表6—3）。具体观察福利提供的

内容，研究发现在生活福利方面留守儿童比普通儿童的得分多 1.066%，而在健康福利和教育福利方面儿童群体在总体上的得分差距为 7.797% 和 2.331%，普通儿童具有领先优势。而从福利提供方式来看，儿童群体在福利资金方面出现了 17.235% 的差距，显示出在此方面普通儿童具有更大的优势，而在两类福利服务的统计中差异均在 3% 以内。进一步讨论八类儿童的分类结果，研究发现虽然各个人群在衰减幅度上存在不同，但是呈现的趋势与整体分析的结果非常一致，各个人群受到"留守"的影响幅度基本在整体差异幅度左右徘徊。当然，研究也观察到了目前留守儿童并没有在国家福利供应中获得更大的优势，普通儿童在得分上反而呈现出了 3% 以上的优势，这在说明国家福利供应总量不足的情况下也反映出了一定程度的反向福利剥夺。

表6—3　　　　　　　普通儿童在国家福利供应中的领先幅度　　　　　单位：%

指标	子指标	总体	性别		民族		地区		年龄	
			男童	女童	汉族	少数民族	发达地区	落后地区	大龄儿童	低龄儿童
生活福利	生活资金	20.750	8.977	34.840	27.040	6.068	6.877	39.801	74.313	1.563
	生活保护	-9.949	-19.706	0.373	-7.703	-19.475	-9.847	-8.301	-6.728	-9.082
	生活照顾	-1.135	16.535	-15.206	-3.531	39.115	-2.585	33.622	36.241	-12.084
健康福利	健康资金	20.326	28.826	11.399	22.036	15.284	25.135	15.197	18.284	22.026
	健康维护	6.046	7.168	2.236	4.574	26.649	8.900	2.630	14.483	0.436
	健康照顾	-7.179	-12.351	-0.804	-6.415	5.354	-13.678	-0.263	-4.099	-7.304
教育福利	教育资金	4.434	15.334	-7.354	12.617	-42.840	-10.371	37.772	10.256	9.372
	教育机会	-1.820	-6.148	2.719	0.720	-12.910	-5.576	2.019	-11.739	1.458
	教育辅助	8.308	12.665	2.374	7.831	15.692	20.789	-10.048	6.292	11.580
综合分析	生活福利	-1.066	-8.473	6.242	2.388	-16.822	-5.544	9.215	16.830	-6.640
	健康福利	7.697	10.041	4.744	8.040	15.540	7.460	7.074	10.271	6.464
	教育福利	2.331	2.800	1.311	4.369	-11.442	2.534	0.416	-2.437	5.555
	资金	17.235	21.812	12.330	21.441	-8.113	13.351	22.873	25.415	15.053

续表

指标	子指标	总体	性别		民族		地区		年龄	
			男童	女童	汉族	少数民族	发达地区	落后地区	大龄儿童	低龄儿童
	保护性服务	-2.106	-6.424	1.667	-0.732	-5.868	-3.355	-1.516	-3.920	-1.908
	照顾性服务	0.557	1.605	-0.866	1.200	6.901	3.248	-3.720	3.897	0.877
	总体水平	3.644	2.921	3.705	5.390	-4.108	2.643	4.293	5.812	3.223

从聚类分析的结果也可以观察到,留守儿童和普通儿童在国家福利供应中的基本状况比较接近,前者并没有显现出明显的优势(表6—4)。从具有领先水平的儿童群体来看,留守儿童群体也有7个进入到该范围,而普通儿童有6个,两者在聚类中的群体数目大致是相当的;同样,在处于落后水平的儿童群体中,留守儿童中的L14和L6群体处于此范围,而普通儿童只有P15群体处在此范围,可见两者在落后群体上的数目也是比较接近的;而在处于中间水平的聚合中,留守儿童和普通儿童的子类型也相互混杂。具体观察福利提供方式,研究发现不同类型群体之间在保护性服务、照顾性服务方面存在着彼此之间的领先,因而尽管有的群体在整体福利供应上处于优势,但是这种领先也并非是一种全面的优势。基于此,研究基本认为"留守"对于国家福利供应的整体影响度并不大,国家并未在留守儿童出现福利衰减时呈现出明显的替代性。

表6—4 儿童群体在国家福利供应中的聚类分析

水平	类型	国家福利	福利提供方式			模型聚类结果
			资金	保护性服务	照顾性服务	
领先水平	一类	21.000±0.000	8.000±0.000	9.000±0.000	4.000±0.000	L5
	一类	19.122±0.429	5.770±0.966	7.880±0.572	5.390±1.054	L7、L8、L13、P5、P14
	三类	17.553±0.372	5.573±0.996	7.287±0.674	4.656±0.535	L2、L15、L11、P3、P4、P12、P13

续表

水平	类型	国家福利	福利提供方式			模型聚类结果
			资金	保护性服务	照顾性服务	
中间水平	四类	15.825±0.552	4.776±0.819	6.931±0.671	4.110±0.499	L9、L12、L3、L16、L1、L4、L10、P2、P16、P8、P9、P1、P11、P7、P10、P6
落后水平	五类	12.750±0.351	2.650±0.919	7.500±2.121	2.600±0.849	P15、L6
	六类	10.000±0.000	4.333±0.000	4.000±0.000	1.667±0.000	L14

三　国家福利供应的影响因素

在上述的分析中，研究围绕着留守儿童与普通儿童的国家福利供应状况进行了讨论，并通过定量分析发现儿童群体的国家福利供应在充裕度和广泛性上与家庭福利存在差距，且其福利供应并没有在留守儿童福利衰减时出现较为有效的补充。对于这种研究结果，有必要进一步从回归分析的角度去进行更深入的讨论，对国家福利供应的影响因素进行更为细致的分析。

与外出家庭和留守家庭在福利供应中的地位不同，国家在整体福利供应上的充裕度具有一定的弱化，且并没有对留守儿童的福利衰减形成有效的弥补，这点在 16 个指标与国家福利供应所展开的分析中就能够明显地看到。在国家福利的整体回归分析中，其 F 检验的显著性达到了 0.230，R^2 为 0.089，因此从理论上看该模型并不具有完全的统计学意义。进一步观察其形成的 6 个嵌套子模型，研究发现除了生活福利达到了 0.042 以外，其余模型均在 0.3 以上，因此从模型的分析结果来看也均不具有较强的统计学意义。在这种模型的基础上进行讨论，研究发现个人因素下的学习成绩这一指标可能对国家福利供应产生一定影响，而其他因素的影响力度则非常有限。在具有统计学意义的影响因素中，学习成绩方面的回归显著性达到了 0.004，回归系数为 -0.363，因此学习成绩较好的儿童容易获得更多的国家福利。家庭因素对于儿童国家福利供应没有产生显著的影响，其内部的 6 个指标均显示出了高于 0.1 的回归显著性，因而没有一个指标具有显著的影响力。而在父母外出因素方面，父亲和母亲的外出行为均对于儿童获得国家福利不具有任何影响，两者与国家福利之间的回归显著性分别为 0.498 和 0.969，均不属于具有统计学意义的影响因素（表6—5）。

表6—5　　　　　　　　　儿童群体国家福利供应的回归分析

指标		国家福利	福利提供内容			福利提供方式		
			生活福利	健康福利	教育福利	资金	保护性服务	照顾性服务
常量		3.233 (2.227)	1.109 (2.693)	4.674 (3.787)	4.200 (2.743)	1.011 (3.619)	10.448 (2.620) ***	-1.761 (3.281)
个人因素	性别	-0.302 (0.218)	-0.647 (0.263) *	0.057 (0.371)	-0.213 (0.268)	-0.424 (0.354)	-0.346 (0.256)	-0.135 (0.321)
	民族	-0.042 (0.351)	-0.131 (0.425)	-0.126 (0.598)	-0.005 (0.433)	0.310 (0.571)	-0.322 (0.413)	-0.113 (0.518)
	地区	0.112 (0.149)	-0.106 (0.180)	0.227 (0.253)	0.236 (0.183)	0.000 (0.242)	-0.166 (0.175)	0.500 (0.219) *
	年龄	0.171 (0.113)	0.370 (0.137) **	0.087 (0.192)	0.048 (0.139)	0.173 (0.184)	-0.001 (0.133)	0.342 (0.167) *
	学习成绩	-0.363 (0.125) ***	-0.098 (0.151)	-0.716 (0.212) ***	-0.261 (0.154) +	-0.406 (0.203)	-0.434 (0.147) ***	-0.249 (0.184)
	学生干部	0.081 (0.095)	0.185 (0.115)	0.089 (0.161)	-0.006 (0.117)	0.029 (0.154)	0.221 (0.112) *	-0.006 (0.140)
	性格情况	-0.050 (0.225)	-0.112 (0.272)	0.072 (0.383)	-0.069 (0.277)	-0.080 (0.366)	-0.041 (0.265)	-0.030 (0.331)
	健康程度	0.185 (0.133)	0.101 (0.161)	0.196 (0.226)	0.195 (0.164)	0.233 (0.216)	0.015 (0.157)	0.308 (0.196)
家庭因素	家庭距离	0.019 (0.084)	0.037 (0.101)	0.055 (0.143)	-0.057 (0.103)	0.210 (0.136)	-0.075 (0.099)	-0.077 (0.124)
	单亲家庭	0.147 (0.377)	-0.653 (0.456)	1.037 (0.641)	0.086 (0.465)	0.470 (0.613)	-0.143 (0.444)	0.115 (0.556)
	危重病人	0.028 (0.103)	0.064 (0.125)	-0.003 (0.175)	0.008 (0.127)	0.079 (0.168)	0.048 (0.121)	-0.043 (0.152)
	家庭人口	0.069 (0.083)	0.092 (0.101)	0.068 (0.142)	0.017 (0.103)	-0.015 (0.135)	0.104 (0.098)	0.119 (0.123)

续表

指标		国家福利	福利提供内容			福利提供方式		
			生活福利	健康福利	教育福利	资金	保护性服务	照顾性服务
	父母年龄	−0.018	−0.033	−0.028	0.009	0.012	−0.036	−0.030
		(0.023)	(0.027)	(0.038)	(0.028)	(0.037)	(0.027)	(0.033)
	父母学历	−0.030	−0.012	−0.150	0.044	−0.257	−0.016	0.183
		(0.182)	(0.220)	(0.309)	(0.224)	(0.295)	(0.214)	(0.268)
父母外出因素	父亲外出	−0.076	−0.194	−0.095	0.058	−0.227	−0.032	0.029
		(0.112)	(0.136)	(0.191)	(0.139)	(0.183)	(0.132)	(0.166)
	母亲外出	−0.004	0.078	−0.047	−0.046	0.091	−0.004	−0.100
		(0.116)	(0.140)	(0.196)	(0.142)	(0.188)	(0.136)	(0.170)
F. sig		0.230	0.042	0.331	0.961	0.305	0.301	0.387
F		1.254	1.736	1.151	0.465	1.158	1.162	1.069
R^2		0.089	0.119	0.082	0.035	0.082	0.083	0.077

注：（1）括号内为标准误；（2）＊＊＊、＊＊、＊、+分别代表 0.5%、1%、5% 和 10% 水平上的显著。

从福利提供的内容来看，研究发现仅有生活福利模型具有明显的统计学意义，其 F 检验的显著性为 0.042，R^2 为 0.119；而健康福利和教育福利的 F 检验显著性分别为 0.331 和 0.961，均不具有统计学意义。就生活福利模型而言，性别和年龄的影响较为明显，两者的回归显著性分别达到了 0.015 和 0.007，回归系数分别为 −0.647 和 0.370，可见男童和大龄儿童获得的国家福利供应相对充足。而就父母外出因素来看，父亲外出因素和母亲外出因素的回归显著性分别达到了 0.155 和 0.576，因此研究并未发现"留守"因素对于国家在生活福利供应上能够产生明确的作用。从福利提供的方式来看，资金、保护性服务和照顾性服务的 R^2 检验均呈现出了高于 0.05 的显著性，因而其整体模型的解释度存在一定问题。进一步在此基础上观察国家福利供应受到的影响，研究发现地区、年龄对于照顾性服务可能具有一定潜在的影响，学习成绩和学生干部则对保护性服务具有一定影响，而家庭因素和父母外出因素的影响均不甚明确。研究发现，虽然父母外出在资金和照顾性服务方面也呈现出了低于 0.1 的显著性水平，但是由于三类福利供应方式的 F 检验显著性分别达到了 0.305、0.301 和 0.387，均远高于 0.05 的限定水平，因此在福利供应方式上也均不具有统计学意义。

四　国家福利供应的责任与困境

整体上观察儿童群体在国家福利供应上的基本状况，研究发现其特点也可以概括为四个方面：（1）从福利供应的力度来看，国家在儿童福利供应中的作用相比家庭福利更为有限。研究发现，目前国家在儿童福利供应中的总得分率低于50%，这与家庭福利供应相比存在着明显的差距；同时，在子指标的测量中，也均有5个指标高于50%的得分率，因而这些福利供应项目得到了国家的较大支持，而其他指标的得分率比较有限，国家在这些事务上的影响度比较缺乏。进一步观察儿童群体之间的分化，可以清晰地观察到双亲留守儿童仅有3个指标受到国家福利的较大影响，单亲留守儿童和普通儿童则分别有5个和4个指标具有显著影响力。（2）从福利供应的差异来看，留守儿童和普通儿童在国家福利供应上的得分比较接近，且双亲留守儿童在国家福利供应上的得分更低。均值分析的结果显示，"留守"对儿童福利供应具有的影响度达到了0.217，且儿童群体在国家福利供应的差异值在5%以内波动，因而整体上的差异相对有限。同时，留守儿童和普通儿童在国家福利供应中也没有出现基于性别、民族、地区和年龄的分化，儿童群体出现的均衡状况具有普遍性，八类儿童没有一个受到"留守"因素的强烈影响，均呈现出了高于0.05的显著性差异。而聚类分析也显示出，留守儿童与普通儿童的子类型群体呈现出了相互混杂的局面，领先集团与落后集团的界限不甚清晰，其整体上的得分差异不大。（3）从福利供应的影响来看，目前国家福利供应受到个人因素、家庭因素和父母外出因素的影响均不甚强烈。通过回归分析可以发现，整体的分析模型在测量中缺乏显著性，且个人因素、家庭因素、父母外出因素对于儿童福利供应造成的影响都远高于0.1的显著性。研究发现，父母外出并未对国家福利供应产生明显的影响，国家提供的福利并未在留守儿童福利衰减时出现有效的福利替代。（4）从福利供应的困境来看，目前国家福利供应所具有的福利责任尚需进一步提升。研究发现，目前无论从国家福利供应的充裕程度还是从均衡程度来看，国家在儿童福利供应中所形成的责任均较为有限，其福利供应的水平比较低，且在留守儿童出现某种程度的福利衰减情况下并不能提供有效的福利替代，因而目前国家在留守儿童福利供应中的作用值得商榷。

研究认为，我国国家福利供应与父母外出的关系之所以如此松动，原因在于我国碎片化的社会福利政策在整体上不具有针对留守儿童的倾向性。目前，我国国家福利供应主要分为涉及生活方面的民政福利和社会救助制度、涉及健康方面的医疗保障制度与营养餐制度、涉及教育方面的教育救助制度与义务教育制度。这些制度在执行中是分开的独立制度，因此在设计原则和覆盖范围上均有相当大的差距：首先，我国目前围绕着儿童保护性服务提供了最多的保障。目前国家在儿童人身保护、营养保护和教育机会保护方面分别出台了相应的政策，以法律保护的形式规定了避免儿童人身侵害和教育机会丧失的政策，以免费营养餐计划来避免西部农村地区儿童的营养匮乏，因而在整体的福利供应中围绕保护性服务上的支持力度最高。其次，目前我国以资金形式来提供的国家福利也有少量存在。我国社会救助制度对于困难家庭生活具有一定支持，医疗保障体系则对儿童的健康资金具有相应的帮助，而教育救助制度也对部分极为困难的儿童形成了少量的帮扶，当然尽管这些制度都对部分特殊儿童进行了资助，但是由于其资助的范围和水平比较有限，因而极少有留守儿童能够获得国家在资金上的帮助。再次，在照顾性服务方面，我国国家福利供应基本上是不涉及的。目前我国儿童群体在照顾性服务方面的得分均是最低的，这主要源于我国没有相应的制度介入照顾性服务领域，留守儿童等困境儿童虽然具有此类福利需要，但是并没有被纳入福利服务的范畴之内，因而其所具有的福利供应力度和福利替代效果是最为有限的。基于此，研究发现目前我国儿童福利制度尚缺乏以广义社会福利作为核心界定的制度设计，因而现存制度在设计和执行中依靠部门政策而加以形成，且以保护性服务作为最主要的突破口，因而在部分福利项目上存在结构性的漏洞。

第二节　国家福利供应的定性研究

一　福利接受者眼中的国家福利

近年来，随着社会建设思想和社会服务意识的强化，留守儿童问题也越来越受到各级政府的重视。由于我国一直采取补缺型的社会福利发展思路，且我国民政福利并没有将留守儿童纳入社会福利供应的体系框架之中，因此我国留守儿童的有关政策缺乏广义社会福利的设计思路。但是实际上在目前的政策体系中，也有一部分以"权益保护"或"关爱行动"

为名义开展的行动具有社会福利制度的性质，因而为了与本书的主体内容保持一致，研究继续将其看作广义社会福利视域下的儿童福利制度进行讨论。

　　由于福利的最终作用是要提升福利接受者的福祉，因此对于目前国家提供的福利需要首先得到留守儿童的认可。然而，与留守儿童政策体系的设计初衷具有很大的出入，目前留守儿童虽然对于国家提供的部分福利还是比较认可的，但是对于政府在多大程度上改善了自己的福利状况还是具有很大的分歧。在深度访问中，绝大多数儿童表示自己都获得了或者获得过公共组织提供的福利，但是一些儿童表示出自己获得的国家福利是比较充分的，而另一些儿童则认为当前国家在福利供应中的作用是不充足的。在实际的访谈中，留守儿童普遍对政府政策执行的终端学校在生活福利方面的努力表示了认同，他们认为目前学校在儿童的生活保护、生活照顾方面都做出了大量的工作，对于他们的服务也相对比较好；而在生活资金方面的帮助则不大，没有人接受过来自学校方面的资金支持。而在政府的角色扮演中，留守儿童普遍认为政府在福利供应中的作用只是提供一些基本的宣传而已，或在儿童保护方面发挥了一些作用，其实质性的作用并不明显。因此，研究认为目前学校在儿童福利供应中的直接作用可能更容易被儿童们所认可，它们在儿童保护和儿童照顾方面起到的作用比较明显，而政府主要侧重于在儿童保护方面的宣传，其在福利供应中的作用并不能得到充分的认可。

　　男童 Q："我身边有一个朋友家里面是得到过生活方面的帮助的，但是他们家属于特别穷的那种，父母亲还离婚了，我们家没有得到过。学校的作用肯定比政府大，比如有的时候我们学校都会开放一个活动室给我们活动，也有老师关心我们的。政府方面宣传的多一些，有时候来学校看看，就这样。"

　　女童 D："我们家是拿低保的，所以国家每个月都会给我钱，但是照顾方面都是我自己来做，在这方面没有什么。儿童保护方面的宣传倒是比较多，但是往往都只是宣传。我们学校对我特别的照顾，老师们对我也非常的好，很多事情都是他们来帮助我处理。有时候老师会来我们家家访，和我聊得也比较多。"

在健康福利方面，目前留守儿童普遍对于政府在这方面的努力表示肯定，同样对于学校的作用也表示了认可。在实际的调查中，研究发现留守儿童对于营养餐计划还是表现出了极大的支持，他们认为国家的这个政策在很多方面帮助到了他们，对于他们的健康成长具有特别大的作用。特别是对于一些偏远地区的留守儿童来讲，原来他们在学校是基本不吃中午饭的，现在免费午餐计划，使得他们的营养状况有了进一步的提升。另一个受到留守儿童普遍赞同的是国家在医疗资金方面的支持，由于不少地方已经开始了新型农村合作医疗，因此很多留守儿童及其家庭也在此项政策中受益。作为政策的执行者，学校在留守儿童健康福利方面主要承担组织者的作用，因而它在留守儿童的看法中发挥的作用比政府更为直接。当然，在留守儿童的健康照顾方面，目前没有发现公共组织对留守儿童给予直接的支持，同样也没有明显地显示出国家主体对于留守儿童家庭成员具有相应的培训。

　　女童 Z："我感觉在这方面还是有很大的进步。原来没有营养餐，现在就有了。所以我感觉这方面的进步还是挺大的。医疗方面我确实不清楚，不知道抓药的钱是怎么样。政府在卫生方面好像没什么宣传，有时候有打免疫针，但是要钱。学校就是负责做营养餐。卫生方面也有，我们学校每周都会进行卫生方面的检查，但是个人卫生就比较少了。有时候班里面哪个男生不讲卫生，老师们会说他们，他们就会改一些，基本就这样。有的住校的同学生病了可能会是老师喊他们家人，基本上不会带他们去看病。"

　　女童 S："以前我们很多同学中午都不吃饭的，直接下午放学回家吃就行了。现在有了免费午餐，我感觉好丰盛的，比我在家吃得好。都是学校组织的，到食堂直接打就行。还有就是医疗这块进步也挺大的，我们家都参加了村里面组织的（医疗保险），学校也有让我们打免疫针的，但是有的收钱。老师对我们也挺好的，经常督促我们注意卫生什么的。"

　　而在教育福利方面，研究发现目前政府在留守儿童的保护中一般主要在资金供应方面进行投入，并有效地保证儿童的入学率；而学校则在留守儿童的教育辅助方面做出了一定的努力。从留守儿童的访谈中不难看出，由于父母在外务工能够取得较多的收入，因此留守儿童基本不会获得政府方面的教育资金援助。同时，目前政府在教育资金的支持上也比较有限，因而只能够针对特困的儿童进行适当的补助。当然，目前政府方面主要保障的内容是义务教育制度的实现，在实际的访谈中儿童们普遍表示出留守儿童及其周边儿童不会出现基于家庭困难的辍学现象，可见我国义务教育的观念在长期的制度建设下已经深入人心。而在教育辅助方面，留守儿童普遍坦承学校会利用家访和开家长会的形式和家人进行沟通，平时利用电话联系的方式也比较多，因此在学业教育与道德教育方面也具有较为重要的意义。

> 女童 Z："我学习上的花费都是爸爸妈妈给的，其他人没有给过，我没有得到过政府的奖学金和助学金。我周边同学没有辍学的。我们学校有时候会组织开家长会，然后告诉我外婆怎么教育孩子，除了这个外婆都是凭经验来教育。老师们对我还可以，我不怕他们，但是很少和他们交流。学校有时候会开家长会，老师有时候也会去家里面，主要就是进行一些思想教育。"

> 男童 W："我没有收到过政府的资助，所有的钱都来自于我的父母。小学时候我一个朋友因为不想读书就辍学了，除了他就没有了。学校里面的老师帮助比较大，基本上都是在学习方面帮助我。我会和玩得好的同学交流自己的想法，但是不会和老师说。有的时候老师会打电话给我的父母，有时候父母会打给老师，他们都还是比较关心我的。"

从留守儿童在获得国家福利的基本状况可以看出，目前国家对于留守儿童的支持还是得到了儿童一定程度上的认可，并呈现出了四个基本特点：（1）在留守儿童的福利供应中，国家的福利供应虽然整体水平不高、福利项目不足，但是覆盖的范围却比较大，特别是在义务教育、免费营养餐等方面，已经对所有的儿童实现了覆盖，这无疑给予了留守儿童较大的帮助；（2）国家对于留守儿童的福利供应在生活福利、健康福利和教育福利方面分布得较为平均，其在福利供应中并未明显出现针对哪些方面的特别重视，留守儿童感受到的支持力度均不如家庭那么大；（3）国家对于留守儿童福利供应多集中在保护性服务方面，而在福利资金和照顾性服务方面均不明显，其中前者主要集中在对于贫困儿童的帮助上，而后者则说明我国福利服务的建设比较缺乏，因此可以说在福利供应方式上存在着重要的区别；（4）虽然国家福利供应是以政府政策来下发的，但是它却是以学校作为主要执行者的，因而在访谈中很多学生往往将国家的很多角色定位在了学校上，可见学校的执行作用更容易得到留守儿童的认可。

二　福利供应者眼中的国家福利

除了对福利接受者进行相应的分析，本书还进一步对福利供应者进行了访谈，并希望通过了解他们的日常工作来发现目前政府和其执行终端学校在福利供应上的角色与困境。研究首先关注于政府内部对于留守儿童福利供应的内容，并发现尽管政府内部也在努力为留守儿童做更多的工作，但是一些官员在实际工作中仍然存在着理解上的偏差。

在对特殊人群的关爱行动中，很多官员往往把留守儿童理解为"贫困儿童"，因此在开展工作的时候首先会考虑资金支持的手段。在访问过程中，当我们问及对于留守儿童是否有相应帮扶政策的时候，很多政府官员首先想到的是资金上进行过多少支持。以关工委干部 F 的谈话为例，他就很直言不讳地将留守儿童的关爱问题看成了一种临时性的资金救助问题，而没有意识到这是一个资金与服务的配套政策问题。当然，不可否认的是，由于他们对于资金供应比较关注，因此对部分留守儿童的确也起到了资金支持作用。另一些被访者也表示，目前在国家政策上还没有将留守儿童纳入社会福利制度的框架中，所以他们暂时无法为其提供更为深入的帮助。

> F 官员："我们 2009 年就有相关的栋梁工程，对我们县品学兼优的困难学生进行相关的资助。比如说孤残及烈士子女、无稳定经济来源的家庭、城市低保户和农村建卡的贫困户、家庭遇到特殊困难造成经济困难的学生。资助形式有栋梁工程助学金、栋梁之星奖学金、考入清华北大的新生特别扶助金。在这部分中有相当一部分是留守儿童。后来我们发动有关的政府部门、企事业单位和企业进行相应的一日捐，帮助留守儿童完成学业。比如 2009 年 7 月份就开了兴文县民营经济半年分析暨一日捐扶贫助学公益活动动员会，我们煤炭行业、硫铁矿行业、建筑行业、水泥行业、餐饮旅店行业、酿酒行业等都进

行了捐款，捐款的力度达到了 13.8 万元，有力地关爱了留守儿童。我们也是希望能够从资金上解决一部分问题，给予他们更大的支持。"

S 先生："我们目前社会福利这块主要是围绕着孤儿来管理，这个也是国家现在的政策，留守儿童目前还不属于我们的覆盖范围。现在我们的职责主要是在保障社会福利机构的运转上多做些事情，对孤儿进行及时的救助，对于一些残疾儿童提供一些必要的帮助。留守儿童可能涉及的政策基本上就是救助吧，有些比较贫困的纳入我们的保护范围，基本就这样。但是这个很难说是留守儿童就怎么样，主要针对的还是贫困儿童，只能说有一部分是这样子的。"

另一些官员的出发点则是围绕着留守儿童的保护性服务来开展工作，这显然也是政府目前做得最充分的福利供应方式。从儿童保护方面来看，政府部门在实际的工作中主要具有三个方面的作用：首先是对留守儿童合法权益进行适当的宣传，特别是对一些农村偏远地区进行法律政策的指导；其次是对一些侵犯留守儿童权益案件的调解，对一些轻微事件进行批评教育；再次就是对于一些恶性的构成犯罪的事件进行积极的督促和指导。从对妇联干部 Z 女士的访谈中，研究也基本感受到了政府部门在这方面的重视程度，并且发现儿童保护是政府儿童工作中最为强调的部分。对卫生部门干部 Z 先生的访谈也反映出，目前卫生部门主要在留守儿童保护领域发挥着积极的作用，他们的工作重点仍然集中在儿童的卫生免疫、营养午餐等领域。

Z 女士："我们主要负责儿童合法权益的维护，当然维护呢我们也不是直接地介入，主要通过一些协调，因为机构的性质决定了我们没有司法权、没有裁定权。就是在权益受到侵犯的时候，在个案的审定的过程中我们督促、跟进，当然更重要的是我们进行宣传，尤其是儿童保障这方面的宣传。我们乡镇机关都成立了相关组织，其中最重要的一个职责就是进行儿童保护法的宣传，让大家了解我们儿童基本权益是什么。然后在当地通过这个组织延伸到家庭、社会，进行一些宣讲和讲解，然后对于权益侵犯的行为进行一些调解，确实是违法的行为呢就进行介入和督促，基本就是这样子。"

　　Z 先生："兴文县流动人口的比例大致占所有人口的 20%，因此其管理的难度还是比较大的。目前在兴文县卫生领域，并没有直接涉及儿童健康保护的专门性政策，妇女儿童、团委等部门虽然有些倡议，但是受限于我们工作的涵盖范围较大，因此直接的政策还没有。但是，在整体的卫生方面，还是涉及对儿童健康方面的保护。具体来看，目前我们部门主要的工作有：（1）实行计划免疫和公共卫生服务。兴文县目前对 0—6 岁的儿童实行 12 种疫苗、15 种疾病防御和 22 针次的计划免疫服务，并为其他儿童提供基本的公共卫生服务。（2）儿童保健。目前兴文县每年开展一次儿童保健活动，公立学校和民营学校的学生均被覆盖。主要的目的是观察目前儿童的身体健康是否正常，并对个人和家庭提供相应的指导性意见和建议。（3）特殊疾病帮助。目前，我们会对一些特殊疾病人员的孩子提供服务，比如对艾滋病等病人提供技术支持。目前，我们主要开展了艾（艾滋病）、乙（乙肝）、梅（梅毒）母婴阻断项目，并为其提供 3000 元每人次的奶粉补助。目前兴文县已经实现了全部覆盖，已经有三四名病人参与了扶助计划。（4）降低新生儿死亡率。目前，县卫生局着力降低新生儿死亡率，在全县努力下已经大幅度地降低了平均水平。（5）营养午餐计划。目前，由教育部门主导、卫生部门等多部门参与的免费营养午餐计划已经开展，在 6 月前已经实施。"

　　而在留守儿童照顾性服务方面，研究发现目前鲜有官员从这个角度出发来考虑问题。在调查中，有关民政部门的领导直接表示目前留守儿童并没有纳入到社会福利服务的范畴之内，因而他们很难对留守儿童实施支持。与此相对应，我们不但发现留守儿童目前最为缺乏的就是此项福利服务，而且发现政府在构建福利服务平台上的积极性并不高。他们总是希望能够通过短时期内的临时性资金供应去解决问题；而恰恰相反，留守儿童的福利需要则主要在照顾性服务上，而非来自于资金上的不足，这就为福利需要与福利供应的不对等提供了滋生的空间。从对团委干部 L 女士的访谈中我们了解到，目前兴文县政府部门仍然主要依靠资金和法律宣传来解决问题，尚未有能力开展针对家庭的儿童照顾服务。

　　L 女士："我们现在的工作重点还是以资金支持和宣传工作为主，

在照顾上确实很少开展工作。当然这个也特别的难，有些人愿意拿出些钱来帮助困难的儿童，但是很难让他们直接去关爱他们。我们有个老领导，每年愿意拿出来 2000 元钱资助留守儿童，这个就算是我们这里最支持工作的了。还有一些老干部，让他们去关爱下留守儿童，他们还说我有好几个孙子还没管呢，怎么管他们，所以你看我们的工作确实不好开展。"

通过对有关部门的访谈，可以看出目前我国政府在实际的工作中比较重视儿童的保护和资金的供应，但是对于留守儿童照顾性服务方面的思考还是很少触及。这种现象的出现主要源于我国政府在社会福利服务的设计中往往围绕着孤儿等少数儿童进行相应的制度建设，这就使我国过于补缺的政策无法向更大范围进行普及，因而严重地制约了留守儿童福利服务的发展。当然，目前政府中的一些官员已经认识到了留守儿童服务方面的漏洞，也希望通过下一步的努力来提升留守儿童的照顾性服务工作。在对妇联 Z 女士和团委 L 女士的访谈中，她们都有着对于留守儿童工作的更为细致的想法和筹划，通过项目化的方式推动留守儿童与慈善组织的对接、强化留守儿童福利服务是她们共同的思想。

Z 女士："实话实说呢，兴文县目前在留守儿童保护这块所提出来的政策都是按照现有法律法规的方向做的，基本沿袭了现有的模式，沿袭了现有的基本规章制度、法律法规啊，比如说《妇女儿童纲要》就有很多孩子就学的、就医的、健康的制度。我们现在更多的就是在现有制度上执行和推进，没有特别的模式和亮点。站在我的角度上呢，我的想法就是希望能够在未来争取项目来做，做成项目的形式，在这种传统做法的基础上加以推进。按照传统的做法，如果每个点都到位的话也不错，但是现在有些工作还是不太到位的。"

L 女士："我们县还是在组织培训这块比较弱，在组织培训、人员管理上还存在一些问题。比如说我们这里的志愿服务人员比较少，而且绝大多数都是学生，采取的活动也都是清理大街这样的活动，基础比较弱，毕竟是贫困地区。好在现在好多领导已经逐步认识到了这方面工作的重要性，这也为我们未来能够推动相关政策提供了支持。未来我们还是希望能够推动志愿组织的发展，健全志愿组织的实际工作，看看采取什么样的办法来整合政府的资源。当然，我们现在已经陆续进行了一些试点，比如在大坝乡开始的一些社区试点，希望早点通过培训的方式把项目的人员做起来。"

通过对于福利供应者的访谈，本书发现两者在留守儿童的保护过程中还是做了很多的工作。目前，国家福利供应的工作重心在留守儿童的保护性福利服务上，通过相应的宣传和制度保障，已经在留守儿童的人身保护、营养餐计划、义务教育制度等方面起到了比较重要的作用。同样，在福利资金的供应上，目前虽然并没有任何政策是直接针对留守儿童的经济方面实现资助的，但是政府在工作中仍然容易把留守儿童看作贫困儿童进行制度性的解决，因而部分留守儿童也获得了一定额度的资助。当然，当前的主要问题出现在照顾性福利服务上：由于公共组织对于照顾性服务的供应是比较弱的，政府对于儿童照顾的介入不但比较有限而且比较谨慎，学校对于儿童照顾方面又存在着资源和政策上的不足，因而就容易使国家在儿童照顾领域出现大范围的退出。

三　国家福利供应的责任与困境

从对福利接受者和福利提供者两方的访谈中，本书发现国家福利供应目前在留守儿童福利供应体系中也具有一定的作用，甚至可以说它已经成为继外出家庭和留守家庭之后最主要的福利供应主体。虽然目前公共组织在福利供应中的水平都是比较有限的，但是无论从福利接受者抑或是福利供应者的访谈中都能够感觉到我国国家福利供应正在变得越来越充足。

从福利提供的内容来看，研究发现目前国家福利供应主要围绕着生活福利、健康福利和教育福利中的某些项目来开展，并没有出现对于某种福利的高度重视。在访谈中，留守儿童、政府官员、学校领导、任课教师基本上都反映出目前公共组织在儿童营养保障、儿童教育机会、儿童人身保护方面比较重视，可见在福利供应的内容上很难看出其中的差别。与此相反，从福利提供方式上看，目前国家福利供应在儿童保护方面表现得特别突出，而在资金和照顾性服务方面则比较忽视。其中，国家在资金方面的作用主要是组织一些单位进行捐款，但是由于捐款的数额比较稀少，因此留守儿童实际上获得资金支持的机会非常少见；而在保护性服务方面，政府目前较多地进行了儿童保护的宣传和引导，同时也通过制度性的营养餐计划、义务教育制度等有效地强化了儿童保护的力度；而在留守儿童最为需要的照顾性服务方面，研究发现国家现在缺乏制度上的安排，留守儿童在照顾性服务上的漏洞使其福利供应体系具有较大的风险。由于留守儿童并不是在经济上明显的落后，而是在生活照顾方面存在严重的缺失，因此目前留守儿童的福利需要与国家福利供应之间存在着供需间的严重不对等。

整体来看，本书认为兴文县在沿袭原有政策的基础上已经开始了一定程度的转变，目前政府在构建留守儿童福利政策的过程中已经越来越突出民生取向和社会建设思想。这种有益的转变已经为留守儿童的下一步工作打开了一个相对良好的局面。但是由于开始的时间比较晚，经济发展水平又比较落后，专业人才技术的引进又存在困难，因此目前仍然是在主体上坚持了传统的保护思路，以儿童保护性服务作为重点建设的领域，以资金供应作为辅助建设的领域，而在照顾性服务方面仍然仅限于对于特定儿童提供有限的福利供应。应该说，目前公共组织在儿童保护方面已经取得了较大的成果，儿童的机会丧失与资源匮乏已经在实际调研中取得了很好的效果；资金保障囿于实际的经济发展条件，其整体的可及性还是比较有限，但是在制度中已经具有明确的设计，其水平也会在以后逐步攀升；而在非常关键的儿童照顾方面，目前针对留守儿童的监护管理思路和服务思路尽管已经开始酝酿，但是在实际的政策设计中和实践工作中尚没有明确而有效的进展。这种现象的背后仍然缘起于我国对于传统儿童抚育模式的坚持和对国家在福利供应中责任的模糊，其本质上反映出我国儿童福利制度与国外相比在构建策略上的滞后性。

本章小结

随着现代社会风险的逐步增加，国家通过社会福利的制度建设来为儿童提供基础性的保障在全球范围内已经形成了共识。目前，不但很多欧美国家通过儿童津贴和直接服务的方式来对儿童提供更为充裕的福利供应，而且日本、韩国等东亚国家也已经形成了家庭支持型的社会政策。

作为儿童福利的重要来源之一，我国国家福利主体在福利供应中也发挥着一定的积极作用，并可以概括为几个基本的方面：（1）国家在儿童福利供应中发挥着一定的作用，但是这种作用与家庭相比在供应力度上存在着巨大的差距。定量的研究发现，我国国家在儿童福利供应上的得分整体上低于总得分的50%，因而与家庭福利供应相比其整体的福利供应力度相对有限；在福利多元主体的比较中，国家福利供应也显示出了与家庭福利较大的差距。同时，定性的研究也表明，国家在福利供应中的作用与家庭福利存在着比较大的差距，其所发挥的作用相对而言比较有限。（2）国家的福利供应主要集中在儿童保护性服务上，而在资金和照顾性服务方面的作用较少，因而国家提供的福利不是一种全面的福利。在定量的分析中，我国国家福利供应中的生活保护、健康资金、健康维护、教育机会和教育辅助5个指标存在着较高的得分，因而国家的福利政策主要围绕上述五个福利项目予以开展，显示出国家在部分福利供应项目上给予了较大支持。定性的研究同样发现，目前国家在福利供应中的作用主要集中在儿童保护性服务上，而在资金和照顾性服务方面的提供力度比较有限，这与定量的研究结果也是比较接近的。（3）国家福利供应整体上没有呈现出福利责任的替代，其对家庭福利衰减的弥补是不足的。通过对于留守儿童和普通儿童的定量分析结果，研究发现目前儿童群体间在获取国家福利上的机会都是比较有限的，两者不但没有呈现出统计学意义上的差距，而且留守儿童在得分上甚至存在着明显的劣势。定性的分析也可以发现，目前国家主要在儿童保护上采取了较多的工作，民政部门也对极少数儿童提供了帮扶，但是显然大部分儿童获取福利的可及性存在一定的障碍。因而定量和定性的分析结果证实，目前国家不能够在留守儿童出现福利削减之时提供较为有力的福利替代。（4）国家在儿童照顾性服务上的支持不足可能会加剧儿童福利供应的失衡，而其背后的深层次因素源于我国过于有限的社会福利界定。定量的研究发现，目前我国儿童照顾性服务不足的问题虽然已经明确地出现，但是在国家福利供应的分析中却不能够发现其在此方面有显著的作用，无论是在福利供应项目得分还是在福利责任的变动上，国家在照顾性服务上的不足都已经成为家庭福利供应不足的延伸。定性的研究也发现，国家在儿童照顾性服务方面的努力比较有限，目前尚未形成针对留守儿童的家庭支持型政策。

通过实证性调查，研究发现目前国家在福利供应中仍然具有一定的贡献。国家不但能够有效为儿童提供避免人身伤害、营养匮乏、教育机会丧失的制度，而且能够在资金上针对特定儿童提供一些支持。这种福利供应对于儿童福祉的整体提升具有积极正面的作用，且其在儿童保护性服务上的作用已经比较明显。当然，当前国家福利供应的作用还有很大的不足之处：一是目前国家在儿童福利供应中的力度相对有限，这就为父母外出后家庭福利责任带来了巨大的压力；二是目前国家在儿童福利供应中的结构存在一定的失衡，国家在照顾性服务上的缺失使其成为儿童福利中最为明显的漏洞。综观这两个基本的问题，研究认为尽管任何一个国家在福利供应中都不可能是面面俱到的，但是对于一些具有明显不足的福利项目仍然需要国家予以更大的支持。我国长期以来坚持的补缺型社会福利制度往往将儿童福利制度划归为民政领域，因此在福利服务领域不能够对很多困境人群提供帮扶，留守儿童群体的调查就非常明确地反映出了这个问题。而从世界范围来看，西方主要发达国家都已经建立起了直接照顾或者家庭支持型的社会政策，这对儿童照顾性服务的供应具有极大的提升。但是我国由于在此方面政策还存在着不足，因而社会福利仍然需要加大对儿童照顾性服务的供应，并将社会福利制度实现一定范围的转型。

第七章

社区的福利责任与现实困境

除了国家在儿童福利供应中的重要作用，现代社会对于社区的福利供应也有越来越多的要求。这是因为，作为福利多元主体的一部分，社区实际上已经在福利供应体系中承担起了重要的基础性作用，它们不但对民间互济具有强大的推动力，也成为我国福利供应链条传递过程中的中介机构。尽管与西方传统的界定略有不同，我国社区福利供应的主体应当只包括社区组织和邻里，而不包括家庭，但是这种界定的不同丝毫不妨碍社区福利供应本身所具有的感激激励的特点和个人责任的属性。因此可以说，对于社区福利供应展开的研究是我国福利供应主体研究中必须予以开展的。

在本章的分析中，研究将继续从福利供应的角度对社区的作用进行详细的分析，并同样采取定量与定性相结合的方式进行相关问题的探讨。具体来看，本书主要分为两个部分来加以研究：（1）对于社区福利供应的定量研究。本书首先采取均值分析、聚类分析和回归分析的方式对社区在儿童福利供应中的作用进行具体的说明，并通过这种量化的分析明晰社区所承担的基本责任和所遇到的主要问题。（2）对于社区福利供应的定性研究。本书还在此基础上对福利接受者、福利供应者进行了详细的访谈，并通过话语分析方式讨论当前社区所具有的福利责任和遇到的福利困境。

第一节　社区福利供应的定量研究

一　社区福利供应的整体状况

从社区福利供应的整体状况来看，研究发现与外出家庭福利供应、留守家庭福利供应和国家福利供应相比，社区福利供应的整体水平更为有限。通过儿童福利供应得分的比较，研究发现儿童群体在社区福利供应上的平均得分为 11.820 分，占据总分 36 分的 33.770%，平均每个题目的得分为 1.313 分（表 7—1）。而反观其他福利供应主体：外出家庭的平均得分率为 72.986%，平均每个题目的得分为 2.919 分；留守家庭的平均得分率为 60.281%，平均每个题目的得分为 2.411 分；国家福利供应的平均得分率为 44.039%，平均每个题目的得分为 1.762 分。因此，与家庭、国家等主体的相比，社区对于儿童福利供应的影响力明显落后。同时，进一步从二级指标也可以发现，无论是福利提供内容还是福利提供方式均未呈现出高于 50% 的得分率，健康福利和福利资金的得分率甚至低于 25%，因而社区福利供应的影响范围也具有一定的局限性。三级指标的分析结果显示，社区仅仅在生活保护、教育辅助两个指标上的平均得分率超过了50%，因而这两个方面是目前社区发挥重要作用的福利项目，而其余指标由于得分过低因而其作用值得商榷。从社区福利供应的整体得分来看，研究并未发现社区福利供应具有较大的支持力度，也未发现社区所具有的儿童福利供应功能是全面的，它仅仅在生活保护、教育辅助两个方面发挥着有限的作用。

表 7—1　　　　　　　　儿童群体社区福利供应的差别

指标	子指标	平均值	显著性	社区得分		
				双亲留守儿童	单亲留守儿童	普通儿童
生活福利	生活资金	0.585	0.969	0.586	0.564	0.590
	生活保护	2.336	0.390	2.352	2.178	2.371
	生活照顾	1.502	0.798	1.458	1.460	1.528
健康福利	健康资金	0.764	0.773	0.803	0.713	0.763
	健康维护	1.080	0.707	1.036	1.234	1.194
	健康照顾	0.694	0.319	0.640	0.820	0.681
教育福利	教育资金	0.832	0.970	0.845	0.812	0.833
	教育机会	1.972	0.804	1.900	2.000	1.989
	教育辅助	2.055	0.822	2.063	1.990	2.069

续表

指标	子指标	平均值	显著性	社区得分		
				双亲留守儿童	单亲留守儿童	普通儿童
综合分析	生活福利	4.423	0.564	4.396	4.202	4.489
	健康福利	2.538	0.855	2.479	2.767	2.638
	教育福利	4.859	0.904	4.808	4.802	4.891
	资金	2.181	0.870	2.234	2.089	2.186
	保护性服务	5.388	0.731	5.288	5.412	5.554
	照顾性服务	4.251	0.864	4.161	4.270	4.278
	总体水平	11.820	0.866	11.683	11.771	12.018

对儿童群体进行分类比较也可以发现，双亲留守儿童、单亲留守儿童与普通儿童的得分率分别为 32.453%、32.697% 和 33.383%，三类群体所具有的福利供应力度均比较有限，且双亲留守儿童与单亲留守儿童同样出现了得分率低于普通儿童的情况。进一步观察儿童群体之间的区别，双亲留守儿童目前在儿童保护和教育辅助方面受到了社区较为重要的影响，两者的得分率分别为 58.800% 和 51.576%，而其余指标均影响力有限；因而，尽管教育福利和保护性服务的得分比较高，但是两者也均没有达到50% 的得分率，其福利供应的力度存在一定的问题。单亲留守儿童仅仅在儿童保护方面出现了指标得分率高于 50% 的情况，而其余指标受到的影响也存在明显的不足。普通儿童的得分率目前是最高的，该人群受到社区在生活保护和教育辅助方面的较多帮助，其得分率分别为 59.275% 和51.725%，而其余指标的得分率也存在明显的不足。基于此，研究认为留守儿童并未受到社区倾向性的福利供应，该群体甚至相比普通儿童出现了更为劣势的指标得分，因而从得分率来看，社区福利也不能在留守儿童出现福利衰减时提供某种形式的替代。

进一步观察留守儿童与普通儿童在社区福利供应上的分化，研究发现其整体福利供应的差异显著性达到了 0.866，且 6 个二级指标均呈现出了远高于 0.05 的显著性水平，因此未能够呈现出具有统计学意义的群体差异。同时，在三级指标的测量中，9 个指标的显著性水平也均达到了 0.3

以上，可见其在三级指标上也未能有统计学意义的人群分化。而就社区福利供应中留守儿童与普通儿童所形成的群体差异幅度而言，其整体的差异幅度仅为4.966%，其中生活福利、健康福利和教育福利的差距分别为8.946%、1.751%、3.580%，而资金、保护性服务与照顾性服务的差距也仅为2.495%、7.654%和2.999%，可见在福利提供内容和福利提供方式上均未呈现出非常明显的差别。但是通过研究仍然可以明显地观察到，目前留守儿童在得分上处于一定幅度的劣势，普通儿童呈现出了5%左右的得分领先。因此，研究倾向于认为在社区福利供应的整体评估上，"留守"的群体影响力虽然是比较有限的，但是留守儿童在得分上已经显示出了一定程度的颓势。

二　社区福利供应的分类比较

从整体福利供应的显著性分析结果来看，基于性别、民族、地区和年龄差异的社区福利供应并没有体现出留守儿童与普通儿童的差异，全部八类人群在留守儿童与普通儿童的差异显著性分析中都呈现出0.3以上的分析结果。具体观察福利提供的内容，研究发现在生活福利和健康福利中，未有一个人群具有明显的差异显著性；而在教育福利方面，除了少数民族儿童外，其余七类人群均没有形成明显的群体差异。从福利提供方式来考察，资金、保护性服务、照顾性服务的差异也不尽明显，其中资金的差异显著性多在0.4以上，除了发达地区儿童存在0.044的显著性外，其余群体的差异相对有限；保护性服务和照顾性服务的差异显著性则更高，各个群体均没有呈现出儿童上的显著差异，可见其群体差异显著性更为有限（表7—2）。

表7—2　　　　　　儿童群体社区福利供应的均值分析

指标	子指标	总体	性别		民族		地区		年龄	
			男童	女童	汉族	少数民族	发达地区	落后地区	大龄儿童	低龄儿童
生活福利	生活资金	0.969	0.967	0.851	0.879	0.572	0.108	0.202	0.973	0.829
	生活保护	0.390	0.556	0.434	0.715	0.074	0.922	0.250	0.316	0.792
	生活照顾	0.798	0.836	0.843	0.934	0.522	0.545	0.131	0.790	0.956

续表

指标	子指标	总体	性别		民族		地区		年龄	
			男童	女童	汉族	少数民族	发达地区	落后地区	大龄儿童	低龄儿童
健康福利	健康资金	0.773	0.660	0.661	0.556	0.615	0.042	0.265	0.583	0.357
	健康维护	0.707	0.631	0.991	0.765	0.654	0.651	0.517	0.534	0.610
	健康照顾	0.319	0.597	0.492	0.773	0.030	0.513	0.217	0.324	0.595
教育福利	教育资金	0.970	0.747	0.858	0.841	0.425	0.217	0.246	0.284	0.446
	教育机会	0.804	0.848	0.808	0.973	0.031	0.690	0.991	0.127	0.535
	教育辅助	0.822	0.809	0.921	0.750	0.139	0.571	0.436	0.179	0.554
综合分析	生活福利	0.564	0.886	0.531	0.808	0.164	0.378	0.216	0.488	0.837
	健康福利	0.855	0.840	0.959	0.981	0.132	0.307	0.110	0.342	0.854
	教育福利	0.904	0.981	0.818	0.850	0.033	0.769	0.547	0.167	0.512
	资金	0.870	0.784	0.780	0.657	0.453	0.044	0.177	0.611	0.417
	保护性服务	0.731	0.959	0.554	0.910	0.070	0.949	0.570	0.661	0.542
	照顾性服务	0.864	0.778	0.993	0.999	0.161	0.525	0.088	0.310	0.885
	总体水平	0.866	0.991	0.749	0.908	0.082	0.673	0.360	0.351	0.648

　　进一步的分析结果显示，留守儿童和普通儿童在福利供应上的差异幅度虽然有所波动，但是在八类人群的测量中也都是相对有限的。目前，社区福利供应的整体差异幅度在4.966%左右，且普通儿童在得分上领先于留守儿童（表7—3）。其中，生活福利、健康福利和教育福利中普通儿童的领先幅度分别达到了8.946%、1.751%和3.580%，而资金、保护性服务与照顾性服务的领先幅度也分别达到了2.495%、7.654%和2.999%。当然，在整体分析较为稳定的前提下，研究也发现越是福利供应中的弱势群体，其留守儿童在获取社区福利供应时反而越是艰难。男童、汉族儿童、发达地区儿童和低龄儿童在福利供应中得分更高的人群，其留守儿童在获取社区福利时都与普通儿童相当，四种类型儿童的社区福利领先幅度分别仅为0.267%、0.174%、3.933%和0.145%；然而女童、少数民族儿

童、落后地区儿童和大龄儿童都受到"留守"因素更为直接的影响，留守儿童获取社区福利的难度要比普通儿童高 8.072%、50.189%、13.817%和14.954%。这种现象的形成可能源于父母离去后留守儿童及其实际监护人在社区信息与人际关系的维持上存在劣势。通过八类人群受到"留守"因素影响的分析，研究认为其在社区福利供应的差异幅度上的确出现了一定程度的群体分化，这也使社区福利在整体差异较小的背后呈现出了一些碎片化的特征。

表7—3　　　　　　　普通儿童在社区福利供应中的领先幅度　　　　　单位:%

指标	子指标	总体	性别		民族		地区		年龄	
			男童	女童	汉族	少数民族	发达地区	落后地区	大龄儿童	低龄儿童
生活福利	生活资金	5.293	-1.069	13.025	1.684	50.641	26.582	25.550	-0.455	16.193
	生活保护	9.669	4.925	15.600	3.680	79.720	0.577	20.236	24.880	3.571
	生活照顾	9.459	9.199	10.952	5.492	56.588	-7.692	37.216	17.560	4.425
健康福利	健康资金	2.031	-18.468	26.684	1.136	30.188	3.207	27.150	-13.928	13.904
	健康维护	12.005	-8.856	0.652	-2.213	-2.176	-8.943	-1.248	10.196	-8.621
	健康照顾	-10.545	-3.346	-19.047	-3.350	-3.290	-29.522	22.653	20.277	-22.212
教育福利	教育资金	1.166	-11.147	14.364	-6.664	98.333	16.239	1.139	56.492	-17.960
	教育机会	4.134	1.034	9.336	-3.000	115.750	4.299	2.446	-4.199	12.632
	教育辅助	4.261	9.214	2.085	-0.816	60.135	-6.364	17.282	31.918	-6.891
综合分析	生活福利	8.946	5.105	13.629	3.965	62.119	-1.604	23.738	18.169	5.257
	健康福利	1.751	-11.319	0.823	-2.280	-4.104	-15.307	10.224	5.380	-7.142
	教育福利	3.580	1.652	6.889	-2.761	83.745	0.049	7.201	19.499	-1.257
	资金	2.495	-11.600	17.563	-1.901	58.108	13.305	17.170	14.147	1.207
	保护性服务	7.654	-0.058	10.278	-0.015	59.238	-0.181	8.748	8.881	4.384
	照顾性服务	2.999	6.362	1.143	0.749	37.981	-11.183	23.695	23.417	-5.686
	总体水平	4.966	-0.267	8.072	-0.174	50.189	-3.933	13.817	14.954	-0.145

　　与国家福利供应的聚类状况相类似，留守儿童与普通儿童在社区福利供应上的差异也是不明显的，普通儿童仅存在有限幅度的领先（表7—4）。留守儿童中的L5群体在社区福利供应中处于明显的领先地位，而普通儿童中的P5、P14群体和留守儿童中的L11群体紧随其后，因而留守儿童与普通儿童中子类型处于领先的比例大致为2∶2；从处于落后水平的五类和六类儿童来看，研究发现留守儿童的数量比普通儿童稍多，共有6类留守儿童与3类普通儿童进入到了此范围内，两者的比例大致为2∶1，普通儿童具有优势；而在中间水平的儿童群体中，"留守"所造成的影响也并不明显，两类儿童的子群体在测量中基本上都是相互混杂在一起的，未能够显示出明显的群体差异。同时，从社区福利提供方式上的得分也可以发现，目前不同类型儿童群体之间在得分上的差距并没有显示出"留守"因素的强烈影响，资金、保护性服务和照顾性服务的得分与"留守"因素无关。因此，通过如上的聚类分析，研究认为"留守"对于社区福利供应的影响不大，且留守儿童并没有得到社区方面更为有力的帮助。

表7—4　　　　　　　　儿童群体社区福利供应的聚类分析

水平	类型	社区福利	福利提供方式			模型聚类结果
			资金	保护性服务	照顾性服务	
领先水平	一类	32.000±0.000	10.000±0.000	12.000±0.000	10.000±0.000	L5
	二类	19.851±2.034	3.460±1.502	9.610±2.070	6.781±1.056	P5、P14、L11
中间水平	三类	15.672±0.246	3.382±1.122	6.839±1.245	5.452±0.244	P12、L7、L12、L13
	四类	12.777±0.621	2.192±0.485	6.510±0.612	4.150±0.236	P1、P3、P4、P8、P9、P10、P11、P13、P15、P16、L1、L9、L2、L3、L4
落后水平	五类	9.255±1.617	1.471±0.546	4.848±1.083	3.026±0.534	P2、P7、L8、L10、L16
	六类	4.083±1.260	0.083±0.167	2.250±1.500	1.750±1.258	P6、L6、L14、L15

三　社区福利供应的影响因素

　　上述的研究从整体上和分类上分别发现留守儿童和普通儿童并不具有

统计学意义上的差异，留守儿童不但没有获取社区更为有力的福利支持，与普通儿童相比反而已经呈现出了一定程度的颓势。在从整体分析和分类分析分别对社区在儿童福利供应中的作用进行分析后，本书将继续从影响因素的角度出发开展相关议题的研究。

与国家福利供应的分析相类似，社区福利供应模型在实际分析中也不存在统计学意义。在实际分析中，儿童福利供应的 F 检验显著性达到了 0.374，R^2 为 0.078，其整体的 F 检验值高于 0.05 的限定水平，整体方程的解释力也存在较大的问题，因此研究倾向于认为社区福利供应与各个子指标呈现出的关联性不具有统计学意义。当然，如果在此基础上继续观察各个指标的影响力，研究可以发现仅有儿童年龄这一个指标具有显著的影响力。儿童年龄的回归显著性为 0.033，回归系数为 0.326，因此大龄儿童获得社区福利供应的水平往往可能偏大；而父亲外出和母亲外出的显著性也分别达到了 0.248 和 0.868，因此父亲与母亲在儿童社区福利供应上不存在重要的影响力，两者均未能对社区福利供应产生明确的影响（表7—5）。

表7—5　　　　　　　　儿童群体社区福利供应的回归分析

指标		社区福利	福利提供内容			福利提供方式		
			生活福利	健康福利	教育福利	资金	保护性服务	照顾性服务
常量		1.900 (2.984)	2.252 (3.383)	0.731 (3.334)	2.030 (3.523)	3.940 (3.215)	2.450 (4.760)	0.358 (3.429)
个人因素	性别	0.193 (0.292)	0.088 (0.331)	-0.168 (0.326)	0.399 (0.346)	-0.260 (0.315)	0.482 (0.466)	0.248 (0.336)
	民族	-0.273 (0.471)	-0.504 (0.534)	0.002 (0.526)	-0.268 (0.556)	0.048 (0.507)	-0.413 (0.764)	-0.135 (0.541)
	地区	-0.058 (0.199)	0.010 (0.226)	-0.107 (0.223)	-0.112 (0.235)	-0.143 (0.214)	-0.060 (0.319)	-0.034 (0.229)
	年龄	0.326 (0.151)*	0.348 (0.172)*	0.318 (0.169)+	0.273 (0.179)	0.116 (0.164)	0.479 (0.241)	0.56 (0.174)
	学习成绩	-0.112 (0.167)	0.003 (0.189)	-0.121 (0.187)	-0.179 (0.197)	-0.002 (0.180)	-0.190 (0.267)	-0.151 (0.192)

续表

指标		社区福利	福利提供内容			福利提供方式		
			生活福利	健康福利	教育福利	资金	保护性服务	照顾性服务
	学生干部	-0.060	-0.136	0.143	0.011	0.075	-0.399	0.169
		(0.127)	(0.144)	(0.142)	(0.150)	(0.137)	(0.203) *	(0.146)
	性格情况	-0.300	-0.358	-0.319	-0.163	-0.346	-0.685	-0.088
		(0.302)	(0.342)	(0.337)	(0.357)	(0.325)	(0.482)	(0.348)
	健康程度	0.107	0.171	-0.083	0.159	-0.157	0.270	0.317
		(0.178)	(0.202)	(0.199)	(0.211)	(0.193)	(0.285)	(0.206)
家庭因素	家庭距离	-0.114	-0.045	-0.136	-0.252	-0.158	-0.028	-0.197
		(0.112)	(0.127)	(0.126)	(0.133) +	(0.121)	(0.180)	(0.130)
	单亲家庭	0.329	0.169	0.275	0.667	0.367	0.299	-0.113
		(0.505)	(0.573)	(0.565)	(0.597)	(0.544)	(0.827)	(0.581)
	危重病人	0.171	0.125	0.151	0.202	0.164	0.303	0.049
		(0.138)	(0.157)	(0.154)	(0.163)	(0.149)	(0.220)	(0.159)
	家庭人口	0.050	-0.074	-0.031	0.160	-0.174	0.307	0.064
		(0.112)	(0.126)	(0.125)	(0.132)	(0.120)	(0.178)	(0.128)
	父母年龄	-0.049	-0.035	-0.038	-0.067	-0.028	-0.085	-0.040
		(0.030)	(0.034)	(0.034)	(0.036) +	(0.033)	(0.048) +	(0.035)
	父母学历	-0.107	-0.166	-0.281	-0.013	-0.204	0.187	-0.188
		(0.244)	(0.276)	(0.272)	(0.288)	(0.262)	(0.389)	(0.280)
父母外出因素	父亲外出	-0.175	-0.135	-0.252	-0.169	-0.314	-0.193	-0.025
		(0.151)	(0.171)	(0.168)	(0.178)	(0.162) +	(0.240)	(0.173)
	母亲外出	-0.026	-0.096	0.023	-0.025	0.081	0.053	-0.229
		(0.155)	(0.175)	(0.173)	(0.183)	(0.167)	(0.246)	(0.178)
F. sig		0.374	0.549	0.498	0.221	0.413	0.103	0.363
F		1.082	0.918	0.964	1.267	1.492	1.499	1.094
R^2		0.078	0.067	0.070	0.090	0.075	0.105	0.079

注：（1）括号内为标准误；（2）＊＊＊、＊＊、＊、+分别代表0.5%、1%、5%和10%水平上的显著。

从福利提供内容来看，研究发现生活福利、健康福利和教育福利在统计中其F值的显著性达到了0.549、0.498和0.221，且R^2解释力也分别仅为6.7%、7.0%和9.0%，因此三者在统计中的意义大打折扣。对福利提供内容进行的回归分析结果也显示，父亲外出与母亲外出均没有形成较为重要的影响，前者在生活福利、健康福利和教育福利上的回归显著性分别达到了 0.430、0.166 和 0.344，而后者的回归显著性则分别为 0.585、0.897、0.892，因此研究很难发现"留守"对于社区福利的影响。与此相类似，福利提供方式中的资金、保护性服务与照顾性服务分析中的 F 检验显著性也分别达到了 0.413、0.103 和 0.363，三个方程的现实意义均比较有限。从父母外出因素来看，研究发现父亲外出因素与社区福利提供方式分别呈现出了 0.054、0.422 和 0.885 的显著性，母亲外出因素的回归显著性也均高于 0.1，因此研究认为从福利提供方式上看，留守儿童获取社区福利的机会也没有呈现出明显的增强趋势。

四　社区福利供应的责任与困境

现代社会的福利供应中，社区发挥着越来越重要的作用。一方面，社区组织作为国家福利供应的中介者和操作者，可以因地制宜地为福利供应的可及性和合理性提供支持，便于儿童接收到更为便捷的福利；另一方面，社区内部的邻里互助在儿童福利供应中也发挥着重要的作用，是民间福利供应的主要支撑力量。具体观察社区福利供应的基本情况，研究发现其特点可以概括为四点：（1）从福利供应的力度来看，社区在儿童福利供应中的作用比较有限。研究发现，与家庭、国家等主体比较，目前儿童群体在获取来自社区方面的福利时比较困难，其总体的得分比率不但远远低于 50%，且只有生活保护和教育辅导两个方面具有高于 50%的指标得分。（2）从福利供应的差异来看，社区福利供应不存在明显的福利替代。留守儿童与普通儿童相比不但没有获得更为有力的社区福利供应，反而呈现出了小幅度的落后，因而社区在留守儿童福利衰减后没有出现福利替代。从均值分析的结果来看，留守儿童与普通儿童在社区福利供应上的显著性水平达到了 0.866，且在生活福利、健康福利、教育福利、资金、保护性服务和照顾性服务上的显著性均高于 0.05。同时，留守儿童和普通儿童在福利供应中也没有出现基于性别、民族、地区和年龄的差异，儿童群体在社区福利供应上的均衡程度较高，留守儿童处于小幅度的落后。（3）从福利供应的影响来看，社区福利供应并未受到父母外出的有效影响。目前社区福利供应模型在整体上不具备统计学意义，且个人因素、家庭因素和父母外出因素对于儿童福利供应造成的影响都在有限的范围内。

回归分析的结果显示，父母外出后社区福利供应并无明显的增长或减少，其回归的显著性远高于0.1，不具有统计学意义。（4）从福利供应的困境来看，社区福利供应并不能够对留守儿童的福利衰减起到有效的抑制作用。在定量的分析中，尽管社区在某些方面也具有一定的积极作用，但是从实际的分析来看，无论是其福利供应的水平还是其福利替代的效果均显示出目前留守儿童在发生福利衰减时不能够从社区获得有效的弥补。

研究进一步认为，目前社区福利供应出现了低水平和均衡性并存的特点：一方面，我国社区福利供应的整体水平是比较低的，其相对于家庭和国家的福利供应明显落后；另一方面，我国社区福利供应受到"留守"因素的影响并不严重，留守儿童与普通儿童在获取社区福利上的区别不大。形成这两种特征并存的主要原因在于我国当前社区福利供应在整体上的水平比较低，对于儿童的福利供应多以制止家庭暴力、维护家庭安定、协助提供资金为主要的手段，因此我国无论留守儿童还是普通儿童在获取社区福利服务等方面均存在一定的难度。研究发现，生活福利和教育福利受到社区更多的关注，在健康福利方面的提升则相对有限，这说明社区比较重视基础层面的保障，而往往忽视提升儿童福利水平的实际需要，其起到的作用仍然是一种基础性的、底线性的责任。同时，保护性服务尤其受到社区的关注，说明当前社区仍然坚持以法律保护为主的思想，而缺乏一种福利供应的思维，这也是形成我国社区福利供应以保护性服务为主的现实原因。应该说，我国社区作为福利供应的基础性平台，既在一定层面上具有政策执行者的基本定位，也具有民间互济载体的具体功能，但是从现实的调研来看，我国社区的福利功能以民间互济为主，其实际承担的福利责任并未能够满足民众的基本需要。基于此，如何进一步规范和扩展社区组织的福利供应功能，强化民间互济的范围和力度，依靠社区提供更为充裕的福利，应当成为下一阶段社区福利供应的重要发展方向。

第二节 社区福利供应的定性研究

一 福利接受者眼中的社区福利

上述研究已经发现了社区福利供应的作用和困境，但是仅仅从定量的角度展开讨论是远远不够的，本书还试图从福利接受者和福利供应者两方的访谈中来寻求质性的解释。因此，研究首先从福利接受者眼中的社区福利去观察目前社区在留守儿童福利供应中的作用和问题。

　　研究发现，虽然对于儿童生活上的帮助是目前社区福利供应的主要形式，但是目前绝大多数留守儿童在生活中得到的社区福利都是以邻里互助的形式出现的，很少有通过村委来直接传递组织化的福利供应，这就使他们获得的福利供应具有很强的临时性和自发性。在生活福利中，生活照顾是社区最容易提供给留守儿童的福利项目，而留守儿童直接获得生活资金的机会则是非常有限的。在接受访问的儿童中，只有一位留守女童表示过曾经获得过村委会提供的资金，而其余儿童则在此方面均处于空白；儿童照顾是目前邻里互济的主要形式，特别是在监护人出远门或无力照顾的时候，一些邻居会提供一定的支持，但是显然这种支持具有很大的随意性，且提供的照顾在整体上是比较稀少的；而在儿童保护方面，由于实际监护人溺爱多于管教，因此在留守儿童的保护上并不需要邻居的过多介入。

　　　　男童 L："村里面的干部不会经常过来帮助我们，但是邻居会。邻居的帮助主要是在家人出去的时候帮忙照顾，他们没有提供过我相应的费用。"

　　　　女童 Z："我们家的邻居会经常帮助我，一般都是生活的照顾。（这类帮助）都是偶尔的帮忙，时间不固定，谁帮谁也不固定。村干部基本上没有帮助过我们，他们也没有组织过相应的培训帮助外公外婆怎么教育我。"

　　　　女童 D："村委会、村干部有时候会在经济上帮助我，给我提供一些钱。我的邻居有时候也会过来帮助我，但是比较少，主要是我自己照顾自己。"

　　如果说在生活方面留守儿童还是得到了一些来自社区的福利供应的话，那么在健康福利方面他们获得的支持则更为有限。由于兴文县整体的经济发展程度比较有限，农村社区内的居民在经济收入上比较拮据，因此在留守儿童出现健康方面的问题时，他们仅仅会提供一些安慰，而基本不会以实际的行动来提升其健康方面的福利。通过被访者的调查，研究发现有些儿童周边的邻居是自己的亲属，这样的留守儿童往往容易获得邻居们在健康方面的支持，当然这种支持带有很浓厚的家庭互济性质；而另一些周边没有自己亲属的留守儿童，他们在生病时总是由他们的实际监护人负责，而且也没有邻居对其营养等状况予以关心。除了这种临时性和自发性的邻里互济以外，目前以社区组织为基础的组织化的健康福利供应基本上是不存在的。

> 男童 L："如果我生病了，村委会不会给我拿医疗费的，邻居也不会，全部都是父母来提供。邻居们有时候会过来看一下，但是基本上都是问问情况，不会帮忙照顾的，有时候亲戚们会来照顾一下，基本就这样。"
>
> 女童 S："村里面从来没有在这方面有什么支持。我们家比较特别，周围有一些本家，所以有时候会去他们家吃饭，但是都是很简单的。生病了的话我家里头也会叫他们，叫了一般就来帮帮忙。邻居们也不会有人关心我的营养问题，亲戚有问的，但是没有人让我去他们家。"
>
> 女童 D："我有一些亲戚在附近，所以我很多时候就去找他们，但是主要是自己照顾自己，生病时候也这样。看病的钱主要是爸爸妈妈寄来，有时候村委会也会给我一些，我身体好，很少生病的。"

而在教育福利方面，研究发现留守儿童获得社区组织方面的支持也是比较少见的，而在获取邻里互助形式的支持则较为常见。其中，留守儿童的教育资金主要由其父母提供，邻里之间对教育经费基本上没有介入；在教育机会上，目前绝大多数家庭都能够保障儿童的入学，很少见到有儿童辍学的现象，因而社区的介入也比较少；而在教育辅助方面，目前有些邻居在儿童家庭教育方面还是会和他们的实际监护人进行沟通，当然这种沟通往往只是一种教育方式上的探讨。从访谈中的情况来看，研究发现目前教育方面的支出费用全部都是由自己的家庭来提供的，邻居在教育辅助上的作用则有很大的区别：一些知识水平比较高的邻居往往会在家庭教育中提供一些辅助性的工作，知识水平有限的邻居则完全不会参与到留守儿童的基本事务中。而以组织形式提供的社区福利，在实际的调查中也是非常少见的。

> 男童 L："教育方面的经费都是爸爸妈妈出，我奶奶只是把钱给我，邻居是不会管教育方面事情的。我们家邻居也会和奶奶讨论下我

的教育问题，但是他们只是说下他们的想法。村委会也有针对儿童的宣传，比如不要打孩子啊之类的，老师也有家访，但是都不太多。"

女童 Z："教育方面应该是老师的帮助比较大，邻居只是有时候和外公外婆讲些方法上的东西。有时候开家长会老师会进行沟通。教育费用上都是自己拿钱，没有邻居帮助过我。"

男童 Q："我的学习费用都是爸爸妈妈给提供的，村委会和邻居有时候会宣传下要入学之类的。我周边有个邻居是老师，她平常给我的辅导比较多，而且爷爷奶奶有什么事情都是咨询她。"

从儿童眼中的社区福利来看，目前兴文县的社区虽然也对留守儿童具有一定程度的福利支持，但是它们的支持效果却是非常有限的。具体而言，其基本的特点可以概括为：（1）留守儿童在缺乏资金、保护与照顾的情况下也会获得一定的邻里支持，只是这种邻里互助的形式以临时性和自发性为主，具有很强的民间互济特点；而社区组织在福利供应中的作用则非常有限，由它们提供的福利是非常少见的。（2）目前邻里互济在生活福利上的供应较多，而在健康福利和教育福利上基本没有什么作为。这说明目前邻里之间的福利供应只能提供一种最为基础的福利。（3）目前社区福利在资金方面的供应基本上是空白的，仅有少量特别困难的留守儿童可以获得组织上的资金帮扶；而社区内的成员在儿童保护和儿童照顾方面具有一定的影响力，他们对于缓解家庭在生活照顾、健康照顾方面的压力具有积极的意义，只是这种积极作用是非常有限的。因此整体上看，来自邻里之间的、以民间形式推动的福利供应在农村留守儿童福利供应中还是起到了一定的作用，而来自社区组织的福利则非常稀少。

二　福利提供者眼中的社区福利

目前对于邻里互助，不但留守儿童在访谈中表示出一定程度的肯定，其邻里互助的提供者也表示出了较强的满足感。他们认为对于留守儿童的保护和照顾对于他们来讲并不是太麻烦，而且也是应该尽的义务，从这点可以发现实际上留守儿童的邻居对于邻里之间的互助行为还是比较支持的，我国农村地区传统上的邻里关系和乡邻文化还是在福利供应中发挥着一定作用的，民间的互助行为还是得到了当前农村地区的普遍认可。作为留守儿童邻居的 W 女士认为照顾留守儿童是他们力所能及的一部分，因此她主要会在留守儿童家人外出的时候过来帮忙照看一下。而另一位邻居X先生则从另一个角度说明了自己的观点，他认为留守儿童很多时候非常可怜，因此他觉得需要进行更多的照顾。

> W 女士："我们其实没做什么，主要是稍微照顾一下孩子，比如在他们家人出去的时候来我们家吃顿饭，帮助他们做做饭之类的。都是邻居，远亲不如近邻，没什么不能帮忙的，举手之劳而已。"

> X 先生："有时候我看着一些孩子特别可怜。他们的父母出去了，爷爷奶奶身体又不好，你说怎么办，我们安慰一点是应该的。他们爸爸妈妈出去了，我们能做一点是一点，当然内心来讲还是希望我们平常说的节日能够家人团聚。"

对于是否会主动帮助留守儿童和怎么样帮助留守儿童，各位受访者在实际的访问中显然都没有经过很深入的思考，这也体现出了邻里互助的帮助形式多是一种临时性的安排，而非一种长期性的行动。从目前被访者的情况来看，邻里互济一般有两种形式，一种是邻居受到实际监护人的委托提供的帮助，另一种是邻居偶尔过去的帮助。当然这两种帮助都是一种临时行为和自发行为，而且在福利供应过程中与提供者的同情心有很大的关系。

> W 女士："你问的这个问题我还真的没有想过。钱上的支持肯定是没有的，都是自己家顾自己家的，我们顶多就是他们爷爷奶奶喊我们过去的时候帮些忙，有时候正好从那里路过拐过去看看呗。"

> X 先生："我们的帮助都是很少的，一般就是献出点爱心吧。偶尔过去看看，就这样。"

而对于有组织的社区福利供应为什么不能很明显地发挥作用，我们也访谈了一些乡镇内部和社区内部的工作人员。这些工作人员也都坦承目前社区在福利供应上的发展还相对有限，对于一些儿童的服务还不尽到位，但是也都强调了他们工作中所遇到的困境。在社区工作多年的Z书记谈到他们的具体工作主要是法制宣传和交办上级颁布的任务，对本地区留守儿童的很多事情也都非常努力。但是鉴于资金和人员的匮乏，目前他们的工作的确还是有些不到位的地方。而直接负责此事务的 R 女士则认为目前特困儿童的诸多问题是他们工作的重点，因此在留守儿童保护方面所做的工作还是比较少见的，对于儿童照顾上的需要关注的非常有限，只是以鼓励民间互助为主。

  Z 先生："我们社区现在也比较支持这里的学校，对教育的重视程度比较高。但是也有一些实际的困难，一个是经费还是比较紧张的，我们这块的经费和周边相比较比较有限，对于留守儿童的支持可能还有一些做得不到位的地方。比如说我们这块现在做的工作多是进行法律宣传，特别是对一些违法的行为进行预防；还有就是警校共建这样的事务，我们社区也积极执行上级的政策，对本地区的一些事务进行处理。村干部直接下去的也有，但是因为我们人员很少，所以精力往往跟不上，这个还需要加强。"

  R 女士："社区工作现在还是有一些困难的，主要就是我们职权范围所限制。我们在现有的经费和职权范围内还是以帮助特困儿童为主，经济上只能负责这部分人群，儿童保护上我们可以做的工作比较多，比如进行相关的法制宣传、安全宣传，如果有虐待等现象，我们也会及时地干涉。儿童照顾这块我们基本上不会涉及，主要是鼓励邻居之间进行相关的合作。"

  从福利供应者眼中去观察社区福利，研究发现目前兴文县的社区在对留守儿童的支持力度上还是比较有限的，其在福利供应水平上还有可提升之处，在福利供应中以民间的邻里互助为主。研究认为，目前兴文县在社区福利中的邻里互济方面具有一定的作用，邻里间有关留守儿童的福利供应为儿童的家庭提供了积极的支持，当然这种仅仅依靠"邻里交往"、"怜悯同情"等感情来维系的形式往往体现出极大的不确定性。而有组织的社区福利供应在实际工作中还是非常缺乏的，留守儿童得到社区组织的福利还比较困难。当然，其背后也体现出了我国社区建设的薄弱和农村社区在资金、人员、意识上的差距。更为值得注意的是，社区福利供应的临时性与自发性特征表明了家庭话语权对于儿童福利的强烈影响，因而随着父母外出与祖辈抚育人的年老多病，这种家庭话语权的削弱可能会进一步减少社区对于留守儿童福利的支持。

三 社区福利供应的责任与困境

通过以上的定性访谈，研究不但印证了定量研究中的诸多观点，同时还进一步明确了社区在儿童福利供应体系中的基本角色和具体困境。总体上看，研究认为社区当前在儿童福利供应中的作用非常有限，其只能起到对留守家庭的有限的辅助性作用，而在留守儿童福利出现外出家庭福利衰减的时候不能提供充足有力的支持。同时，研究观察到社区福利起作用的部分主要集中在邻里互济方面，而社区组织基本没有针对留守儿童的福利供应。

从福利提供的内容来看，目前社区内部成员之间的福利供应主要集中在生活方面，而在健康福利与教育福利上的作用则不甚明显。这主要是由于邻里互助往往具有临时性和自发性的特点，因此在留守儿童的福利供应中只能够满足最基本的福利需要。同样对此产生影响的因素还来自于兴文县的经济条件。由于兴文县在周边县市中属于比较偏远的地区，经济条件比较有限，因此邻里之间的互助行为也只能提供有限的帮助。而从福利提供的方式来看，目前邻里互助的行动主要是在儿童照顾、儿童保护等福利服务方式上进行，且在提供福利服务时主要以辅助留守家庭从事相关事务的角色出现，因此福利的提供方式也比较单一。总体来看，研究发现当前邻里互助还是建立在既有的福利供应模式之上来开展的，它只是并且只能是家庭互济的一种必要延伸。

对于社区福利的相关访谈还让本书更为清晰地看到目前社区在福利供应中存在的很多具体问题，也让研究对于社区建设的前景具有更大的期待。研究发现，当前基层社区组织在福利供应中的不足是社区不能发挥重要作用的主要原因，而单纯依靠民间力量显然无法满足留守儿童及其家庭的基本需要。在定性的访谈中，社区工作者反映出了当前社区建设在意识上、资金上和人员上的匮乏。从意识上看，我国社区带有比较强的行政性，在实际的工作中往往比较重视管理职能而忽视了服务职能，这就使社区在资源整合的过程中很难考虑到民众的实际需要，不能基于民众的需要来构建合理的服务体系；从资金上看，目前我国农村社区在发展中受到了资金上的较大困扰，社区的资金只能够维护其本身的运转，而不能为民众提供更为广泛而多元的服务，因此社区福利供应的水平是比较低下的；从人才队伍建设上看，目前我国西部地区的社区在专业性人才上比较缺乏，社区工作者不能够从专业的角度对留守儿童提供更为充裕的服务。综合来看，研究认为目前兴文县的实际调研结果可能反映出我国西部农村地区的社区组织无法起到福利供应者的责任，其在福利供应中的角色是基本缺失的；而单纯依靠民间互济形式开展的福利供应，也可能随着乡村文化的逐步消弭和"同情怜悯"态度的丧失而出现更大的风险。

本章小结

作为重要的福利多元主体，社区在民众面临社会风险的时候能够发挥出越来越重要的作用，因而对于社区福利供应进行相应的观察具有现实意义。对于中国而言，我国有很好的邻里互助传统，因而这种传统观念在现代社会的儿童福利供应中是否发挥着重要的作用，且这种作用的发挥受到哪些因素的困扰，这些问题都值得我们进行深入的思考。

研究经过定量与定性的分析，相互印证地发现目前社区在留守儿童福利供应中具有以下几个特点：（1）社区在儿童福利供应中的作用比较有限。定量研究的结果显示，目前社区在儿童福利供应指标中平均每个题目的得分仅为 1.313 分，不但远低于家庭福利供应上的得分，甚至与国家福利供应上的得分也相去甚远，因而整体来看其作用是非常有限的。而定性分析的结果也发现，目前邻里互助等民间互助形式还在一定程度上存在，但是以社区组织为中心的福利供应形式在兴文县则非常少见。（2）社区在儿童福利供应中侧重于有限的福利服务，而且其在诸多福利供应项目上并没有发挥作用。定量研究发现，目前社区对于儿童的福利供应主要集中在生活保护和教育辅助方面，两者的平均得分高于 50% 的得分率，而其余福利项目在评估中均较为有限。定性的访谈也发现，社区在儿童福利供应中的作用较小，其在福利服务方面存在小幅度的提升，但是并不能够有效地解决儿童照顾等核心问题。（3）社区在留守儿童福利供应出现问题时不能够起到福利替代的作用。定量的研究发现，儿童群体在均值分析、聚类分析和回归分析中不但都没有统计学意义上的群体分化，反而反映出了留守儿童存在的小幅度落后状况。在定性的分析中，留守儿童也没有得到较为充裕的社区福利供应，因而来自社区的福利供应不会对其福利的提升具有较大的作用。（4）社区福利供应存在较为明显的困境。在定量的分析中，研究发现目前社区福利供应的力度比较有限，且主要集中在保护性服务方面，而在其余方面的支持作用比较有限；在定性的访谈资料中，研究进一步发现目前以组织形式出现的社区福利供应比较弱，而来自邻居的福利供应具有明显的临时性和自发性特征。

研究发现，我国社区在儿童福利供应中出现了角色缺失的问题，而社区福利供应中的角色缺失实际上体现出了我国传统社区向现代社会转型中的责任失衡问题。我国传统社区往往是以宗族为主的"大家庭"，其依据血缘为纽带往往能够形成较为严密的儿童福利供应体系。这种社区福利供应依靠传统文化为基础，以宗族观念为依托，可以在一定程度上有效地避免儿童陷入困境。新中国成立以后，我国农村集体经济的出现也在很大程度上形成了对于弱势群体的支持。但是随着经济的发展和乡村结构的变化，传统的农村乡邻文化开始出现解体，闭塞的乡村在新思想的冲击下开始出现乡村文化的解体，昔日由单位或集体经济来提供的社会公共性也发生一定的萎缩①，从而使留守儿童等特殊群体面临的社会风险陡然增加。而此时应当依靠民间自主力量形成有组织的社区保障，通过针对特殊人群的资金支持和专业化的服务来为部分特定的儿童提供保护和照顾服务，从而依靠民间互助的力量来弥补家庭福利供应中的不足。但是从实际的调研来看，我国兴文县农村社区在福利供应中的责任并不明确，以组织形式形成的福利支持力量基本没有体现，因此就使留守儿童在获得社区组织福利供应的时候面临诸多障碍。

---

① 田毅鹏、吕方：《单位社会的终结及其社会风险》，《吉林大学社会科学学报》2009 年第6 期。

第八章

志愿组织的福利责任与现实困境

　　作为福利多元框架的一个重要组成部分，志愿组织实际上承载着"团结"与"互助"的基本责任，它的健康与完善不但是衡量一个国家社会责任感的重要指标，也是保障儿童福利供应得以延续的重要支持力量。对于我国而言，由于经济发展水平相对落后、社会建设思维尚未完善、东西部差距较大等客观条件的限制，我国志愿组织在西部地区的发展一直是比较缓慢的。那么，目前我国志愿组织在西部农村地区的发展如何，其呈现出了怎样的福利供应状况，其在哪些方面为留守儿童提供了比较大的支持等议题都需要进一步加以讨论。因此，对于志愿组织在儿童福利供应中所发挥的作用就更需要进行深入的研究，以方便我们去辨识志愿组织在留守儿童福利供应中所承担的真实责任和实际问题。

　　本章继续通过定量与定性两个方面的讨论来明确志愿组织的福利责任和现实困境。具体来看，研究仍然分为两个主体部分对志愿组织福利供应进行详细讨论：（1）志愿组织福利供应的定量分析。研究希望通过均值分析、聚类分析和回归分析对志愿组织在留守儿童福利供应中的主要作用进行观察，进而明确志愿组织的福利责任与福利变化情况，明晰志愿组织福利供应的诸多潜在问题。（2）志愿组织福利供应的定性分析。研究希望通过话语分析的方式对志愿组织在福利供应中的角色扮演和现实困境进行研究。在实际的分析中，研究将围绕着福利接受者和福利供应者眼中的福利供应来展开话语分析和相互印证，并在对它们总结的基础上讨论志愿组织福利供应的整体状况。

第一节　志愿组织福利供应的定量研究

一　志愿组织福利供应的整体状况

从志愿组织福利供应的整体状况来看，研究发现与家庭福利供应、国家福利供应、社区福利供应相比，志愿组织福利供应的整体水平是最为有限的。在实际测量中，儿童群体在获得志愿组织福利供应上的平均得分约为10.120分，占据总分36分的28.111%，平均每个题目的得分为1.244分，其得分约为外出家庭福利得分的38.516%，约为留守家庭平均得分的46.633%，约为国家福利供应的63.832%，约为社区福利供应的83.243%，因而志愿组织福利得分在福利供应主体中是排在最后一位的（表8—1）。可见，与其余福利主体的供应相比，志愿组织福利供应对于儿童福利体系的整体贡献力是最为有限的。在此基础上，对于双亲留守儿童、单亲留守儿童和普通儿童的得分率进行比较可以更为清楚地发现，目前双亲留守儿童的得分率是最为有限的，其得分率仅为23.356%，单亲留守儿童的得分则最高，其得分率达到了32.914%，而普通儿童的得分率为28.106%，位于中间水平。从这种趋势不难看出，双亲留守儿童在获取志愿组织福利供应上的难度不但没有明显的降低，反而出现了一定程度的增长。当然，尽管呈现出了基于人群的福利得分差异，但是目前儿童群体在9项三级指标的统计中没有一个指标呈现出高于40%的得分率，最高的得分率仅为38.075%，因而志愿组织福利供应所具有的影响是非常有限的。

表8—1　　　　　　儿童群体志愿组织福利供应的差别

指标	子指标	平均值	显著性	志愿组织得分		
				双亲留守儿童	单亲留守儿童	普通儿童
生活福利	生活资金	1.174	0.120	0.915	1.391	1.188
	生活保护	1.214	0.030	1.000	1.600	1.156
	生活照顾	0.739	0.428	0.681	0.913	0.707
健康福利	健康资金	1.062	0.054	0.745	1.130	1.133
	健康维护	1.238	0.392	1.085	1.444	1.226
	健康照顾	1.075	0.489	1.021	1.261	1.037

续表

指标	子指标	平均值	显著性	志愿组织得分		
				双亲留守儿童	单亲留守儿童	普通儿童
教育福利	教育资金	1.074	0.194	0.830	1.130	1.128
	教育机会	1.319	0.391	1.109	1.457	1.340
	教育辅助	1.225	0.156	1.022	1.523	1.203
综合分析	生活福利	3.127	0.033	2.596	3.904	3.051
	健康福利	3.375	0.251	2.851	3.835	3.396
	教育福利	3.618	0.126	2.961	4.110	3.671
	资金	3.310	0.071	2.490	3.651	3.449
	保护性服务	3.771	0.183	3.194	4.501	3.722
	照顾性服务	3.039	0.184	2.724	3.697	2.947
	总体水平	10.120	0.096	8.408	11.849	10.118

进一步从均值分析的角度去考察儿童群体在志愿组织福利供应中的得分，研究发现尽管在部分指标上呈现出了显著性的群体差异，但是志愿组织的总体差异显著性达到了 0.096，因此也未能形成具有统计学意义的人群分化。进一步观察二级指标，研究观察到在生活福利和福利资金方面存在低于 0.1 的显著性差异，其显著性分别为 0.033 和 0.071，而其余四项指标的差异均不具有统计学意义。从得分上看，虽然留守儿童与普通儿童的差异幅度总体上仅为 5.729%，但是福利资金的差距却已经达到了 32.981%，成为留守儿童落后的最主要方面。同样值得注意的是，双亲留守儿童和单亲留守儿童在志愿组织福利供应中出现了较大程度的分裂，两者分别比普通儿童的得分低 20.338% 和高 14.609%。

二　志愿组织福利供应的分类比较

从八类人群在志愿组织福利供应中的得分可以发现，八类人群并未受到"留守"因素的强烈影响，单亲留守儿童与双亲留守儿童的分裂影响了儿童群体在志愿组织福利供应上出现递增或者递减趋势。从差异显著性来看，基于性别、民族、地区和年龄差异的志愿组织福利供应并没有体现出留守儿童与普通儿童的普遍分化，其八类儿童群体的福利差异的显著性均在 0.1 以上。具体观察福利提供的内容，可以发现虽然在生活福利的整体测量中存在 0.033 的差异显著性，但是在分类分析中均未发现低于 0.05 的差异显著性；健康福利中也均没有一个人群具有明显的差异显著性，"留守"的影响作用也不尽明显；而在教育福利方面，八类人群也均没有形成明显的群体差异，其显著性差异也均在 0.1 以上。而从福利提供方式来分析，研究发现资金、保护性服务、照顾性服务的差异也不尽明显，其中资金的差异显著性在 0.05 以上，八类人群的差异显著性也都在 0.1 以上，而后两者的显著性也均在 0.123—0.951，其人群的显著性差异并未得到完全的体现（表8—2）。

表 8—2　　　　　　　儿童群体志愿组织福利供应的均值分析

指标	子指标	总体	性别		民族		地区		年龄	
			男童	女童	汉族	少数民族	发达地区	落后地区	大龄儿童	低龄儿童
生活福利	生活资金	0.120	0.115	0.725	0.138	0.316	0.681	0.169	0.188	0.424
	生活保护	0.030	0.011	0.633	0.076	0.034	0.278	0.208	0.624	0.213
	生活照顾	0.428	0.857	0.213	0.516	0.518	0.602	0.289	0.624	0.309
健康福利	健康资金	0.054	0.068	0.497	0.074	0.665	0.755	0.038	0.155	0.339
	健康维护	0.392	0.584	0.651	0.574	0.407	0.924	0.447	0.780	0.740
	健康照顾	0.489	0.691	0.441	0.744	0.074	0.610	0.894	0.459	0.486
教育福利	教育资金	0.194	0.461	0.296	0.159	0.911	0.988	0.069	0.082	0.503
	教育机会	0.391	0.358	0.811	0.394	0.443	0.734	0.692	0.885	0.759
	教育辅助	0.156	0.513	0.264	0.275	0.140	0.187	0.776	0.745	0.161
综合分析	生活福利	0.033	0.100	0.321	0.063	0.452	0.418	0.099	0.481	0.114
	健康福利	0.251	0.293	0.612	0.345	0.451	0.733	0.408	0.775	0.439
	教育福利	0.126	0.381	0.265	0.147	0.422	0.429	0.367	0.733	0.314
	资金	0.071	0.143	0.463	0.080	0.601	0.870	0.051	0.095	0.384

续表

指标	子指标	总体	性别		民族		地区		年龄	
			男童	女童	汉族	少数民族	发达地区	落后地区	大龄儿童	低龄儿童
	保护性服务	0.183	0.123	0.726	0.287	0.294	0.570	0.465	0.951	0.591
	照顾性服务	0.184	0.726	0.184	0.381	0.157	0.347	0.628	0.608	0.264
	总体水平	0.096	0.189	0.401	0.151	0.357	0.524	0.314	0.694	0.279

在此基础上对留守儿童与普通儿童在志愿组织福利供应上的差异幅度进行分析，则可以进一步显示出两类儿童群体的分类差异也较为有限；当然，其背后仍然体现出了双亲留守儿童和单亲留守儿童的分裂。研究发现，普通儿童在整体志愿组织福利供应的得分上领先留守儿童5.729%，且除了少数民族群体由于样本较少而产生较大差异外，其余七类群体中儿童群体的实际差异都分布在-6.138%—18.744%。当然，这一现象的形成则是较为复杂的，双亲留守儿童固然在各个人群的测量中远远落后于普通儿童，但是单亲留守儿童在测量中却具有一定的优势，因而留守儿童与普通儿童虽然在志愿组织上的整体得分相当，可见整体差异较为有限的背后存在着各个人群间双亲留守儿童与单亲留守儿童的分裂。具体观察福利提供的内容，研究发现在生活福利方面，留守儿童反而比普通儿童的得分多4.322%；但在健康福利和教育福利方面，普通儿童则比留守儿童出现了7.669%和13.297%的领先。而从福利提供方式来看，儿童群体在福利资金方面出现了32.981%的差距，显示出在此方面普通儿童具有更大的优势，而两类福利服务在统计中的差异均在13%以内（表8—3）。

表8—3　　　　　　　　儿童群体志愿组织福利供应的差异幅度　　　　单位:%

指标	子指标	总体	性别		民族		地区		年龄	
			男童	女童	汉族	少数民族	发达地区	落后地区	大龄儿童	低龄儿童
生活福利	生活资金	15.242	26.281	5.718	14.704	-15.400	25.558	4.192	102.285	-9.846
	生活保护	-12.150	21.907	-24.877	4.754	-103.800	-15.017	-8.761	1.192	-16.736
	生活照顾	-18.745	-23.030	-9.668	-24.776	-30.820	54.045	-53.524	41.416	-44.307

续表

指标	子指标	总体	性别		民族		地区		年龄	
			男童	女童	汉族	少数民族	发达地区	落后地区	大龄儿童	低龄儿童
健康福利	健康资金	52.346	74.336	41.052	47.732	53.880	10.421	97.162	117.942	33.333
	健康维护	-2.102	5.361	-12.064	-0.607	-31.859	-9.249	2.318	32.707	-9.414
	健康照顾	-16.197	16.946	-37.446	0.933	-107.415	-17.282	-12.009	-29.117	2.305
教育福利	教育资金	35.727	44.911	24.585	38.189	20.048	-2.391	80.959	114.591	12.645
	教育机会	12.799	33.653	-2.440	19.105	-24.981	6.438	18.312	16.300	16.886
	教育辅助	-3.301	5.120	-9.539	3.252	-65.333	2.834	0.792	-11.511	9.317
综合分析	生活福利	-4.322	4.296	-12.700	0.463	-64.415	15.156	-17.758	41.445	-21.356
	健康福利	7.669	26.635	-7.469	13.012	-43.051	-5.565	18.401	19.175	6.407
	教育福利	13.297	26.403	1.061	18.581	-29.804	-0.685	25.500	25.592	11.835
	资金	32.981	43.358	22.177	32.090	17.213	10.870	55.652	109.928	10.569
	保护性服务	-0.776	17.136	-13.110	7.346	-62.896	-6.423	3.417	15.269	-3.739
	照顾性服务	-12.100	-1.095	-22.243	-4.926	-75.372	5.622	-18.480	-8.745	-8.445
	总体水平	5.729	18.774	-6.138	10.888	-46.891	2.424	8.827	27.747	-0.681

留守儿童与普通儿童在志愿组织福利供应上的聚类分析结果显示，虽然"留守"对于儿童志愿组织福利供应产生了负面的影响，但是留守儿童所处的落后状况同样不能够被清晰地观察到。在具有领先水平的一类和二类儿童中，留守儿童与普通儿童中子类型的数目分别为4个，两者的数目是完全一样的；而在处于榜尾的子群体中，留守儿童与普通儿童的比例大致为3∶2，两者在落后儿童群体的分布数量上也比较接近，留守儿童仅具有有限的落后；而在中间的子群体分部中，留守儿童与普通儿童也相互混杂，并没有形成基于"留守"基础上的群体差异。进一步观察不同类型儿童群体之间的差异，研究发现在总体上具有领先的儿童不一定在每

一种福利提供方式上都占据领先，如一类儿童虽然在总分上要高于二类儿童，但是在照顾性服务方面，其 3.693 分的得分低于二类儿童 4.222 分的得分；但是显然，资金、保护性服务和照顾性服务的排列顺序还是大致依照自高到低来进行。因此，研究认为留守儿童与普通儿童在志愿组织福利供应中的区别并没有形成统一的规律，留守儿童所具有的劣势在聚类分析中体现得不甚明确（表8—4）。

表8—4　　　　　　　儿童群体志愿组织福利供应的聚类分析

水平	类型	志愿组织福利	福利提供方式			模型聚类结果
			资金	保护性服务	照顾性服务	
领先水平	一类	43.518±4.221	13.437±4.407	19.002±4.431	11.079±4.794	P4、L8、L12
	二类	39.999±1.935	12.300±2.754	15.033±1.416	12.666±2.358	P8、P14、P12、L2、L4
中间水平	三类	29.688±2.106	9.750±1.701	10.950±2.016	8.988±2.121	P1、P11、P16、L1、L7、L11
	四类	18.366±1.935	6.219±2.979	6.882±3.846	5.265±2.481	P6、P3、P9、P7、P13、P5、L14、L16、L10、L13、L6、L9、L3
落后水平	五类	11.931±4.212	3.144±2.019	4.572±2.550	4.215±2.751	P10、P15、P2、L5、L15

三　志愿组织福利供应的影响因素

对于志愿组织福利供应的整体分析和分类分析都发现志愿组织在儿童福利供应中的作用并不明显，且在留守儿童出现福利衰减的时候也并未形成有效的福利替代。研究将在此基础上利用回归分析继续探讨哪些因素对志愿组织福利供应产生了直接的影响。

从志愿组织福利供应的模型来看，研究发现在总体方程的检验中其 R^2 达到了 0.144，F 检验的显著性为 0.007，因此整体方程是符合统计学意义的。综观其六个子模型，研究发现除了健康福利模型和保护性服务模型，其余的模型在 F 检验中分别达到了 0.010、0.001、0.001 和 0.045，

R^2 解释力也基本上位于 10% 的解释范围以内，因此研究认为四个子模型是符合要求的，只是其解释力不高。从个人因素和家庭因素对志愿组织福利供应的影响上，研究发现儿童年龄、家庭人口会显著影响志愿组织的福利供应，两者的回归显著性分别达到了 0.000 和 0.057，结合各自 0.801 和 0.245 的回归系数，可以发现大龄儿童及家庭人口众多的儿童获得志愿组织福利供应的机会更高；而其余各个指标的显著性水平均没有达到 0.1 以下，因此显示其对志愿组织福利供应未有明显的影响。从父母外出因素来看，研究发现父亲外出因素对志愿组织福利供应的影响比较小，其回归显著性仅为 0.478；而母亲外出因素的影响也不大，其回归系数达到了 0.823，因此父母双方的影响均是比较有限的。

表 8—5　　　　　　　　　儿童群体志愿组织福利供应的影响因素

指标		志愿组织福利供应	福利提供内容			福利提供方式		
			生活福利	健康福利	教育福利	资金	保护性服务	照顾性服务
常量		-7.554	-7.130	-7.496	-7.050	-6.538	-8.172	-8.057
		(3.423)*	(3.540)*	(3.965)+	(3.752)+	(3.787)+	(4.452)+	(4.072)*
个人因素	性别	0.045	-0.317	0.134	0.247	-0.291	0.217	0.215
		(0.336)	(0.348)	(0.389)	(0.369)	(0.372)	(0.437)	(0.400)
	民族	-0.839	-0.794	-0.353	-1.386	-0.719	-0.765	-1.082
		(0.540)	(0.558)	(0.636)	(0.591)*	(0.597)	(0.714)	(0.652)+
	地区	-0.006	0.004	-0.102	0.032	0.212	-0.183	-0.036
		(0.229)	(0.237)	(0.266)	(0.251)	(0.253)	(0.299)	(0.273)
	年龄	0.801	0.782	0.661	0.945	0.801	0.757	0.844
		(0.174)***	(0.180)***	(0.201)***	(0.191)***	(0.193)***	(0.226)***	(0.207)***
	学习成绩	-0.105	-0.189	0.033	-0.133	-0.552	0.158	0.086
		(0.192)	(0.198)	(0.222)	(0.210)	(0.212)**	(0.249)	(0.228)
	学生干部	-0.043	0.112	-0.133	-0.125	-0.085	-0.001	-0.042
		(0.146)	(0.151)	(0.169)	(0.160)	(0.161)	(0.189)	(0.173)
	性格情况	-0.080	0.194	-0.244	-0.071	0.637	-0.498	-0.367
		(0.348)	(0.359)	(0.403)	(0.381)	(0.385)+	(0.452)	(0.414)
	健康程度	0.175	0.045	0.248	0.225	0.029	0.326	0.170
		(0.204)	(0.211)	(0.236)	(0.224)	(0.226)	(0.265)	(0.243)

续表

指标		志愿组织福利供应	福利提供内容			福利提供方式		
			生活福利	健康福利	教育福利	资金	保护性服务	照顾性服务
家庭因素	家庭距离	-0.131	-0.034	-0.154	-0.184	0.021	-0.211	-0.208
		(0.130)	(0.134)	(0.150)	(0.142)	(0.143)	(0.169)	(0.154)
	单亲家庭	0.281	0.407	0.583	-0.182	0.660	0.399	-0.151
		(0.587)	(0.607)	(0.699)	(0.644)	(0.650)	(0.785)	(0.718)
	危重病人	0.210	0.264	0.171	0.165	0.218	0.244	0.165
		(0.159)	(0.164)	(0.183)	(0.174)+	(0.175)	(0.206)	(0.188)
	家庭人口	0.245	0.221	0.251	0.235	0.153	0.289	0.289
		(0.128)+	(0.132)+	(0.148)+	(0.140)	(0.141)	(0.166)+	(0.152)+
	父母年龄	-0.022	-0.044	0.005	-0.037	-0.045	-0.008	-0.014
		(0.035)	(0.036)	(0.040)	(0.038)	(0.039)	(0.045)	(0.042)
	父母学历	-0.196	-0.257	-0.235	-0.165	-0.478	-0.062	-0.056
		(0.279)	(0.289)	(0.324)	(0.306)	(0.309)	(0.363)	(0.332)
父母外出因素	父亲外出	-0.126	-0.077	-0.270	-0.032	-0.176	-0.034	-0.165
		(0.177)	(0.183)	(0.205)	(0.194)	(0.196)	(0.230)	(0.210)
	母亲外出	-0.041	-0.062	0.137	-0.226	-0.087	-0.133	0.098
		(0.183)	(0.190)	(0.212)	(0.201)	(0.203)	(0.238)	(0.218)
F. sig		0.007	0.010	0.136	0.001	0.001	0.083	0.045
F		2.159	2.094	1.418	2.647	2.649	1.558	1.720
R^2		0.144	0.140	0.100	0.171	0.171	0.109	0.119

注：（1）括号内为标准误；（2）＊＊＊、＊＊、＊、+分别代表 0.5%、1%、5%和 10%水平上的显著。

　　进一步观察福利提供的内容，研究发现父母外出对于生活福利、健康福利和教育福利的影响程度均不高。其中，生活福利领域的 F 检验显著性为 0.010，R^2 的解释力达到了 14.0%，因此该回归方程具有明确的统计学意义。但是研究进一步发现，父亲外出、母亲外出和志愿组织福利供应水平分别呈现出了 0.673 和 0.744 的回归显著性，因此志愿组织福利供应与父母外出没有关联；在健康福利领域也存在此种情况，父亲外出的显著性达到了 0.190，母亲外出的回归显著性也达到了 0.518，因此两者的影响也不尽明显；而在教育福利领域，"留守"因素对于志愿组织的福利供应并没有直接的影响，父亲外出与母亲外出的回归显著性分别为 0.871 和 0.262，两者均未能呈现出低于 0.1 的显著性。而从福利供应方式的角度来看，研究认为志愿组织福利供应无论是在福利资金还是在福利服务上都不存在明显的人群分化。其中，福利资金目前受到父亲外出与母亲外出的影响均不甚强烈，其回归显著性分别为 0.370 和 0.669，因此父亲与母亲外出后留守儿童在志愿组织福利资金供应上也无明显变化。与此结果相类似，保护性服务与照顾性服务也并未出现明显的人群差异：保护性服务受到父亲外出与母亲外出的影响程度为 0.881 和 0.579，照顾性服务受到父亲外出和母亲外出的影响程度分别为 0.435 和 0.652，两者也没有呈现出明确的统计学意义。

四　志愿组织福利供应的责任与困境

从福利多元理论来看，志愿组织作为福利供应中重要的一极，也会为留守儿童的福利供应提供重要的支持。尽管长期以来我国志愿组织的发展呈现出了相对落后的状况，但是近些年来我国在政策上却呈现出了较大的支持力度，有关部门在不同场合都强调"社会福利事业也是慈善组织发挥作用的重要载体之一"，并主张"大力倡导志愿服务、加强志愿者服务建设，使志愿者服务制度化、规范化"[①]。当然从定量的分析结果来看，目前留守儿童在获取志愿服务方面存在明显的漏洞，其整体的福利供应状况仍然存在较大的缺陷。

通过上述的分析，研究发现留守儿童和普通儿童在志愿组织福利供应上的基本特征可以概括为：（1）从福利供应的力度来看，志愿组织在儿童福利供应中的作用比较边缘化。研究发现，目前在家庭、国家、社区和志愿组织等主体的比较中，志愿组织的得分率是最低的，这在很大程度上说明志愿组织的福利供应力度比较有限。同时，由于所有指标的得分都在50%以内，因而在福利供应中没有指标呈现出较为明确的影响力。（2）从福利供应的差异来看，志愿组织并未形成对留守儿童的倾向性支持。研究发现，留守儿童和普通儿童在志愿组织福利供应上的得分比较接近，尽管双亲留守儿童在得分上要低于普通儿童，但是单亲留守儿童的福利得

---

① 窦玉沛：《中国社会福利的改革与发展》，《社会保障研究》2006 年第 5 期。

分反而要高于普通儿童,因而两类留守儿童的内部分裂导致其整体的特征并不具有一致性。基于性别等因素的分类比较也发现,"留守"现象对于志愿组织福利供应也不具有普遍性的影响,其在子类别的分析中也均未出现明确的差异。同样,在均值分析中所有类别的儿童均没有显示出"留守"带来的强烈影响,而聚类结果发现两者的群体差异也是非常有限的。(3)从福利供应的影响来看,父母外出对于志愿组织福利供应并无本质性的影响。研究发现志愿组织虽然在回归模型中具有统计学意义,但是父亲外出与母亲外出对于留守儿童获得志愿组织的福利供应没有任何影响,"留守"因素并不制约儿童志愿组织福利供应的水平。(4)从福利供应的困境来看,目前志愿组织在儿童福利供应中的参与力度比较有限,因而福利供应的整体水平存在较大的问题。研究发现,目前志愿组织在总体得分上处于明显的劣势,且在福利供应的替代性上也存在着较为严重的不足,因而志愿组织福利供应具有较大的现实困境。

通过如上的分析,研究发现我国志愿组织在留守儿童福利供应中的作用比较有限,其福利供应的水平不但比较低,而且不能够形成对于困境儿童的福利替代,因而当留守儿童面临福利衰减的时候并不能够加以弥补。这种分析结果反映出我国目前志愿组织福利供应的角色比较边缘化,其福利供应的责任在整体体系中并不明显。同时,研究还进一步发现我国志愿福利在福利供应中所存在的四个基本特点可能与我国当前志愿组织的发展水平有关。目前,我国志愿组织的福利供应水平相对较低,除了东部地区具有相对完善的慈善组织和非营利组织从事资金筹集和志愿服务外,在广大中西部地区目前尚缺乏健全的志愿资金筹集方式和完善的志愿组织服务体系。从兴文县的调查结果来看,以团委领导为主的、政府部门支持的志愿组织形式目前虽然存在,但是多在"学雷锋"运动口号下开展打扫街道、慰问社区等活动,其人员的专业性和稳定性都无法得到完全的保障,因此针对个体形成以社会工作为主体的服务仍然比较乏力。在实际的分析中,志愿组织福利供应水平不但远远落后于家庭,相对于国家福利主体、社区福利主体也均存在明显的劣势。因此在福利供应的过程中,志愿组织提供的福利在儿童之间普遍较低,各类儿童获得志愿组织福利供应的概率普遍偏低,这也是未能形成人群差异的主要原因。

第二节 志愿组织福利供应的定性研究

一 福利接受者眼中的志愿组织福利

通过定量的分析，研究发现目前志愿组织在福利供应中的力度比较有限，且不能够形成针对留守儿童的福利替代，因而其在儿童福利供应中所扮演的角色存在着明显缺失。对此，研究将进一步通过定性的方式予以证实。研究首先来观察留守儿童对于志愿组织福利供应的认可，并通过访谈来明确志愿组织当前在福利供应中的地位。与定量的研究结果相类似，在定性的访谈资料中，留守儿童无一例外地都表现出未能接收到志愿组织带来的帮助，可见该主体的确在福利供应中具有非常有限的影响力。从被访问者的回答来看，他们不但没有得到过志愿者或者志愿组织来自资金方面的帮助，而且在儿童保护、儿童照顾方面也均没有出现任何形式的帮助，因此目前留守儿童普遍对于志愿组织的作用不予认可。

> 男童 L："我没有得到过好心人或者什么志愿者的帮助，志愿组织没有对我进行过任何的帮助，我也没有接触过志愿者。"
>
> 男童 W："没有好心人曾经帮助过我，没有志愿者曾经帮助过我们的学习和生活。"
>
> 女童 D："好心人什么的没有人支持过我，没有志愿者曾经帮过我，也没有见过志愿者。"

当然，尽管以个人的身份很少接收到志愿组织的帮助，但是以集体形式取得的帮助却是存在的，只是这种支持不但是以资金保障为主，而且其供应的力度存在明显不足。在调查中，研究发现在政府的引导之下，一些志愿组织还是为儿童群体提供了一定的资金支持。中学副校长 S 女士在访问中就表示出一些志愿组织对于学校内部设施的支持，她认为目前在政府的撮合下已经有一些组织开始给他们学校提供一些设备和物资，并对学校中的部分特困儿童提供了一些支持。另一个学校的副校长 P 先生则谈到了他们取得的社会捐助，与 S 女士取得的是本地的支持不同，目前他们学校取得的资助方式主要是以外地的慈善组织为基础的，他认为这种社会捐助也为留守儿童带来了很多便利。

　　S女士："政府这块对我们的支持还是蛮多的，我们学校需要的一些硬件设施比如桌椅板凳啊他们可以给我们一些资助和帮助，其他的合作就是撮合我们和一些企业或者相关组织之间的联系。我们会联系一些乡镇的企业对困难儿童进行一些资助，现在还没有成立这样的基金会，但是我们的政府出台了相应的文件来推动校企联谊。就是会安排一些学校和企业、组织形成对子，我们就可以直接通过联系他们给我们提供一些对特困学生的帮助啊，再有就是我们冬天比较寒冷，也给我们提供一些取暖用的煤啊、炉子啊之类的。周边企业和组织目前的支持力度还是比较大的。"

　　P先生："我们学校也接受了一定的社会捐助。我们专门联系了成都大池子（音译）慈善机构，他们给我们一些捐助。另外呢，我们也是多方面的联系，我们从大河这里出去的发了财的人也就是我们以往各界非常优秀的学友，然后找他们进行一些联系。比如说卢华侨（音译），他现在在北京开公司，每年也会支持三个学生，每个学生一年1000元。"

　　从目前有关福利接受者的访谈中来看，研究发现志愿组织福利供应存在非常严重的缺失，不但其在整体的供应水平上和儿童的需要具有较大的差距，而且在实际的供应方式上也只有有限的资金支持，而在福利服务上的支持比较有限。同时，研究发现志愿组织或者志愿者目前直接提供给个人的福利是比较稀缺的，仅有的支持多是以集体的形式捐赠给学校，支持的力度也与留守儿童的需要形成了比较大的差距，因此在福利供应的可及性上存在问题。研究认为，目前志愿组织福利在弥补留守儿童福利供应衰减上的作用基本上是杯水车薪的，其在福利供应体系中是最为薄弱的一环。

二　福利提供者眼中的志愿组织福利

　　与福利接受者的访谈结果相似，志愿组织在福利供应中地位的边缘化目前也得到了志愿组织相关管理人员的认可，他们对于志愿组织目前的处境也表现出了很多无奈。从对他们的访谈中，研究发现当前志愿组织福利供应出现问题的根本原因虽然仍与兴文县的经济社会发展水平有关，但是其直接的原因主要源于两个方面，一是兴文县内部志愿组织的发展相对缓慢，志愿组织的服务培训、人员管理、经费支持都相对有限；二是目前兴文县在寻求外部支持的方法上仍然处于酝酿之中，尚未启动项目化的运作方式，和外界的信息进行积极的沟通。对于目前兴文县内部志愿组织发展的困境，团委负责该事务的 M 女士也表示出一定程度的无奈。她认为目前的主要问题集中在经济水平发展有限、专业技术人员偏少、人员管理难度大、人员调配难度大等问题上，并坦承目前有关的志愿服务活动开展还具有很大的开拓空间，仍然需要不断地强化对留守儿童等特殊儿童的支持。

> M 女士："我们现在的志愿组织发展受到了几个方面的困扰：一个是我们这里的经济水平比较有限，相应的民间社会组织基本处于空白，而很多具有公共职能的组织财政经费也不太多，所以整体的支持力度比较小；二是我们这里专业技术人员很少，我也只是听说过社会工作，而其他人恐怕连这个都没听说过，所以工作很难做；三是人员管理比较难，现在绝大部分志愿者都是学生，面临的毕业问题比较严重，流动性很强，我们虽然也把他们组成了信息表，但是变动很大；四是人员的调配很难，对活动的参与者管理起来的确比较难，有工作的人愿意来参加，但是他们的领导往往不放，学生们也愿意参加，但由于安全的问题不敢乱用，所以难度很大。我们这里目前的活动一般都是打扫大街的事情，真正的志愿服务活动很难开展。"

除了内部组织发展的不顺畅，另外一些管理人员则认为与外部的联系偏弱也是兴文县目前志愿组织福利供应发展相对有限的主要因素。目前我国东西部在基金会、非政府组织等机构的发展上不均衡，东部地区的很多基金会虽然愿意帮助困难的儿童，但是由于信息不对称和缺乏对兴文县留守儿童的了解，因此实际上很难形成合作。如果兴文县能够在信息整合上更为系统化，通过项目制的方式与外地组织进行对接，可能会在志愿组织的支持力度上获取更好的效果。兴文县妇联部门的 Z 女士在访谈中表示出了自己对未来工作的计划，并希望能够通过项目合作的形式来进一步强化志愿组织发展的有效性。

> Z 女士："我希望未来把全县所有儿童在就学、医疗、发展上面的一些权益等方面弄成一个课题来做，然后有什么优势、有什么问题，现在我们能做哪些方面通过项目的形式向外推，究竟我们能够做

哪些事情，我们列出一个单子和外面的一些辅助项目、资金和外面的一些公益机构和热心的个体进行对接，我们为他们想做的那块东西提供信息，这是经过两年三年五年我们把这个项目进行全县范围的整合，这样向外面进行推出，和外面进行合作。我们想做这些事情，但是目前人手还是不太够，目前还只是一个设想。"

不但志愿组织的管理人员出现了上述的感叹，在对志愿组织工作人员的访问中，他们也表达了当前志愿组织在实际运行中的诸多问题。在社区中直接负责志愿组织运作的一名工作人员 F 先生表示，目前志愿组织在兴文县的发展举步维艰，不但很多人不愿意参加到帮助留守儿童的活动中，真正去参与活动的很多也仅是提供物质帮助，而很少有人愿意真正地关怀留守儿童，因此在这种环境下开展相应的活动是非常艰难的。

F 先生："我们现在的活动基本上就是扶助孤寡老人，实际执行的部门是社区下面的一个办公室，专门负责志愿服务方面的事情。但是我们在实际工作中也面临着很多的问题，比如说我们现在的资金只能够维持办公室内部的运转，为大家提供志愿服务的钱目前还需要一笔一笔的筹集。我们现在作为试点正在和很多爱心人士保持联系，但是他们很多时候都是一锤子买卖，很难长期帮助留守儿童，所以我们工作的开展难度也很大。现在呢主要还是停留在物质支持的基础上，如果是少量的钱和物资大家还是很踊跃的，但是真正去关爱留守儿童就太难了。而这恰恰是留守儿童最为缺乏的。"

从福利供应者的角度来看，目前被访谈者虽然都坦承志愿组织的发展具有很大的不足，但是也都认为这种不足的背后仍然有赖于国家在政策上进行进一步的推动。研究认为，这种现象形成的根源在于经济发展的滞后和资源整合能力的不足，且表现为内部志愿组织的发展比较滞后和与外部志愿组织的联系相对有限。在调查中，研究体会到了政府相关工作人员对于发展志愿组织的迫切感，也希望表达出他们对于本地发展志愿组织服务事务的积极态度。但是从调研的结果来看，研究不得不表示当前志愿组织在福利供应中的角色是比较有限的，其发展和提高的空间还是非常巨大的。

三　志愿组织福利供应的责任与困境

通过对福利接受者和福利供应者两方的访谈，研究发现我国志愿组织在福利供应中处于相对边缘的角色。其中，福利接受者普遍认为目前的志愿组织在提供福利方面具有内容上和方式上的有限性，而福利供应者也认同当前志愿组织福利供应存在的不足。因而在定性的分析中，本书并没有发现志愿组织在留守儿童福利供应体系中具有的显著作用，这一方面表现为目前志愿组织仅在极为有限的教育项目上表现出一定的支持；另一方面也表现为当前我国志愿组织的福利供应仅仅停留在资金方面。同时，在实地访谈中也没有发现志愿组织具有针对留守儿童的倾向性的福利安排。因此不难看出，志愿组织及志愿者在当前留守儿童福利供应体系中处于边缘状态。当然，兴文县的调查结果绝对不仅仅代表了兴文县一个地域内出现的基本状况，它深刻地反映出了我国西部地区志愿组织在发展上的失衡与信息交流平台上的不畅。而这种薄弱性的弥补，不但会导致传统上的家庭主体承担更多的责任，也对我国推动更为积极的志愿组织建设提出了更高的要求。

志愿组织的角色边缘化体现出了我国当前西部地区志愿组织发展的疲软，也反映出了当前我国东部与中西部地区在志愿组织发展水平上的巨大差距。由于经济发展程度较低、社会建设思维落后、民众志愿服务意识落后，因而造成了目前西部农村地区的志愿组织参与者多以学生为主，志愿服务的内容多以打扫卫生为主，志愿组织的专业性非常缺乏；同时，有关志愿组织建设的经费问题、制度的运转问题和人员的培训问题也均成为目前存在的重大问题。从目前的深入访谈可以发现，志愿组织本身的建设问题和合作问题是困扰志愿组织发挥作用的瓶颈。从本土志愿组织的建设来看，由于本地发展的落后，西部农村地区建立自身的志愿组织是存在较大困难的，其在经费、人员方面存在的问题都不能在短期内出现较大的改善；从外界志愿组织的合作来看，在与外地志愿组织的合作过程中，志愿组织的管理机构还缺乏对信息的整合，尚没有一种通畅的渠道能够引导外地的志愿组织进入本地。而如何进一步优化志愿组织的管理方式，加强政府部门对于志愿组织的支持力度，仍然需要在日后的工作中进行更深入的思考。

本章小结

"在仅仅依靠政府和社会难以全面实现对弱势群体的基本权利保障的情况下，充分发挥青年志愿者组织对弱势群体的志愿服务的特色和优势，切实保障弱势群体的基本权利，以弥补政府和社会相关服务的不足，对促进社会的公平与和谐，具有重要的意义。"[①] 因此，作为目前日益重要的福利供应主体，志愿组织的发展越来越受到学术界和实践界的青睐，其在福利供应中的效率和力度问题也逐渐成为福利研究中的重点。

本书从定量与定性的角度出发来讨论志愿组织目前在留守儿童福利供应体系中的作用，通过对兴文县的实证研究，可以得出以下几点结论：(1) 志愿组织在儿童福利供应中是最为薄弱的一环。定量的研究发现，目前从福利供应的平均分来看，志愿组织在生活福利、健康福利、教育福利等方面的得分率都不到 30%，可见志愿组织在儿童福利供应中的有限性。如果和其余福利多元主体进行对比，也可以明显发现目前志愿组织福利供应相比家庭、国家、社区处于明显的落后状态，其福利供应的力度排名末尾。定性的研究也可以证明，目前福利接受者对于志愿组织发挥的作用并不认可，而福利供应者也坦承目前的作用不明显。(2) 志愿组织在儿童福利供应中未能发挥明显作用的状况具有普遍性。定量研究发现，无论是从志愿组织福利供应各个指标的分值还是从人群分类的测量结果来看，志愿组织在儿童福利供应中所发挥的作用都是非常有限的，其在测量的全部二级指标和全部儿童类型中都没有发挥出实质性的显著作用。定性的访谈中也了解到，留守儿童对于志愿组织在资金、保护性服务和照顾性服务上所发挥的作用也未表示出认可，而福利供应者也仅表示在有限的范围内提供过一些支持。(3) 志愿组织并未在留守儿童福利衰减后出现有效的福利替代，其福利责任整体上比较有限。定量的研究发现，目前儿童群体在志愿组织福利供应上的实际差异幅度仅为 5.729%，且由于单亲留守儿童与双亲留守儿童存在巨大差异，因而儿童群体的显著性差异在 0.05 以上；而基于性别、民族、地区、年龄的分析也未发现具有统一的倾向性。定性的研究也表明，目前志愿组织由于在福利供应中的责任比较

---

① 李迎生：《志愿服务与弱势群体的权利保障》，《教学与研究》2005 年第 3 期。

有限，因而对于留守儿童也未能呈现出显著的重视，在实际的调查中也未能发现针对留守儿童的专门支持。（4）志愿组织在儿童福利供应中的角色边缘化，并且在发展上遭遇到了一定的困境。定量研究发现目前志愿组织的福利供应在整体上与分类上的作用不大，出现了较为全面的局限性；定性研究也同样发现目前志愿组织的角色处于边缘地位，而其发展中所必需的资金、技术与人才必须依靠政府可能也是其发展中较大的制度障碍。

研究认为，尽管西部地区构建志愿组织的事务不能够一蹴而就，它的发展与健全还有赖于经济基础的快速发展，但是通过合理地培育本地的志愿组织发展及构建更为通畅的信息平台应该是一种更为适合的手段。与其余的困境儿童相比，留守儿童在志愿组织提供帮助时并不需要给予过多的资金帮助，而是需要在创新福利服务方法上提供更为多元的调整，在儿童照顾平台上提供更为细致的帮扶，这样才能够为留守儿童的福祉提供最为有效的提升。从兴文县的实证调研不难看出，目前西部农村地区在发展本地志愿组织上面临着较大的资金和技术障碍，这些都是短期内难以突破的，因而它们必须依靠政府等公共组织的力量来发展，而这种发展模式往往会削弱志愿组织的自主性，使其面临选择上的两难局面。这既显示出我国志愿组织在自身建设上的不足，也显示出了我国志愿组织在发展上的障碍。同样，对于志愿组织的本土培养并非志愿组织福利供应的唯一道路，如何在信息收集上与东部地区保持对接，加大其福利需要的整理工作，可能对于短期内提升志愿组织的角色功能具有实际价值。

第九章

福利多元主体的责任分担与现实困境

按照福利多元主义的分析框架，研究分别从家庭、国家、社区、志愿组织四个方面分析了它们在福利供应中的责任和困境。在这四个章节的分析中，本书对于其各自在儿童福利供应中的福利责任和现实困境进行了详细的讨论，并通过定量与定性的分析对其具体特征予以界定。在本章中，研究将在整体上对福利多元主体的责任分担和遭遇到的现实困境进行一个总结。

本章在结构上划分为两个大的部分，仍然是在对定量与定性资料的分类讨论基础上进行总结：（1）福利多元主体的定量分析。在本部分，研究主要通过量化分析来对福利供应中各个主体的责任定位与责任转移进行详细的说明，对目前儿童福利供应体系的基本状况进行量化总结。在分析中，研究将主要对均值分析和回归分析的结果进行量化比较，讨论各个主体在儿童福利供应中的主要作用和既有问题。（2）福利多元主体的定性分析。在这部分，研究的重点放置在了福利多元主体所形成的角色扮演和现实困境上，其中前者将和定量分析进行相互印证，而后者则对角色背后的深层次问题予以挖掘。本书希望利用定量与定性之间材料的相互佐证来深化对儿童福利供应中各个主体的认识，并对当前形成的福利多元框架展开讨论。

第一节　对福利多元主体的定量分析

一　福利多元主体的责任分担

1. 福利多元主体的责任定位

在前面章节的分析中，本书讨论了当前留守儿童和普通儿童存在着整体福利获取上的差异，并发现儿童群体在家庭、国家、社区和志愿组织方面存在的福利供应状况有所不同。本书希望在此基础上进一步分析留守儿童福利供应体系中各个主体的作用和地位。研究力图避免"标签化"的分析方式，希望客观中立地去看待福利供应主体所发挥的作用。研究首先从静态的角度比较福利多元主体在儿童福利供应中的整体得分，并在此基础上探讨福利多元主体对留守儿童和普通儿童的哪些方面具有比较强烈的影响（表9—1）。

表9—1　　　　福利多元主体的得分和各个主体所占的比例　　　　单位：分，%

指标	子指标	外出家庭		留守家庭		国家		社区		志愿组织	
		得分	比例	得分	比例	得分	比例	得分	比例	得分	比例
生活福利	生活资金	3.754	46.866	1.543	19.263	0.954	11.910	0.585	7.303	1.174	14.657
	生活保护	2.625	23.302	3.063	27.194	2.026	17.987	2.336	20.739	1.214	10.778
	生活照顾	2.695	35.717	2.160	28.623	0.450	5.963	1.502	19.904	0.739	9.793
健康福利	健康资金	2.665	29.451	1.936	21.398	2.621	28.969	0.764	8.444	1.062	11.738
	健康维护	2.557	25.702	2.963	29.783	2.111	21.219	1.080	10.852	1.238	12.444
	健康照顾	2.594	30.984	2.275	27.174	1.734	20.712	0.694	8.290	1.075	12.840
教育福利	教育资金	3.291	43.772	1.590	21.145	0.732	9.735	0.832	11.065	1.074	14.283
	教育机会	3.767	28.060	3.205	23.876	3.161	23.548	1.972	14.690	1.319	9.826
	教育辅助	2.378	22.245	2.966	27.749	2.065	19.320	2.055	19.226	1.225	11.461
综合分析	生活福利	9.043	33.756	6.766	25.257	3.430	12.84	4.423	16.511	3.127	11.673
	健康福利	7.804	28.527	7.174	26.224	6.466	23.636	2.538	9.276	3.375	12.337
	教育福利	9.428	29.813	7.761	24.541	5.958	18.840	4.859	15.365	3.618	11.441
	资金	9.660	39.385	5.069	20.667	4.307	17.560	2.181	8.892	3.310	13.495
	保护性服务	8.923	25.781	9.231	26.671	7.298	21.086	5.388	15.566	3.771	10.895
	照顾性服务	7.663	28.805	7.401	27.820	4.249	15.972	4.251	15.979	3.039	11.424
	总体水平	26.275	30.634	21.701	25.301	15.854	18.484	11.819	13.781	10.120	11.799

　　研究首先发现，外出家庭福利供应在儿童福利供应中占据明显的优势，其在涉及儿童群体福利供应事务中的得分达到了 26.275 分，留守家庭的福利供应得分为 21.701 分，而国家福利供应的得分为 15.854 分，社区福利供应的得分仅为 11.819 分，志愿组织的得分最低，仅为 10.120 分。同时，比较各个主体在总体得分上的比例也可以发现，外出家庭占据了所有主体得分的 30.634%，留守家庭为 25.301%，国家、社区和志愿组织的得分则均未达到 20%。比较福利供应得分和比例上的位次，可以清晰地发现外出家庭和留守家庭在福利供应中的总得分明显更高，其在整体福利供应体系中处于核心位置；而国家、社区、志愿组织在整体福利供应体系中的排序则相形见绌。具体观察二级指标和三级指标也可以发现，目前外出家庭和留守家庭在得分上普遍处于较高的水平，两者在所有主体中的得分比例最高的为生活资金的 66.129%，最低的比例为教育辅助方面的 49.994%。因此，研究认为在儿童福利供应中，目前家庭承担的责任是最为重要的，而国家、社区、志愿组织的责任则相对有限。

　　具体比较福利供应的全面性，研究发现目前外出家庭在 9 项二级指标的平均得分率都高于 50%，因而外出家庭在福利供应中的作用体现得较为全面，其得分率达到了 72.986%；留守家庭的作用也有较大体现，其除了在生活资金、健康资金和教育资金上的得分率低于 50% 以外，也具有较为全面的供应，其福利供应的整体得分率也超过了 60%；国家福利供应在生活保护、健康资金、健康维护、教育机会和教育辅助方面具有超过 50% 的得分率，但是由于其他指标的得分状况比较有限，因而其福利供应并不具有全面的影响力，整体得分率仅为 44.039%；社区福利供应在生活保护和教育辅助方面的作用较为突出，两者的得分率超过了 50%，而在其他指标上的影响度较弱，其总体的指标得分率为 32.831%，因而社区福利供应的整体福利供应力度也存在着较大的问题；而志愿组织福利供应由于没有指标高于 35%，因而其福利供应在指标测量中并没有非常明确的影响（表 9—2）。在此基础上，研究倾向于认为家庭福利供应不但力度是最强的，而且范围是最广的；而国家、社区在部分项目上起到了实质性作用；志愿组织福利供应则处于全面的有限性。

表 9—2 　　　　　福利多元主体在各个指标上的得分率 　　　　单位:%

指标	子指标	福利多元主体				
		外出家庭	留守家庭	国家	社区	志愿组织
生活福利	生活资金	93.850	38.575	23.850	14.625	29.350
	生活保护	65.625	76.575	50.650	58.400	30.350
	生活照顾	67.375	54.000	11.250	37.550	18.475
健康福利	健康资金	66.625	48.400	65.525	19.100	26.550
	健康维护	63.925	74.075	52.775	27.000	30.950
	健康照顾	64.850	56.875	43.350	17.350	26.875
教育福利	教育资金	82.275	39.750	18.300	20.800	26.850
	教育机会	94.175	80.125	79.025	49.300	32.975
	教育辅助	59.450	74.150	51.625	51.375	30.625
综合分析	生活福利	75.358	56.383	28.583	36.858	26.058
	健康福利	65.033	59.783	53.883	21.150	28.125
	教育福利	78.567	64.675	49.650	40.492	30.150
	资金	80.500	42.242	35.892	18.175	27.583
	保护性服务	74.358	76.925	60.817	44.900	31.425
	照顾性服务	63.858	61.675	35.408	35.425	25.325
	总体水平	72.986	60.281	44.039	32.831	28.111

　　进一步观察留守儿童与普通儿童的得分率，研究发现与儿童群体的得分情况相类似，家庭在两类人群福利供应中的整体水平都是最高的。通过具体的得分率比较可以发现，外出家庭中留守儿童的得分率普遍偏低，留守儿童的整体得分率约为 66.797%，普通儿童大致为 75.553%；留守家庭的得分率情况则恰好相反，留守儿童为 65.406%，普通儿童为 58.828%；而国家、社区、志愿组织的整体得分率没有太大的差异，但普通儿童的得分率均要高于留守儿童（表 9—3）。当然，尽管这种差异显示出了基于"留守"因素的部分影响，但是整体来看，外出家庭和留守家

庭所代表的家庭福利供应一直处于最高水平。进一步观察二级指标也可以发现，外出家庭的分析中留守儿童和普通儿童在所有 9 项指标中大部分呈现出了高于 50% 的得分率，其中留守儿童在生活照顾和健康照顾上具有低于 50% 的得分率，而普通儿童则在所有指标上具有较强的福利供应。在留守家庭的分析中，普通儿童除了在生活资金、健康资金和教育资金三个指标上具有低于 50% 的得分率外，其余各个指标也具有较强的影响力，而留守儿童即使在生活资金和健康资金方面也具有较高的福利供应力度。留守儿童在国家福利供应中得分率超过 50% 的指标有生活保护、健康资金与教育机会，普通儿童超过 50% 的指标则有健康资金、健康维护、教育机会和教育辅助，这说明国家福利供应的有限性较为明显，且留守儿童与普通儿童相比并不具有优势。而社区、志愿组织即使得分率较高的指标也均没有达到 50%，因而两者的整体影响度比较低。

表 9—3　　　　　　　　**福利多元主体得分率的人群分类**　　　　　单位:%

指标	子指标	外出家庭		留守家庭		国家		社区		志愿组织	
		留守儿童	普通儿童	留守儿童	普通儿童	留守儿童	普通儿童	留守儿童	普通儿童	留守儿童	普通儿童
生活福利	生活资金	89.725	96.000	51.250	34.825	20.025	24.750	14.650	14.750	22.875	29.700
	生活保护	64.450	67.400	60.425	52.075	50.350	49.750	58.800	59.275	25.000	29.150
	生活照顾	49.550	73.200	78.325	75.850	10.250	11.250	36.450	38.200	17.025	17.675
健康福利	健康资金	67.025	66.600	65.900	43.375	60.050	68.000	20.075	19.075	18.625	28.325
	健康维护	52.375	68.025	83.900	70.500	48.600	53.500	25.900	29.85	27.125	30.650
	健康照顾	47.800	70.425	62.600	55.450	44.975	42.700	16.000	17.025	25.525	25.925
教育福利	教育资金	75.775	85.175	47.550	37.475	18.000	18.450	21.125	20.825	20.750	28.200
	教育机会	95.625	93.725	80.950	79.850	79.850	78.725	47.500	49.725	27.725	33.500
	教育辅助	58.825	59.425	57.750	80.050	48.775	52.500	51.575	51.725	25.550	30.075
综合分析	生活福利	67.908	78.867	63.333	54.250	26.875	28.583	36.633	37.408	21.633	25.525
	健康福利	55.733	68.358	70.800	56.442	51.208	54.733	20.658	21.983	23.758	28.158
	教育福利	76.742	79.442	62.083	65.792	48.875	49.891	40.067	40.758	24.675	30.225

续表

指标	子指标	外出家庭		留守家庭		国家		社区		志愿组织	
		留守儿童	普通儿童	留守儿童	普通儿童	留守儿童	普通儿童	留守儿童	普通儿童	留守儿童	普通儿童
	资金	76.783	82.258	54.900	38.558	32.691	37.067	18.617	18.217	20.750	28.817
	保护性服务	70.450	76.242	75.092	67.475	59.600	60.658	44.067	46.283	26.617	30.933
	照顾性服务	52.125	67.625	66.225	70.450	34.667	35.483	34.675	35.65	22.700	24.292
	总体水平	66.797	75.553	65.406	58.828	42.319	44.403	32.453	33.383	23.356	28.000

2. 福利多元主体的责任转移

在对福利供应水平和福利责任变化的分析中，研究已经发现我国留守儿童的福利供应主要依靠家庭来完成，外出家庭和留守家庭通过某种福利组合的形式来维持留守儿童福利供应的基本水平，而其余主体的参与力度比较弱。这种分析在一定程度上说明了福利供应主体的关联，但是却无法说明其责任转移过程受到哪些因素的影响，因而研究将进一步分析各个因素对于儿童福利供应的影响力度及父母外出后出现的福利责任转移（表9—4）。

表9—4　　　　　　　**福利多元主体福利资金的影响因素**

指标		资金	福利供应的结构性变化				
			外出家庭	留守家庭	国家	社区	志愿组织
常量		6.908 (1.510)***	7.174 (2.876)*	9.664 (4.861)*	1.011 (3.619)	3.940 (3.215)	−6.538 (3.787)+
个人因素	性别	−0.129 (0.147)	0.061 (0.276)	−0.639 (0.475)	−0.424 (0.354)	−0.260 (0.315)	−0.291 (0.372)
	民族	−0.412 (0.235)+	0.226 (0.441)	−1.684 (0.769)*	0.310 (0.571)	0.048 (0.507)	−0.719 (0.597)
	地区	−0.246 (0.101)*	−0.306 (0.189)	−0.105 (0.324)	0.000 (0.242)	−0.143 (0.214)	0.212 (0.253)

续表

指标		资金	福利供应的结构性变化				
			外出家庭	留守家庭	国家	社区	志愿组织
	年龄	-0.040	0.021	-0.013	0.173	0.116	0.801
		(0.076)	(0.144)	(0.248)	(0.184)	(0.164)	(0.193) ***
	学习成绩	0.026	-0.112	-0.038	-0.406	-0.002	-0.552
		(0.085)	(0.159)	(0.273)	(0.203)	(0.180)	(0.212) **
	学生干部	-0.017	-0.073	-0.016	0.029	0.075	-0.085
		(0.064)	(0.121)	(0.208)	(0.154)	(0.137)	(0.161)
	性格情况	0.106	-0.275	-0.933	-0.080	-0.346	0.637
		(0.152)	(0.286)	(0.492) +	(0.366)	(0.325)	(0.385) +
	健康程度	0.191	0.070	0.191	0.233	-0.157	0.029
		(0.090) *	(0.169)	(0.292)	(0.216)	(0.193)	(0.226)
家庭因素	家庭距离	-0.102	0.082	-0.299	0.210	-0.158	0.021
		(0.057) +	(0.107)	(0.184)	(0.136)	(0.121)	(0.143)
	单亲家庭	0.522	1.414	-0.050	0.470	0.367	0.660
		(0.256) *	(0.480) ***	(0.823)	(0.613)	(0.544)	(0.650)
	危重病人	0.262	-0.014	-0.066	0.079	0.164	0.218
		(0.070) ***	(0.131)	(0.226)	(0.168)	(0.149)	(0.175)
	家庭人口	-0.012	0.099	0.507	-0.015	-0.174	0.153
		(0.056)	(0.106)	(0.187) **	(0.135)	(0.120)	(0.141)
	父母年龄	-0.018	0.021	-0.098	0.012	-0.028	-0.045
		(0.015)	(0.029)	(0.049) *	(0.037)	(0.033)	(0.039)
	父母学历	0.182	-0.138	0.708	-0.257	-0.204	-0.478
		(0.123)	(0.231)	(0.399) +	(0.295)	(0.262)	(0.309)
父母外出因素	父亲外出	-0.037	-0.122	-0.129	-0.227	-0.314	-0.176
		(0.076)	(0.143)	(0.246)	(0.183)	(0.162) +	(0.196)
	母亲外出	-0.096	-0.134	0.545	0.091	0.081	-0.087
		(0.078)	(0.147)	(0.252) *	(0.188)	(0.167)	(0.203)
F.sig		0.000	0.070	0.008	0.305	0.413	0.001
F		0.432	1.384	2.260	1.158	1.492	2.649
R^2		0.250	0.110	0.144	0.082	0.075	0.171

注：（1）括号内为标准误；（2）＊＊＊、＊＊、＊、+分别代表0.5%、1%、5%和10%水平上的显著。

从福利供应主体的资金供应来看，研究发现留守儿童在福利资金上相对普通儿童并未呈现出明显的落后，父母外出对于儿童福利资金的影响相对有限。在福利资金的六个模型中，总体福利供应、留守家庭福利供应和志愿组织福利供应在 F 检验显著性中分别呈现出了 0.000、0.008 和 0.001 的显著性，R^2 的解释度分别为 25.0%、14.4% 和 17.1%，因此三者具有较强的统计学意义。从资金福利的总体分析方程来看，研究发现个人因素中的民族、地区、健康程度以及家庭因素中的家庭距离、单亲家庭和危重病人会对福利供应产生较为明显的影响，但是父亲外出与母亲外出的影响程度均不甚明显，其人群的差异显著性均在 0.1 以上。而进一步观察留守家庭的福利供应，研究发现家庭因素中的家庭人口、父母年龄和父母学历会对留守家庭的福利供应产生较为明显的影响，且母亲外出因素呈现出了低于 0.05 的显著性水平，回归系数达到了 0.545，因此母亲外出后留守家庭会增加其资金方面的供应。而志愿组织福利供应受到父母外出因素的影响较小，其显著性水平均在 0.1 以上。基于此，研究认为外出家庭在福利供应上的衰减力度并不严重，留守家庭也会形成针对性的弥补，因而留守儿童资金福利供应并未受到明显的负面影响。

与此相类似，保护性服务在总体福利供应上也未受到父亲与母亲外出的直接影响，其在解释力达到 20.5% 的模型中分别具有高于 0.1 的回归显著性，因此父母外出在整体上对保护性福利服务的影响是相对羸弱的（表 9—5）。同时，研究发现父母外出对于保护性服务的影响主要存在于外出家庭中，而其余福利供应主体均没有出现明显的影响。在模型解释力达到 20.0% 的外出家庭福利供应方程中，母亲外出因素呈现出了低于 0.05 的显著性，结合 -0.292 的回归系数，研究发现母亲外出对于儿童保护具有一定的负面影响；而父亲外出的回归显著性则达到了 0.1 以上，因此父亲对于儿童保护问题的影响不足。与此相对比，在模型解释力达到 16.3% 的留守家庭福利供应方程中，母亲外出因素呈现出的显著性水平则超过了 0.1 的显著性标准值，而父亲外出的结果也不甚显著，因此两者对于留守家庭福利供应的增强不具备较大的影响力。而国家福利供应、社区福利供应和志愿组织福利供应的分析方程则存在较大的问题，三个方程的 F 显著性分别达到了 0.301、0.103 和 0.083，因而整体的影响度也没有统计学意义。

表9—5　　　　　福利多元主体保护性服务的影响因素

指标		保护性服务	福利供应的结构性变化				
			外出家庭	留守家庭	国家	社区	志愿组织
常量		5.963 (1.862)***	5.979 (2.409)*	7.641 (3.625)*	10.448 (2.620)***	2.450 (4.760)	-8.172 (4.452)+
个人因素	性别	-0.108 (0.181)	-0.150 (0.235)	-0.635 (0.353)+	-0.346 (0.256)	0.482 (0.466)	0.217 (0.437)
	民族	-0.483 (0.289)+	-0.348 (0.376)	-0.814 (0.574)	-0.322 (0.413)	-0.413 (0.764)	-0.765 (0.714)
	地区	-0.042 (0.124)	0.022 (0.161)	-0.115 (0.242)	-0.166 (0.175)	-0.060 (0.319)	-0.183 (0.299)
	年龄	-0.161 (0.094)+	0.207 (0.122)+	-0.081 (0.184)	-0.001 (0.133)	0.479 (0.241)	0.757 (0.226)***
	学习成绩	-0.518 (0.104)***	-0.213 (0.135)	-0.013 (0.204)	-0.434 (0.147)***	-0.190 (0.267)	0.158 (0.249)
	学生干部	0.019 (0.079)	0.029 (0.102)	0.193 (0.155)	0.221 (0.112)*	-0.399 (0.203)*	-0.001 (0.189)
	性格情况	0.070 (0.188)	-0.328 (0.243)	-0.115 (0.366)	-0.041 (0.265)	-0.685 (0.482)	-0.498 (0.452)
	健康程度	0.155 (0.111)	0.328 (0.144)*	0.747 (0.217)***	0.015 (0.157)	0.270 (0.285)	0.326 (0.265)
家庭因素	家庭距离	-0.053 (0.070)	-0.193 (0.091)*	-0.133 (0.137)	-0.075 (0.099)	-0.028 (0.180)	-0.211 (0.169)
	单亲家庭	0.752 (0.315)*	0.908 (0.408)*	0.709 (0.614)	-0.143 (0.444)	0.299 (0.827)	0.399 (0.785)
	危重病人	0.102 (0.086)	-0.100 (0.112)	0.293 (0.168)+	0.048 (0.121)	0.303 (0.220)	0.244 (0.206)
	家庭人口	0.030 (0.069)	0.111 (0.090)	0.139 (0.139)	0.104 (0.098)	0.307 (0.178)	0.289 (0.166)+
	父母年龄	-0.016 (0.019)	-0.031 (0.024)	-0.065 (0.037)+	-0.036 (0.027)	-0.085 (0.048)+	-0.008 (0.045)
	父母学历	0.306 (0.152)*	0.468 (0.196)*	-0.450 (0.297)	-0.016 (0.214)	0.187 (0.389)	-0.062 (0.363)

续表

指标		保护性服务	福利供应的结构性变化				
			外出家庭	留守家庭	国家	社区	志愿组织
父母外出因素	父亲外出	0.018	-0.056	0.248	-0.032	-0.193	-0.034
		(0.094)	(0.122)	(0.183)	(0.132)	(0.240)	(0.230)
	母亲外出	-0.118	-0.292	0.012	-0.004	0.053	-0.133
		(0.097)	(0.125)*	(0.188)	(0.136)	(0.246)	(0.238)
F. sig		0.000	0.000	0.002	0.301	0.103	0.083
F		3.333	2.977	2.288	1.162	1.499	1.558
R^2		0.205	0.200	0.163	0.083	0.105	0.109

注：（1）括号内为标准误；（2）＊＊＊、＊＊、＊、+分别代表0.5%、1%、5%和10%水平上的显著。

与福利资金与保护性服务有明显不同，照顾性服务受到母亲外出的显著影响。在所有六项方程中，国家与社区在照顾性服务上的F检验显著性分别为0.387和0.363，因此两者的总体解释力均不足（表9—6）。进一步观察其余四个方程的分析结果，研究发现母亲外出因素对于儿童照顾性福利服务具有非常明显的影响，其回归显著性在0.1以内，结合-0.199的回归系数，可以发现母亲外出时间越长的儿童获得照顾的水平越有限。这种现象的产生原因在于外出家庭福利供应的衰减非常明显，而留守家庭与志愿组织的增长幅度则非常有限；其中，外出家庭福利供应受到母亲外出因素的强烈影响，其回归显著性为0.000，回归系数也达到了-0.520，因此母亲外出时间长的儿童在外出家庭福利供应中就存在明确的衰减；留守家庭的照顾性服务受到母亲外出因素的影响则相对有限，在统计中未发现其影响显著性达到0.1以下。而观察志愿组织的福利供应，研究也并未发现父亲外出与母亲外出带来了何种积极的变化。

表9—6　　　　　　　　福利多元主体照顾性服务的影响因素

指标	照顾性服务	福利供应的结构性变化				
		外出家庭	留守家庭	国家	社区	志愿组织
常量	4.964	4.715	9.711	-1.761	0.358	-8.057
	(2.304)*	(3.048)*	(3.027)***	(3.281)	(3.429)	(4.072)*

续表

指标		照顾性服务	福利供应的结构性变化				
			外出家庭	留守家庭	国家	社区	志愿组织
个人因素	性别	-0.253	-0.438	-0.393	-0.135	0.248	0.215
		(0.225)	(0.297)	(0.295)	(0.321)	(0.336)	(0.400)
	民族	0.095	0.664	-0.472	-0.113	-0.135	-1.082
		(0.358)	(0.474)	(0.479)	(0.518)	(0.541)	(0.652)$^+$
	地区	0.081	-0.037	-0.164	0.500	-0.034	-0.036
		(0.154)	(0.203)	(0.202)	(0.219)*	(0.229)	(0.273)
	年龄	0.017	0.080	0.056	0.342	0.56	0.844
		(0.117)	(0.154)	(0.154)	(0.167)*	(0.174)	(0.207)***
	学习成绩	-0.287	-0.182	-0.017	-0.249	-0.151	0.086
		(0.129)*	(0.171)	(0.170)	(0.184)	(0.192)	(0.228)
	学生干部	0.051	0.084	-0.005	-0.006	0.169	-0.042
		(0.098)	(0.130)	(0.129)	(0.140)	(0.146)	(0.173)
	性格情况	0.070	-0.370	-0.242	-0.030	-0.088	-0.367
		(0.232)	(0.307)	(0.306)	(0.331)	(0.348)	(0.414)
	健康程度	0.380	0.708	0.290	0.308	0.317	0.170
		(0.138)**	(0.182)***	(0.181)	(0.196)	(0.206)	(0.243)
家庭因素	家庭距离	-0.194	-0.192	-0.277	-0.077	-0.197	-0.208
		(0.087)*	(0.115)	(0.114)*	(0.124)	(0.130)	(0.154)
	单亲家庭	0.754	1.392	-0.395	0.115	-0.113	-0.151
		(0.390)$^+$	(0.516)**	(0.513)	(0.556)	(0.581)	(0.718)
	危重病人	0.043	-0.067	0.129	-0.043	0.049	0.165
		(0.107)	(0.141)	(0.140)	(0.152)	(0.159)	(0.188)
	家庭人口	0.116	0.056	0.310	0.119	0.064	0.289
		(0.086)	(0.114)	(0.116)	(0.123)	(0.128)	(0.152)$^+$
	父母年龄	-0.040	-0.038	-0.055	-0.030	-0.040	-0.014
		(0.023)$^+$	(0.031)	(0.031)$^+$	(0.033)	(0.035)	(0.042)
	父母学历	0.626	0.264	-0.025	0.183	-0.188	-0.056
		(0.188)***	(0.248)	(0.248)	(0.268)	(0.280)	(0.332)
父母外出因素	父亲外出	-0.016	-0.243	-0.052	0.029	-0.025	-0.165
		(0.116)	(0.154)	(0.153)	(0.166)	(0.173)	(0.210)

续表

指标		照顾性服务	福利供应的结构性变化				
			外出家庭	留守家庭	国家	社区	志愿组织
母亲		-0.199	-0.520	-0.201	-0.100	-0.229	0.098
外出		(0.120)⁺	(0.158)***	(0.157)	(0.170)	(0.178)	(0.218)
F. sig		0.000	0.000	0.041	0.387	0.363	0.045
F		3.316	5.624	1.743	1.069	1.094	1.720
R²		0.204	0.317	0.119	0.077	0.079	0.119

注：（1）括号内为标准误；（2）＊＊＊、＊＊、＊、+分别代表0.5%、1%、5%和10%水平上的显著。

从儿童福利供应的整体状况来看，外出家庭、留守家庭、志愿组织在福利供应中也均存在低于0.005的高度显著性，其方程都具有明确的统计学意义（表9—7）。在此基础上，研究发现母亲外出因素与整体福利供应的回归显著性为0.059，且回归系数为-0.138，因此母亲外出时间越长其整体福利供应的衰减越严重。这种现象的出现主要源于母亲外出对于外出家庭福利供应的直接影响，母亲外出因素与外出家庭福利供应的回归显著性达到了0.003，结合其-0.315的回归系数，可以发现母亲外出对外出家庭福利产生了严重的负面影响；留守家庭福利供应也受到母亲外出的显著影响，其显著性水平为0.094，且其回归系数达到了0.117，因而留守家庭福利受到母亲外出的正向影响，但是这种影响的力度大幅缩小；国家福利、社区福利由于方程显著性达到了0.057和0.184，两个方程均不具有统计学意义，且从其"留守"因素的影响度上看也未能发现显著的影响力；而志愿组织福利模型虽然具有显著性，但是由于其父母外出因素都远在0.1以上，因此父亲外出和母亲外出对于志愿组织的福利供应也不存在任何影响。

表9—7　　　　　　福利多元主体儿童福利供应的影响因素

指标		儿童福利	福利供应的结构性变化				
			外出家庭	留守家庭	国家	社区	志愿组织
常量		5.944	5.956	8.972	3.233	1.900	-7.554
		(1.556)***	(2.111)***	(3.029)***	(2.227)	(2.984)	(3.423)*

续表

指标		儿童福利	福利供应的结构性变化				
			外出家庭	留守家庭	国家	社区	志愿组织
个人因素	性别	-0.164 (0.153)	-0.176 (0.204)	-0.547 (0.295)⁺	-0.302 (0.218)	0.193 (0.292)	0.045 (0.336)
	民族	-0.267 (0.243)	0.181 (0.325)	-0.993 (0.479)*	-0.042 (0.351)	-0.273 (0.471)	-0.839 (0.540)
	地区	-0.041 (0.105)	-0.107 (0.140)	-0.129 (0.202)	0.112 (0.149)	-0.058 (0.199)	-0.006 (0.229)
	年龄	0.046 (0.079)	0.103 (0.106)	0.001 (0.154)	0.171 (0.113)	0.326 (0.151)*	0.801 (0.174)***
	学习成绩	-0.260 (0.088)***	-0.169 (0.117)	-0.014 (0.170)	-0.363 (0.125)***	-0.112 (0.167)	-0.105 (0.192)
	学生干部	0.018 (0.067)	0.013 (0.089)	0.060 (0.129)	0.081 (0.095)	-0.060 (0.127)	-0.043 (0.146)
	性格情况	0.082 (0.158)	-0.324 (0.211)	-0.421 (0.306)	-0.050 (0.225)	-0.300 (0.302)	-0.080 (0.348)
	健康程度	0.242 (0.094)**	0.368 (0.125)***	0.402 (0.181)*	0.185 (0.133)	0.107 (0.178)	0.175 (0.204)
家庭因素	家庭距离	-0.116 (0.059)*	-0.101 (0.079)	-0.239 (0.115)*	0.019 (0.084)	-0.114 (0.112)	-0.131 (0.130)
	单亲家庭	0.676 (0.265)*	1.238 (0.354)***	0.124 (0.513)	0.147 (0.377)	0.329 (0.505)	0.281 (0.587)
	危重病人	0.136 (0.072)⁺	-0.060 (0.097)	0.122 (0.140)	0.028 (0.103)	0.171 (0.138)	0.210 (0.159)
	家庭人口	0.045 (0.058)	0.089 (0.078)	0.317 (0.117)**	0.069 (0.083)	0.050 (0.112)	0.245 (0.128)⁺
	父母年龄	-0.025 (0.016)	-0.016 (0.021)	-0.073 (0.031)*	-0.018 (0.023)	-0.049 (0.030)	-0.022 (0.035)
	父母学历	0.371 (0.128)***	0.198 (0.171)	0.372 (0.248)	-0.030 (0.182)	-0.107 (0.244)	-0.196 (0.279)
父母外出因素	父亲外出	-0.001 (0.079)	-0.142 (0.106)	0.020 (0.153)	-0.076 (0.112)	-0.175 (0.151)	-0.126 (0.177)

续表

指标		儿童福利	福利供应的结构性变化				
			外出家庭	留守家庭	国家	社区	志愿组织
母亲 外出		−0.138	−0.315	0.117	−0.004	−0.026	−0.041
		(0.081)[+]	(0.109)[***]	(0.057)[+]	(0.116)	(0.155)	(0.183)
F. sig		0.000	0.000	0.002	0.230	0.374	0.007
F		4.078	4.523	2.632	1.254	1.082	2.159
R^2		0.240	0.286	0.161	0.089	0.078	0.144

注：（1）括号内为标准误；（2）＊＊＊、＊＊、＊、+分别代表0.5%、1%、5%和10%水平上的显著。

二 福利多元主体的现实困境

通过对于福利责任定位和福利责任转移的分析，研究在本章节对家庭、国家、社区和志愿组织的福利供应状况进行了系统的比较，并对各个主体在福利供应中的作用和问题进行了相应的分析。研究希望在这三个方面的基础上进一步对定量的研究结果进行总结，对福利多元主体在福利供应中的责任分担和所存在的问题进行更为综合性的探讨（表9—8）。

表9—8　　　　　福利多元主体责任分担与现实困境的定量分析

指标	二级指标	福利多元主体				
		外出家庭	留守家庭	国家	社区	志愿组织
整体 状况	责任定位	主要供应者	主要供应者	参与者	参与者	参与者
	责任替代	主要衰减者	主要增长者	无明显变化	无明显变化	无明显变化
	责任转移	显著影响	比较显著影响	不显著影响	不显著影响	不显著影响
福利 责任 定位	生活福利	重要	重要	不重要	不重要	不重要
	健康福利	重要	重要	重要	不重要	不重要
	教育福利	重要	重要	不重要	不重要	不重要
	福利资金	重要	不重要	不重要	不重要	不重要
	保护性服务	重要	重要	重要	不重要	不重要
	照顾性服务	重要	重要	不重要	不重要	不重要

续表

指标	二级指标	福利多元主体				
		外出家庭	留守家庭	国家	社区	志愿组织
福利责任转移	生活福利	显著衰减	显著增长	不显著	不显著	不显著
	健康福利	显著衰减	显著增长	不显著	不显著	不显著
	教育福利	显著衰减	不显著	不显著	不显著	不显著
	福利资金	不显著	显著增长	不显著	不显著	不显著
	保护性服务	显著衰减	不显著	不显著	不显著	不显著
	照顾性服务	显著衰减	不显著	不显著	不显著	不显著

注：（1）福利责任定位：得分高于 50% 为重要指标得分，低于 50% 为不重要指标得分；（2）福利责任转移：回归显著性低于 0.1 为显著影响，回归系数为正数则为增长，负数为衰减。

综合来看，研究发现目前各个福利供应主体的作用可以概括为：（1）从福利责任的定位来看，家庭在福利供应的力度和范围上都是最为重要的主体。从福利供应的力度来看，家庭福利供应不但是最为主要的福利来源，也是最为全面的福利来源；国家、社区的福利定位则体现出了福利供应上的有限性和片面性，其仅能在儿童保护性服务方面提供较为有力的保障；志愿组织福利供应则在力度与广泛性上处于最低水平。（2）从福利责任的转移来看，家庭福利主体受到父母外出的较大影响，而其余主体的影响力度不大。目前父母外出对于儿童福利供应造成的影响主要以外出家庭和留守家庭为主，而其余福利主体受到的影响均非常有限；从子模型的分析结果来看，母亲外出对于健康福利和照顾性服务等指标的强烈影响是构成当前影响的主要方面。由此，本书基本确定当前留守儿童福利供应体系是依赖家庭来构建的，家庭在留守儿童福利供应中承担着最为主要的作用。

研究进一步认为，目前定量分析也能够发现现有留守儿童福利供应体系所具有的一些潜在风险：（1）家庭的责任过于沉重和福利服务的空巢化，可能会使家庭中出现的问题演变为留守儿童福利供应的问题。从定量的调查结果来看，目前留守儿童福利供应主要由家庭作为福利供应来源，且现有的留守儿童福利供应体系以家庭内部的责任调整为主，而其余主体的参与力度不足，因而可能会出现某些潜在的风险。从定量的研究结果可以非常明显地看到，目前过度依赖家庭构建的福利体系对于儿童基础性的福利具有一定的积极作用，但是对于更高层次的福利供应则有所不足；而在福利提供方式的分析中，则可以发现目前留守儿童福利体系能够有效地解决资金和保护性服务问题，但是在照顾性服务方面则存在非常严重的缺失。这与留守儿童福利获取的分析结果基本保持了一致，并在客观上回答了为何留守儿童会出现福利获取上的结构性失衡。（2）国家在留守儿童福利供应中的有限作用容易导致以降低儿童福利获取水平为代价来维持国家的财政平衡。目前，依赖家庭而构建的留守儿童福利体系过度地将责任转移到了家庭主体上，当出现父母外出等家庭结构变动后，留守儿童只能寻求亲属的帮助，而其余主体的参与力度受到很大的制约。尽管这种制度能够在经济发展水平相对较低的状态下降低社会福利资源的支出规模，并在很大程度上避免了福利依赖，但是这种福利供应体系却是以牺牲儿童的诸多福祉为代价的，因而其形成的社会风险可能在很大程度上制约着儿童福祉的全面提升。（3）社区与志愿组织在留守儿童福利供应中的参与力度不强容易导致儿童福利供应的可及性不强。从定量的分析结果来看，目前社区和志愿组织在留守儿童的福利供应中存在明显的缺陷，其福利替代效果明显不足，因而使家庭在福利供应中承受着过于沉重的责任。尤其是在照顾性服务等方面的不利局面，已经体现出目前家庭在福利供应中所得到的支持不具有可及性。（4）国家、社区、志愿组织不但未能对留守儿童出现倾向性的福利给予支持，反而会在一定程度上形成反向福利剥夺。研究发现，目前我国国家、社区、志愿组织可能会对留守儿童（尤其是双亲留守儿童）产生更为负面的福利供应力度，普通儿童在上述福利供应中的得分反而出现了小幅度的领先，而其背后可能反映出留守儿童家庭在话语权上的缺乏，反映出农村社会在有限福利资源的分配过程中仍然按照社会资本而非实际需要进行划分。因此，研究认为当前的儿童福利供应体系已经存在着一定的社会风险，这种社会风险的形成主要在于现行的福利设计中过度地依赖家庭而构建，而缺乏多元主体对家庭福利的有效支持。

第二节　对福利多元主体的定性分析

一　福利多元主体的责任分担

定量研究在整体上发现了目前的留守儿童福利供应体系是依赖家庭而

形成的，且家庭在留守儿童福利供应中承担着最主要的作用，其福利责任的替代在家庭内部完成，父母外出也仅仅对家庭主体具有显著影响。研究希望在此基础上进一步采取定性的分析方式对留守儿童福利供应状况进行系统的梳理，通过对比福利接受者和福利供应者双方①的想法来进行更为全面的总结（表9—9）。

表9—9　　　　　　　　　　福利多元主体福利责任的定性分析

指标	二级指标	福利多元主体				
		外出家庭	留守家庭	国家	社区	志愿组织
整体状况	福利接受者	重要	重要	比较重要	不重要	不重要
	福利供应者	重要	重要	比较重要	不重要	不重要
福利接受主体	生活资金	承担主要资金	很少涉及资金	基本不涉及	基本不涉及	有限的捐款
	生活保护	负责儿童保护	负责儿童保护	儿童保护宣传	基本不涉及	基本不涉及
	生活照顾	不能进行照顾	负责儿童照顾	很少涉及	邻里临时互助	基本不涉及
	健康资金	负责资金供应	很少涉及资金	基本不涉及	基本不涉及	基本不涉及
	健康维护	基本不会涉及	进行一定支持	参与健康维护	基本不涉及	基本不涉及
	健康照顾	不能进行照顾	负责健康照顾	基本不涉及	邻里临时互助	基本不涉及
	教育资金	负责资金供应	很少涉及资金	基本不涉及	基本不涉及	集体性的支持
	教育机会	支持儿童入学	支持儿童入学	保障儿童入学	基本不涉及	基本不涉及
	教育辅助	进行一定辅助	很少进行辅助	具有一定支持	具有有限支持	基本不涉及
福利供应主体	生活资金	承担主要责任	很少涉及资金	具有一定支持	基本不涉及	社会捐款
	生活保护	负责儿童保护	负责儿童保护	参与儿童保护	社区法律宣传	基本不涉及
	生活照顾	不能进行照顾	负责儿童照顾	基本不涉及	邻里临时互助	基本不涉及
	健康资金	承担主要责任	很少涉及资金	具有一定支持	基本不涉及	社会捐款
	健康维护	基本不会涉及	具有一定支持	参与健康维护	基本不涉及	基本不涉及

① 严格来讲，家庭福利方面的分析是儿童与成人的对比，研究将儿童纳入福利接受者范畴、成人纳入福利供应者范畴进行总结。

续表

| 指标 | 二级指标 | 福利多元主体 | | | | |
		外出家庭	留守家庭	国家	社区	志愿组织
	健康照顾	不能进行照顾	负责健康照顾	基本不涉及	邻里临时互助	基本不涉及
	教育资金	承担主要责任	很少涉及资金	具有一定支持	基本不涉及	社会捐款
	教育机会	鼓励儿童入学	鼓励儿童入学	保障儿童入学	基本不涉及	基本不涉及
	教育辅助	很少进行辅助	很少进行辅助	具有一定支持	邻里临时互助	基本不涉及

对于访谈资料的分析结果进行解读，可以发现目前福利多元主体在儿童福利供应中处于的地位：（1）家庭承担着最为重要的福利责任。儿童与成人的话语相互印证地说明，外出家庭在福利供应中主要负责资金的供应，保护性服务也予以了部分的提供，而照顾性服务则较为有限。因而在外出家庭的福利供应中，尽管资金方面得到了较大范围的补充，但是儿童照顾的不足仍然使留守儿童在整体上形成了一定的福利丧失。定性的访谈资料同样显示，留守家庭的福利供应主要在福利服务上发挥作用，其与资金供应的关系并不大。同时，由于年老体弱等问题而导致的儿童照顾能力不足也使目前留守家庭在照顾性服务方面的提升力度并不大。（2）国家在福利供应中也具有一定的作用。目前国家在福利供应中也具有一定的作用，这点在福利接受者和福利提供者那里都有一定的反映。访谈的结果发现，目前国家多在儿童保护性服务方面发挥着重要的作用，而在资金供应和照顾性服务方面的作用不甚明显；同时，研究也发现，目前国家在儿童面临福利衰减时也不会提供明确的福利替代，普通儿童反而具有一定的劣势。（3）社区和志愿组织在福利供应中的作用是比较有限的。社区福利供应目前尚缺乏组织性的供应，而邻里互助为主要形式的福利供应方式往往只能够在儿童照顾方面发挥非常有限的作用。志愿组织福利供应的作用在定性的访谈中则并没有明显的体现，因而目前它在儿童福利供应中的责任最为边缘化。同时，由于家庭社会资本的差异，两者在福利供应的过程中也呈现出了针对留守儿童的反向福利剥夺。

从定性访谈来看，目前我国留守儿童的福利供应体系仍然坚持了传统的、依赖家庭而构建的福利供应模式，因此家庭处于儿童福利供应的绝对核心地位。这种体系的形成不但说明我国儿童福利供应仍然受到农村传统文化的深刻影响，同样昭示着我国现代化的儿童福利供应体系还没有建立起来。与国际上主流的儿童福利制度相比，我国公共服务在儿童福利供应上的水平非常有限，社区的建设又严重不足，而志愿组织的发展也举步维艰。因此，随着家庭结构的变化、女性劳动力卷入市场和社会风险的增加，这种传统的儿童福利供应体系正在遭受到越来越紧迫的现实威胁，留守儿童在某些福利项目上出现的危机恰恰反映出了我国当前困境儿童福利供应体系所具有的现实漏洞。而积极建设以困境儿童为中心的福利多元体系，形成福利多元主体大致均衡的责任分担机制，才应当是儿童福利制度构建的主要方向。

二　福利多元主体的现实困境

通过对留守儿童福利供应主体的责任进行分析，研究发现我国留守儿童福利供应体系中家庭占据着主体的作用，国家、社区、志愿组织的作用较为有限。在儿童福利供应中，外出家庭的福利衰减主要由留守家庭来补充，而国家、社区、志愿组织的福利替代责任都没有得到比较明显的彰显。在了解到福利多元主体福利责任分担状况的同时，本书在访谈过程中也发现了目前福利多元主体所存在的现实困境，并通过既有困境观察到了留守儿童福利供应体系面临的风险和挑战（表9—10）。

表9—10　　　　　　　　福利多元主体既有困境的定性分析

指标	二级指标	福利多元主体				
		外出家庭	留守家庭	国家	社区	志愿组织
整体状况	福利供应者	福利服务不足	照顾能力不足	整体不足	整体严重不足	整体严重不足
	福利接受者	福利服务不足	照顾能力不足	整体不足	整体严重不足	整体严重不足
福利接受主体	生活资金	问题不严重	问题不严重	缺乏介入	缺乏介入	自愿性
	生活保护	问题不严重	问题不严重	问题不严重	缺乏介入	缺乏介入
	生活照顾	缺乏介入	照顾能力不足	缺乏介入	自发性	缺乏介入
	健康资金	问题不严重	问题不严重	缺乏介入	缺乏介入	自愿性
	健康维护	缺乏介入	问题不严重	问题不严重	缺乏介入	缺乏介入

续表

指标	二级指标	福利多元主体				
		外出家庭	留守家庭	国家	社区	志愿组织
福利供应主体	健康照顾	缺乏介入	照顾能力不足	缺乏介入	自发性	缺乏介入
	教育资金	问题不严重	问题不严重	应急性	缺乏介入	缺乏介入
	教育机会	问题不严重	问题不严重	问题不严重	缺乏介入	缺乏介入
	教育辅助	缺乏介入	照顾能力不足	有限介入	自发性	缺乏介入
	生活资金	问题不严重	问题不严重	应急性	重点人群资助	自愿性
	生活保护	问题不严重	问题不严重	问题不严重	问题不严重	缺乏介入
	生活照顾	缺乏介入	照顾能力不足	政策不涉及	自发性	缺乏介入
	健康资金	问题不严重	问题不严重	应急性	缺乏介入	自愿性
	健康维护	缺乏介入	支持较为不足	问题不严重	缺乏介入	缺乏介入
	健康照顾	缺乏介入	照顾能力不足	政策不涉及	自发性	缺乏介入
	教育资金	问题不严重	问题不严重	应急性	缺乏介入	自愿性
	教育机会	问题不严重	问题不严重	问题不严重	缺乏介入	缺乏介入
	教育辅助	缺乏介入	照顾能力不足	政策涉及有限	自发性	缺乏介入

通过定性的分析，研究也进一步发现了福利多元主体所存在的既有困境：（1）家庭福利供应具有结构性的漏洞。访谈分析发现，目前外出家庭和留守家庭大致形成了一种家庭内部福利组合，其中外出家庭负责资金供应，而留守家庭负责福利服务。这种看似合理的福利责任转移机制在发挥一定作用的同时却在某些福利项目上面临着严峻的风险。研究发现，由于留守家庭多以祖辈抚育为主，在照顾能力上具有很大的不足，因而在照顾性服务方面面临着比较大的缺失，而这恰恰反映出家庭内部的福利责任转移并不能够在每一个项目上都能够保障儿童的福利供应。（2）国家福利供应仍然较为不足。定性的研究结果发现，目前国家在保护性服务上的作用比较突出，但是在福利资金和照顾性服务上均存在着比较大的漏洞，因而福利供应仍然具有一定的提升空间；同时，由于目前基层政府在推行政策时往往以"关爱行动"的方式来展开，因而这种政策体系也带有很

强的应急性特征。（3）社区和志愿组织在福利供应上比较有限。通过福利接受者和福利供应者的访谈，研究发现社区福利目前是以邻里互助的形式开展的，这在说明我国农村乡邻文化仍然发挥重要作用的同时也昭示着我国以社区组织为基础的福利供应体系仍然未能形成，因而社区福利供应带有明显的自发性特征。同时，西部地区的志愿组织由于在资金、技术、人才等方面还存在较大的问题，且与东部志愿组织未能够形成有效的信息沟通，因而志愿组织对于留守儿童的支持也是非常有限的。（4）留守儿童的福利供应可能受到话语权的影响。在国家、社区、志愿组织总量不足的情况下，对于福利资源的争夺可能会更加激烈，因而在实际的访谈中，研究发现留守儿童所存在的福利获取漏洞实际上与其父母的外出有很大的关系。国家福利的应急性、社区福利的自发性和志愿组织福利的自愿性，容易导致双亲留守家庭在面临福利资源争夺时失去话语权，这种社会资本的缺乏容易诱发"市民化排斥"之外的"居民化排斥"，因而留守儿童相比普通儿童在福利获取上的难度反而更大。

本章小结

本章对家庭、国家、社区、志愿组织的福利责任与福利转移进行了比较，研究试图对福利多元主体的福利责任与既有困境进行详细的概括。在通过定量与定性相关分析了解到目前留守儿童福利供应的基本状况后，研究认为两种方法得到了较为一致的研究结果。

（1）目前我国各个福利供应主体在留守儿童福利供应中的作用存在差异，家庭在儿童福利供应实际上承担着最主要的作用。定量的研究显示出，一方面，儿童福利供应中所依托主体力量是外出家庭和留守家庭，两个主体承担着儿童福利的大部分责任，成为我国当前儿童福利供应中最为重要的依赖对象，而国家、社区、志愿组织的福利供应力度整体上严重不足。另一方面，家庭对于儿童的福利供应是全面的，其在9个二级指标中基本上都提供了有力的支持，而其余福利多元主体的覆盖范围均较为有限。定性的研究也在福利主体的角色扮演中发现，目前留守儿童福利供应体系仍然坚持着依赖家庭的传统模式，而其余多个福利主体的参与均相对有限。

（2）留守儿童福利供应的责任变化也主要依靠家庭内部来调整，外出家庭的福利衰减是通过留守家庭而非其他主体所代替的，国家、社区、志愿组织并未出现正向的福利替代。定量的研究进一步发现，目前外出家庭和留守家庭组成了家庭内部的福利组合，前者主要负责提供资金，后者则主要提供服务，两者共同构成了儿童福利供应的核心。同时，儿童福利供应会随着女性家庭成员的外出而变化，其主要的影响力仍然仅仅集中在家庭层面，与其余福利主体关联不大。定性的研究也发现，留守家庭会对外出家庭的福利缺失产生较为明显的提升，儿童的实际抚育者在福利服务方面会减缓其父母外出造成的影响，而其他主体的作用则比较有限。而观察其余福利主体，留守儿童所获得的福利不但并未出现明显的提升，反而出现了小幅度的下降，这显示出福利多元主体对于儿童福利的支持并没有形成相比普通儿童的积极作用。

（3）我国当前的儿童福利体系过于依赖家庭，可能会由于家庭本身的问题而出现福利供应的风险。定量研究发现，外出家庭在资金、保护性服务、照顾性服务上的差别是比较显著和全面的，其差异显著性分别达到了 0.001、0.000 和 0.000，而衰减的幅度也都超过了 10%，而照顾性服务的衰减甚至到了 34% 左右；留守家庭在资金和保护性服务供应方面形成较为明显的福利替代，两者的差异显著性分别为 0.000 和 0.013，其中资金供应的增长比例竟然达到了 40% 以上，但是在照顾性服务方面，留守家庭所提供的福利则相对有限，其显著性差异达到了 0.364，福利增长的幅度也仅为 2% 左右；而其余各个主体在福利供应方式上基本没有呈现出倾向性的增长。定性的分析结果也显示，家庭能够在资金和保护方面提供帮助，但是在儿童照顾方面却存留下了极大的漏洞，疏于管理成为制约留守儿童健康成长的重要因素；随着部分儿童家庭问题的涌现和父母外出等行为的出现，儿童群体内部也开始有部分儿童独立照顾自己，这一人群在调查中也具有约 10% 的比例。

通过如上的分析，研究认为我国留守儿童的福利供应体系是一种依赖家庭而形成的福利构建思路，坚持着一种传统的、家长为本位的、基于家庭互济而形成的非制度化的福利供应体系。而这种体系恰恰随着父母由于经济因素的外出和亲属替代的局限性正面临着越来越大的挑战：一方面，由于经济压力的增加和东西部地区的持续差距，留守儿童父母外出的行为已经越来越多，在兴文县大概有一半的儿童属于留守儿童，这种趋势短时期内不但不可扭转，而且还有可能继续增强；另一方面，留守儿童的主要抚育者往往是祖辈，随着年龄的推移，这部分人口可能面临着去世的巨大风险，而留守儿童在调查中往往具有更为年幼的兄弟姐妹，如果祖辈去世的现象出现，那么究竟谁来替代其福利供应就成为新的课题。同时，我国留守儿童的福利责任是在家庭内部实现转移的，其福利供应的整体风险仍然需要由家庭来承担。这种福利责任转移不但体现了传统农村儿童抚育模式的基本特征，同时与我国现存的东亚福利模式具有很强的一致性。这种方式在起到儿童抚育责任的同时，也为国家福利供应节省了大量的资金，为在经济发展相对有限的条件下完成儿童抚育任务提供了可能性。但是，随着我国家庭结构的变化、女性进入劳动力市场等趋势的增强，我国留守儿童所具有的社会风险出现了大幅度的提升，这种传统的福利责任定位已经在当前的社会风险下出现了较为严重的问题，亟须引起政策制定者的重视。

第十章

研究发现、讨论与建议

本书通过发现问题、文献回顾、研究设计和资料分析，对四川省兴文县留守儿童福利提供问题进行了积极的探讨，并分别对留守儿童的福利获取和福利多元主体的福利供应进行了细致的讨论。在本章中，研究将对前九章资料分析出的结果进行一个概括性、系统性的总结，通过问题与结论的概括分析出有关的建议，从而为未来留守儿童的福利政策提供指导。

作为研究发现、讨论与建议部分，本章将围绕着三个部分来予以总结：（1）本书的基本发现。在总结既有研究结果的基础上，研究希望围绕着研究问题进行结论性的整理，并形成相对体系和明确的研究发现。（2）研究的进一步讨论。本书希望通过实证性的调研来对福利多元主义理论和广义社会福利概念进行进一步的检验和讨论，通过兴文县调查的实证性结论进行理论中国化。（3）研究的相关建议。本书希望在结合既有发现和相关讨论的前提下针对西部留守儿童的福利议题提出相应的建议，明确未来西部农村儿童福利体系的主要发展方向。

第一节　研究的主要发现

一　从市民化排斥到居民化排斥

对于留守儿童的福利供应问题进行讨论，首先应当明确留守儿童的整体福利获取状况如何，这样才能在此基础上建立一个相对完善的儿童福利供应体系。然而非常可惜的是，基于教育学、心理学、社会学的很多研究都将其研究的重点关注到了留守儿童的不良行为与异常心理上，忽视了分析其背后潜藏的深层次的福利制度问题，这样显然就为留守儿童福利供应体系的不足埋下了伏笔。同时在实践领域，目前留守儿童的权益保护行动、关爱行动往往也以资金供应和儿童保护性服务作为最主要的出发点，它们更倾向于为留守儿童提供一定的资金和保护性宣传，而没有清楚地认识到目前留守儿童真正缺乏的福利供应项目是什么，因而实践领域容易出现一定的政策盲目性。

本书立足于四川省兴文县的实证研究，通过定量与定性的技术方法发现目前留守儿童福利获取相对普通儿童存在着较为明显的福利衰减，这在一定程度上体现出了留守儿童的弱势地位。通过定量的研究，本书认为虽然留守儿童在整体上的福利衰减幅度还是可控的，但是其福利获取的群体差异已经明确出现，并在均值分析和聚类分析中都得到了非常明显的检验。同时，如果细致观察福利供应中的二级指标，还可以发现留守儿童在健康福利和照顾性服务上的落后已经非常的显著，其在福利获取上的整体差距已经达到了 12% 以上，个别群体在此方面的差距甚至接近了 30%；在人群差异的测量中，"留守"因素不但在均值分析中呈现出了 0.000 的人群差异显著性，在聚类分析中表现出了人群之间的明确差异，而且在回归分析中也表现出了母亲外出与儿童福利获取间低于 0.005 的差异显著性，因此定量研究认为健康福利和照顾性服务上的差别构成了当前留守儿童福利获取的桎梏。在定性访谈的分析中，研究同样明确地发现了留守儿童在健康福利和照顾性服务上存在严重的不足，留守儿童在生活照顾、健康维护、健康照顾和教育辅助上都存在着明显的漏洞，因而验证了上述因素是留守儿童福利获取中的主要症结。可以说，从福利获取的角度来看，留守儿童在遭受到以户籍制度作为主要障碍的"市民化排斥"以后又遭受到了以家庭社会资本为主要障碍的"居民化排斥"，其福利获取的水平相比城市儿童及农村普通儿童均具有一定程度的衰减。

应该说，留守儿童福利获取出现结构性缺失的问题绝不仅仅体现在该人群的特殊性上，也不能完全用城乡户籍制度造成的亲子分离状态来解释，其背后体现出的深层次原因在于我国家庭在福利供应中被赋予了过于沉重的责任。基于传统观念而形成的儿童福利供应体系，往往将儿童福利供应简单地视为家庭的基本责任，因而家庭目前在儿童福利供应领域实际承担着绝对的核心作用。这种形式虽然能够满足大部分家庭的福利需要，但是当家庭内部出现结构性调整时其有效性就会发生大幅度的削减。比如，留守儿童的父母外出会减少其健康福利的支持力度，亲属在健康上的福利提供虽然有正面的意义，但是其实际的效果需要进行商榷；同样，留守儿童由于父母外出而带来的照顾缺失就无法通过单纯的留守家庭来弥补，因为留守家庭在能力上存在着严重的不足。同时，由于国家、社区、志愿组织在福利供应领域更加偏重于普通儿童，也使得基于社会资本而产生的留守家庭话语权劣势进一步加深了其居民化排斥的力度。所以从整体上看，留守儿童在福利获取上的缺失正是由于家庭内部人员流动而造成的结构调整，它不但体现出了目前家庭福利供应所面临的巨大风险，同时也体现出了福利多元主体对家庭的支持力度比较有限。

作为被市民化进程予以排斥的儿童，留守儿童在与本地居民进行比较的同时也出现了福利上的衰减，这无疑显示出了该群体所具有的市民化福利排斥与居民化福利排斥并存的二元弱势化状态。通过四川省兴文县的实证分析，本书发现当前的社会政策在福利供应时往往缺乏对于弱势群体的大幅度介入，而过于依靠资金和法律保护来提升留守儿童福利供应水平的努力在现阶段并没有完全做到有的放矢，因而很多工作都无法从根本上提升留守儿童的福祉，反而需要通过较大风险的传统家庭互济方式来弥合儿童的福利责任。换言之，当前很多社会政策将留守儿童视为"贫困儿童"与"问题儿童"而只提供少量资金与儿童法律宣传的方法，并没有准确地把握到留守儿童在福利获取中真正缺乏的项目。留守儿童在家庭、国家等主体中已经获得了较为充裕的资金和保护性服务，因而现阶段所缺少的绝不是单纯的资金和保护性服务，而是充足的照顾性服务。这就为我们下一步开展有关留守儿童的工作提供了目标上的指导：当前的社会政策及其执行者绝不应当把留守儿童"标签化"，部分留守儿童所形成的不良行为与异端心理多是由于福利获取和福利供应的结构性失衡造成的，留守儿童作为弱势群体所形成的福利弱势地位也未有明显改观，而如何加强家庭在儿童福利供应上的能力，促进多元主体为留守儿童家庭提供更为充裕的福利支持，应当成为未来政策走向的关键。

二 从多元责任共担到家庭福利互济

留守儿童所存在的福利供应问题虽然以结构性失衡为表征，但是其深层次的问题却在于多元主体福利责任的分配不利和福利供应体系不能够抵御现代化风险。留守儿童存在的福利问题背后体现出了外出家庭出现福利衰减后没有任何主体能够有效弥补其某些福利项目，因而其部分福利项目的责任替代和责任转移出现了福利供应上的真空。从研究的结论来看，这种基于福利衰减与福利替代的责任转移在整体上是存在结构性风险的，而其原因在于我国儿童福利供应的福利替代过重地依赖于留守家庭，而国家、社区、志愿组织等其他多元主体并未发挥出明显的积极作用。

在定量研究的基础上，研究发现留守儿童福利供应在家庭内部间的责任定位与责任转移是最为明显的，而其余主体的作用明显不足，所以留守儿童福利供应的责任定位实际上转变为了家庭处于绝对的核心作用，其福利责任的转移也就嬗变成了家庭内部的责任转移。从福利提供内容上看，留守儿童与普通儿童存在着广泛的差异：在生活福利中，普通儿童比留守儿童在外出家庭福利供应上更强，而留守家庭的福利替代虽然在一定程度上能够弥补这种差异，但是并不能完全起到作用；在健康福利中，这种趋势得到了进一步的延续，留守儿童与普通儿童出现了家庭内部福利责任的调整；在教育福利供应中，留守儿童与普通儿童在外出家庭福利上的差异也相对较小，因而外出家庭与留守家庭的责任变动较小。而观察福利供应的方式，研究则发现在此方面呈现出的差异则更为明确：留守儿童与普通儿童基于福利资金和保护性服务上的差异都是非常有限的，两者中外出家庭和留守家庭的作用都得到了较大程度的保留；但是在儿童照顾领域，留守儿童外出家庭的衰减是非常明确且剧烈的，而留守家庭在此方面的替代作用则非常有限。

进一步观察国家福利、社区福利和志愿组织福利在留守儿童福利供应中的作用，研究发现目前这三类福利主体在外出家庭出现福利衰减的情况下不但不能为留守儿童提供有效的福利替代，反而也出现了小幅度的福利衰减。其中，国家在留守儿童生活福利、健康福利、教育福利、保护性服务和照顾性服务五项指标的分析中均没有显著性的变化，但是双亲留守儿童相比单亲留守儿童和普通儿童的福利衰减是存在的。社区在儿童群体之间也未能形成福利供应上的差异，过于松散的邻里互助由于具有很强的自发性，因而在各项福利中所起到的作用也非常有限；同样，社区福利的提供中，两类留守儿童也相比普通儿童出现了较为消极的影响。而志愿组织在留守儿童与普通儿童的福利供应中不但未能起到倾向性的作用，甚至出现了普通儿童5%左右的领先。而采用访谈方式对福利接受者和福利供应者之间的对比也可以清晰地看到，目前国家在留守儿童福利供应中还扮演着一定的积极角色，但主要集中在保护性服务方面，而社区和志愿组织的作用则极为有限。因此，研究认为除了外出家庭和留守家庭以外，留守儿童的福利责任转移未能在其他主体的分析中得以明确的发现。

通过以上的观察，可以清晰地发现目前留守儿童的福利供应以家庭责任的重新组合作为主要支撑，其福利责任共担已经逐步转变为了家庭责任互济。应该说，留守儿童出现外出家庭与留守家庭的重新组合虽然对于留守儿童的福利衰减具有一定程度的抑制作用，但是它的出现却表明我国的儿童福利供应出现了与空巢家庭相结合的趋势。由于青年劳动力的离开，空巢家庭中的老年人和儿童被迫"抱团取暖"，他们之间开始通过相互保护和相互照顾的方式提供某种形式的福利服务，这点在定量和定性研究中都得到了较为有力的证明。研究发现，福利服务的空巢化虽然不会立刻阻断福利的传输，且对于留守儿童福利服务的衰减具有一定的积极作用，但在实际运作中却带有极大的风险。由于老年人和儿童均属于传统意义上的弱势群体，由两类弱势群体相互支撑而形成的福利服务不但具有福利供应上的结构性漏洞，也无疑为留守儿童的福利服务带来了极大的不确定性。因此可以说，家庭福利互济所带来的福利服务空巢化带有很强的应急性，其在长期的抚育过程中容易引发较大的社会风险，这显然为留守儿童的未来抚育带来了较大的隐患。

三　从补缺型儿童福利到普惠型儿童福利

导致留守儿童福利供应体系出现福利责任漏洞的深层次原因在于我国对普惠型社会福利制度的排斥和对补缺型社会福利制度的偏好。虽然不可排除在形成我国社会福利制度之初，构建城乡分化、内容有限且覆盖面狭窄的社会福利制度有利于国家将有限的社会福利经费分配给最为需要的弱势群体，但是时至今日，当补缺型社会福利已经使诸多困境儿童群体逐步暴露在社会风险的前提下仍然毫无步骤地加速儿童福利制度的转型，则昭示着我国社会福利制度在发展思路上的封闭与保守。

在留守儿童实证研究中，研究发现的诸多问题都折射出了我国当前儿童福利制度的不足：（1）从福利供应力度来看，尽管目前国际范围内已经普遍将照顾性服务视为社会福利构建的重要因素，但是本书发现由于我国社会福利制度尚保持着补缺型的传统，因而留守儿童在照顾性服务领域就存在着非常严重的缺失。在实践中，我国虽然也具有针对特殊儿童的社会福利服务，但是在范围上过于狭小，留守儿童、流动儿童等大多数困境儿童并未包含在内，因而留守儿童在获取公共组织福利服务上的机会非常有限，这也为留守儿童福利供应的缺失提供了现实可能性。（2）从福利供应责任来看，研究发现目前我国留守儿童及其背后的儿童福利模式实际上是以家庭为主体的福利供应模式，留守儿童的福利责任转移实际上已经嬗变为了家庭内部责任的转移。而我国当前较为补缺的社会福利设计思路将国家的责任大幅度的压缩，将其工作的重点仅仅放置在儿童保护性服务和有限的福利资金上，因而无法有效地缓解留守儿童面临的诸多现实压力。（3）从福利供应观念来看，研究发现目前留守儿童福利供应体系的背后反映出困境儿童福利供应仍然受到传统儿童抚育思想的深刻制约，能够抵御现代风险的儿童福利制度并未得以建立。在当前的既定政策下，国家对于构建福利多元主义制度的发展思路并不清晰，公共组织、社区和志愿组织在福利服务的建设上推动不足，体现出了过于倚重家庭的补缺型福利供应路线。因此整体上看，我国当前福利供应无论是从福利供应的充裕性、福利责任的均衡性还是从福利观念的现代性上都面临着重要的转型压力。

近年来，有些研究还不断声称我国应当发展一种补缺型的社会福利制度，[①] 并认为构建普惠型社会福利制度对中国经济是一种严重的损害。[②] 这样的思想在本质上并没有认清普惠型社会福利的基本价值和福利发展的基本特点，是一种值得商榷的认知。从世界范围来看，随着全球化成为世界范围内的主流趋势，各国都倾向于将社会福利制度作为一种应对全球化冲击、保持社会稳定和社会安全的武器，社会福利制度也逐步成为提高劳动力素质、增加市场竞争力的必要手段。[③] 因此，各个主要发达国家自20世纪中叶开始陆续建立起了项目完善、覆盖广泛、依据公民资格而形成的社会福利制度，并直到今天仍然坚持着收入维持与福利服务的双重手段。[④] 从世界主要发达国家在社会福利建设上的经验来看，我国当前社会福利制度的建设不但远远落后于当今世界主要资本主义国家，甚至也远远落后于资本主义国家在社会福利构建时的水平。从当前的数据进行横向比

① 李艳军、王瑜：《补缺型社会福利——中国社会福利制度改革的新选择》，《西安电子科技大学学报》2007 年第 2 期。

② 孙希有：《论中国特色社会福利的基础》，《福建论坛》2010 年第 2 期。

③ 陈立周：《当代西方社会福利理论的主要争论与发展取向》，《思想战线》2011 年第 1 期。

④ 岳经纶：《个人社会服务与福利国家：对我国社会保障制度的启示》，《学海》2010 年第 4 期。

较，我国 2011 年广义社会福利支出占所有财政支出的比例大致为 10.17%，而美国为 16.20%、加拿大为 16.86%、日本为 18.70%、英国为 20.54%、德国为 26.16%、瑞典为 27.30%、法国为 28.40%，中国相比主要发达国家在此方面的支出比例不是多了，而是少了；即使与智利的 10.56%、斯洛文尼亚的 20.26%、波兰的 20.01%、斯洛伐克的 15.56% 相比较，我国的社会福利支出比例也是非常有限的。① 从当年的数据进行纵向比较，英国在 1948 年人均 GDP 达到 1000 美元之时已经建立了普惠型的社会福利制度，到 1978 年福利国家崩溃时其人均 GDP 也仅有 5270 美元；瑞典在 1960 年和 1961 年先后颁布了《儿童及少年福利法》和《儿童照顾法》，而直到 1970 年瑞典的人均 GDP 也仅为 4140 美元；日本 1973 年是儿童福利制度的"元年"，而当年日本的人均 GDP 仅仅达到 3470 美元。② 相比之下，中国经过 30 多年的改革开放，在 2012 年人均 GDP 已经达到了 5300 美元以上，GDP 总水平也达到了世界第二位，因此也已经具备了构建更高层次社会福利的条件。

综合来看，本书发现当前补缺型福利构建的思维已经严重影响到了留守儿童等困境儿童的福利供应，而其背后体现出的本质诱因是我国当前补缺型福利制度的固有缺陷。由于补缺型福利思路长期占据着儿童福利制度的中心位置，因而留守儿童保护工作在实践中均是以"关爱行动"和"权益保护"等政策体系为名义来开展的，这不但不利于我国留守儿童长期性、制度化地享受公共组织带来的福利，而且也使各个部门在发展思路上的差异完全体现到了儿童福利供应之中。同样，与世界各国在人均 GDP 达到 3000 美元时开始构建相对普惠的儿童福利制度相比，我国儿童福利制度的推进速度显得过于谨慎和缓慢，这显然对于我国留守儿童等困境儿童的保护工作具有极大的损伤。虽然我国的国情仍然会在一定程度上制约我国儿童福利制度直接与西方接轨，但是正如郑功成所言，我国社会福利制度在未来发展中将人民带入福利社会的趋势不可逆转、扩大社会福利开支的趋势不可逆转、将被排斥的非正式就业人口和乡村人口纳入社会保障体系的趋势不可逆转、努力实现可持续福利的趋势不可逆转、传统文化影响作用的弱化不可逆转，中国需要在追寻人类普世价值的基础上通过

---

① 中华人民共和国统计局：《中国统计年鉴（2012）》，中国统计出版社 2012 年版，第 273 页。

② 同上书，第 294 页。

公平普惠的儿童福利制度提升国民的基本福祉。① 基于此，研究认为逐步建立普惠型的福利制度，通过统一的福利制度安排来为广大儿童提供充足的保障，不但是我国当前社会福利事业应当追寻的目标，也是我国社会福利制度迫切需要解决的关键问题。

第二节 研究的进一步讨论

一 对福利多元主义的验证与讨论

作为一种实证性的研究，本书在设计之初就主要围绕着福利多元主义理论来讨论既有的问题，并在实践的基础上运用了福利多元主义的分析框架。通过这种对于理论的重复性检验，研究加深了福利多元主义的理解，并对其部分观点和研究框架进行了相应的修正。本书在对四川省兴文县留守儿童进行定量与定性调研的基础上，将进一步对福利多元主义的理论与分析框架提供中国数据的检验，并通过实证性的调研资料来验证与修正福利多元主义的部分观点。

从理论上看，福利多元主义理论不但提供了一种福利供应安排的理论体系，同时也为目前儿童保护问题的实证性研究提供了分析范式。目前，联合国儿童基金会（UNICEF）在儿童保护中就一直主张福利多元主义的建构，并提出"儿童问题并不是一个单纯因素的制约而造成的，它体现出了现存制度中的福利联合体的问题"②。本书正是追寻这种研究路径开展了针对留守儿童的相关研究，发现福利多元主义理论在实践上具有极大的操作性。通过对国家、社区、志愿组织中福利责任定位与福利责任转移的静态和动态研究，本书清晰地阐明了留守儿童在福利供应中存在的重要漏洞，并再次肯定了上述三个方面应当成为未来福利建构的主要参与主体。本书坚信，任何福利主体在当前社会风险之下都不能完全满足儿童的福利需要，特别是满足处于弱势地位儿童群体的福利需要，而应当引导各个福利主体相互配合来形成一个健全的福利组合；当然，由于各国的国情有明显的不同，因而各个国家也需要根据其国情重新审定各个福利主体的

---

① 郑功成：《从高增长低福利到国民经济与国民福利同步发展》，《天津社会科学》2010 年第 1 期。

② UNICEF, "A League Table of Child Poverty in Rich Nations", Innocenti Report Card # 1. Florence, Innocenti Research Centre, 2000, http://www.unicef-icdc.org.

责任分担和某一主体发生危机时其他主体的福利替代。

整体上看，本书认为福利多元主义理论及其分析框架具有深刻的社会意涵，并能够解释福利供应过程中出现的静态与动态过程。从静态上看，福利供应应当由各个福利主体分担，其总体水平取决于各个主体在福利供应中的充裕状况。各个国家基于社会福利制度的安排虽然不同，但是围绕儿童资金供应机制、保护性服务机制与照顾性服务机制的底线安排应当是一致的，只是在责任分配上形成了不同的状态。一些国家在公共组织福利供应上的力度更为明确，另一些国家则主要依靠家庭来构建儿童福利，两者的制度安排差异并不决定其儿童福利需要存在底线上的差异。而从动态上看，儿童福利制度在一个主体出现问题时总会有另一些主体出现替代，否则儿童整体福利获得就会面临着显著的衰减。通过本书的分析能够清晰地看出，在留守家庭能力所限和其余福利主体参与不足的条件下，家庭为主体的福利责任转移不能够保障留守儿童的福利获得与普通儿童持平，福利供应责任转移的不畅是以儿童福利获得的衰减为代价的。

当然，任何一个理论在成熟的过程中都会面临着也都需要面临着不同的挑战，福利多元主义也不例外。自该理论产生之后，很多学者对于福利多元主义理论都展开了批评，比较有代表性的有约翰逊（Johnson）、吉尔伯特（Gilbert）和克拉玛（Kramer）的相关批判。其中约翰逊主要对福利多元主义理论所具有潜在的危险和不平等性进行批判，吉尔伯特主要针对福利多元主义暗含的三个假设进行实质性的批评，而克拉玛则主要围绕着第三部门的意义展开批判。约翰逊认为随着老龄化社会的到来和妇女更多地参与到雇佣劳动中，由非正式部门提供主要福利是不切实际的；同时，志愿组织的先天不足也会使之发展不畅，因而福利多元主义存在理论上的不足。[1] 吉尔伯特的观点则认为，私有化并非最有效率的福利供应方式，地方政府在选票的影响下也未必能够提供最有利的福利供应，而草根组织也不一定在效率上更高。因此，吉尔伯特也认为福利供应中过于重视多元主体的组合在本质上是陷入误区的。[2] 而克拉玛的观点主要集中在第三部门的作用上，他认为福利多元主义仍然是一种介入福利国家与自由主义的

---

① Neil Johnson, "Problem for the Mixed Economy of Welfare", In Alan Ware & Robert Goodin (eds.), *Needs and Welfare*, London: Sage Publication Ltd., 1990, pp. 172–174.

② Neil Gilbert, "Remodeling Social Welfare", *Society*, Vol. 42, No. 7, July 1998, pp. 8–13.

中间理论,第三部门所发挥的作用非常有限。[1]

尽管中西方研究的背景具有很大的不同,但是对于以上三位学者的批判,在本次调研中也得到了部分的解答:(1)家庭福利供应的作用的确可能面临着逐步减少的风险。正如约翰逊所言,老龄化社会的到来和妇女更多地参与到雇佣劳动中,必然会损害家庭等非正式主体发挥作用。本书的调查也验证了这个观点,基于兴文县的调研结果显示出留守儿童祖辈抚养人年龄的增长和外出家庭中女性成员的离去,的确会让部分留守儿童的福利供应出现衰退,因此片面地依靠家庭,将家庭作为福利供应的主体和最主要供应者,不但无法保障各个福利供应主体之间的平衡,同样对于留守儿童获得充足的福利供应是极为不利的。同时,过度依赖家庭而构建的儿童福利供应体系往往容易演变为公共组织推卸自己责任的主要手段,需要在理论上首先予以防范。(2)志愿组织在福利供应中的角色比较有限,第三部门在发挥作用时仍然会受到很大的制约。约翰逊、吉尔伯特和克拉玛在提及福利多元主义理论时都对志愿组织在福利供应中的作用产生了怀疑,并指出了第三部门可能面临着发展上的难题。基于四川省兴文县的实证调查,本书同样认为目前我国西部地区的志愿组织实际上起到的作用是非常有限的,其在发展中很难具有自身的独立性。从实际的调研结果来看,无论是采取定量分析技术还是定性分析技术,研究都发现目前我国农村留守儿童在获得志愿组织福利供应上的能力非常羸弱,这虽然是基于我国落后的国情才出现的,但同样被志愿组织与公共组织之间运行机制所限制,因而我国绝大多数的公益事业基本还是政府工作的延续。[2] 目前,西部地区公共组织在培育志愿组织上的动力不足,志愿组织在获取发展资源上具有很大的困境,因而使得其供应的效率出现大幅度的降低,这就再次印证了吉尔伯特等人的相关观点。

基于本书的调研及对福利多元主义批判者观点的吸收,研究认为福利多元主义理论及其框架应当在未来进一步明确以下两个问题:(1)尽管福利供应中的多元主体在不同的国家可以做出不同的安排,但是它们之间的责任划分绝不可以只以或者主要依赖一个主体来构建,福利构建的规则

① Ralph M. Kramer, "A Third Sector in the Third Millenium", *International Journal of Voluntary and Nonprofit Organizations*, Vol. 11, No. 1, January 2000, pp. 1–23.

② 田毅鹏:《东亚"新公共性"的构想及其限制》,《吉林大学社会科学学报》2005 年第 6 期。

应当是责任的均衡。从理论上看，福利多元主义理论之前有关福利国家理论与市场中心论的观点都已经显示出了以一个主体构建的理论具有很强的不稳定性，而作为新福利思维的福利多元主义理论更加需要明确地避免它们之间的问题，重新确定各个主体在福利供应中的责任定位。尽管福利多元主义理论对于福利主体的有关构建原则、存在优势、具体问题进行了翔实的标明，但是在实践过程中往往会异化成为依托一个福利主体构建具体的制度，而其余福利主体充当陪衬的状况。有关兴文县留守儿童福利体系的分析可以明确地证明，这种过度依赖一个主体构建起来的制度在很多方面存在着巨大的风险，因而必须要保持各个福利主体的责任共担。而这点在当前福利多元主义的研究中必须予以明确的强调。（2）福利多元主义在分析中侧重于整体责任的说明，因而将"福利"作为一个统一的客体来划分。但是显然，实践中"福利"所包含的内容绝不是一个统一体，基于生活、健康、教育等福利提供内容的区别和资金、服务等提供方式的区别让"福利"在划分时面临着两难的境地。从本书的结果来看，"福利"绝不可能直接划分为任何一个整体，各个福利主体在其内部的二级指标上也具有明确的针对性，比如留守儿童福利的衰减绝不是全面的衰减，而是一种服务的整体衰减，在资金方面则并没有看到任何衰减的痕迹。所以，福利多元主义理论在进行深层次研究的时候仍然需要细致地划分"福利"的子项目，并通过子项目来观察福利主体的责任分配。

二　对社会福利制度的验证与讨论

随着经济水平的快速提升和对社会建设思想的逐步重视，我国有关社会福利转型的问题得到了学术界较多的讨论。在这些讨论中，补缺型社会福利向普惠型社会福利的转型是目前讨论的焦点问题之一。一些学者自2006年起逐步提出要积极构建"需要为本"、"底线公平"、"适度普惠型"的福利建设观点，并迅速引起了较大的学术反响。以王思斌、景天魁、张秀兰、彭华民、尚晓援、刘继同、高鉴国等人的研究为代表，有关社会福利转型的研究已经开始受到学术界的广泛重视，并逐步形成了在理论上与狭义社会福利的共存。2010年，中国社会学会社会福利专业委员会的成立则为普惠型社会福利的研究进行了组织上的准备，它的成立为普惠型福利的研究提供了更大的支持平台。①

在理论界共同的努力之下，普惠型社会福利的研究目前已经逐步成为一种相对体系化的研究。在当前的讨论中，尽管其内部成员也存在认识上的差异，但是其整体的观点却是相当清晰的：（1）目前普惠型社会福利的支持者基本上都是以广义社会福利概念作为研究的主要对象，而排斥将现存的民政福利视为他们研究的领域。因此在概念界定上，这些学者都比较支持采取广义社会福利的界定思路去研究我国当前的社会福利体系，他们认为采用狭义概念进行的研究对于绝大多数弱势人群是无法予以分析的。（2）目前普惠型社会福利的支持者都是补缺型社会福利的反对者，他们认为现行社会福利制度在覆盖面上过于狭小，城乡二元结构导致社会福利的分化，国家的主体作用被放置得过于靠后，因而加剧了社会的不公。因此，在他们的观点中，当前的补缺型社会福利制度无法向更为广泛的人群进行扩展，并且在社会福利的可及性上存在严重问题。（3）目前普惠型社会福利的支持者都认为应当发展资金和服务并行的政策体系，而排斥过于将政策重心仅仅设定在资金供应方面的制度设计路径。在普惠型社会福利的支持者看来，由于我国社会救助、社会保险等核心政策都是以收入维持作为主要援助方式的，且社会福利服务在覆盖范围上存在着极为明显的缺陷，因此我国当前在社会福利服务上的建设是非常缺乏的，亟须通过快速发展来建构合理的福利体系。（4）坚持普惠型社会福利的学者主张未来的福利安排应当在家庭、社会、国家之间寻找到一个平衡点，而不能将失依儿童放置在社会福利制度内，将广大困境儿童放置在社会福利制度外，从而人为地形成儿童的制度差异，因而他们主张形成"院内福利"向"院外福利"的转移。

通过对四川省兴文县留守儿童进行的实证性分析，本书对普惠型社会福利的几个观点都进行了实证化的检验。首先，从广义社会福利的界定来看，本书在实践上证实了广义社会福利概念在定量分析和定性分析中都具有可操作性，这不但对实证化地开展普惠型社会福利理论的后续研究提供了一些借鉴意义，也再次证明了广义社会福利概念对于实证化分析具有可行性。其次，从普惠型社会福利的重要意义来看，本书通过实证性的方法

---

① 彭华民、万国威：《从沉寂到创新：中国社会福利 30 年之学术轨迹审视》，《东岳论丛》2010 年第 8 期。

分析了当前留守儿童在福利获取与供应中所存在的问题，证实了补缺型社会福利制度所存在的脆弱性，并认为只有实现社会福利的制度转型才能促进儿童福利的快速提升。再次，从福利提供的形式来看，本书中定量与定性的分析都证明了服务而非资金是当前留守儿童所迫切需要的福利项目，这也为普惠型社会福利理论在福利供应方式上的设想提供了现实依据。最后，从福利供应中的责任来看，研究实证性地发现目前被排斥在社会福利制度以外的留守儿童存在显著的福利削减，国家对于儿童福利供应并没有显著的福利替代作用，并进一步证实了社会福利制度从"院内"向"院外"转移的迫切性。

在分析过程中，本书还对普惠型社会福利理论进行了一些理论上的再认定：（1）普惠型社会福利制度在构建的过程中必须要以民政福利作为逻辑起点来进行福利转型的整体设计。在普惠型理论的研究工作中，一些学者试图打破现有福利制度的枷锁，通过福利的重新构建来形成新型的广义社会福利制度。[①] 这种做法虽然出发点是好的，但是在当前的实践中却是不现实的，因此不应当予以提倡。本书认为，普惠型理论与实践在进步的同时应当基于现有的政策来开展研究，过于形而上的理论容易损害理论本身，过于超前的实践又是不负责任的实践。根据本书的调研情况，研究认为我国在农村地区推动儿童福利进步的进程还比较艰难，因此希望在推动普惠型社会福利制度的时候以民政部现有的民政福利作为逻辑起点，通过适度普惠型政策的优化逐步将全部老人、儿童和残疾人纳入整体的政策框架中。（2）普惠型社会福利制度在构建的过程中应当以社会福利服务作为主要的突破点进行制度的改进。目前，普惠型社会福利制度的支持者虽然支持采取资金和服务并行的方式来构建福利，但是却没有说明在当前的情况下应当如何实现这种并行。从现行政策体现来看，针对儿童本身的福利资金安排虽然是非常缺失的，但是外出家庭在福利资金上的充足供应实际上并没有削弱绝大多数困境儿童的福利供应水平，反而是福利服务上的不足容易导致他们的福利出现漏洞。因此，在普惠型社会福利制度的建设过程中应当优先强化社会福利服务的作用，通过社会福利服务的发展来推动资金与服务的平衡进步。（3）普惠型社会福利制度在构建的过程中

---

① 刘继同等学者提出应当组建卫生与社会福利部，这种大部制改革的策略在近年来也有不少呼声。

应当以多元主体的参与为基础来开展福利转型。目前，一些学者在普惠型社会福利制度的建构过程中比较强调国家主体的参与，而往往忽视了多元主体在责任上的共担。实际上，以国家为主体来构建福利与以家庭为主体来构建福利一样，都不能均衡地发挥福利多元主体的作用，因此对于整体的福利供应不利。从实际的调研来看，研究发现留守儿童获取来自社区、志愿组织的福利较为困难，因此未来通过加大这些福利主体的作用，充分发挥福利主体之间的协调合作，也应当成为普惠型社会福利制度需要注意的问题。

第三节　研究的政策建议

一　逐步平衡城乡之间的福利供应

社会政策的目标不单纯是为了压制与缓解一定的社会矛盾，而且是要在提升公民福祉的基础上推动社会的公正与进步。尽管我国政府已经在推动社会公平与正义方面做出了不少积极的努力，但是不可否认，时至今日我国以城乡户籍作为主要依据的福利双轨制仍然没有根本性的改变。正如王思斌所言，"长期以来，我国不但形成了城乡二元经济格局，而且在政治权利、教育权利、劳动就业和社会福利方面实行城乡差别的政策，这种由户籍制固化的差别将农民群体（准确地说是农村居民）变成了弱势群体"①。城乡户籍制度之间的巨大鸿沟不但没有因为是我国特殊时期形成的历史遗留问题而被取缔，反而愈加成了改革过程中利益分化的具体标志和城镇化的重大阻力。对于留守儿童而言，他们被父母留在家乡的主要原因就是基于这种森严的户籍壁垒和附着在户籍壁垒之上的城乡二元福利分化。与城市儿童相比，农村户籍的儿童在城镇化的过程中并不能够完全享受到与城市儿童相同的福利待遇，他们在教育、医疗等各个方面都面临着来自城市的排斥，因而不得不通过高昂的价格购买低劣的福利。这种城乡二元结构的福利制度正是我国补缺型社会福利制度的典型标志，它的出现恰恰反映出了当前我国儿童福利体系的双重标准。

在实证调研中，研究不但发现了留守儿童所遭遇的市民化排斥，也发现了其存在的居民化排斥，这种双维度的福利排斥对于留守儿童及其家庭

① 王思斌：《改革中弱势群体的政策支持》，《北京大学学报》2003 年第 6 期。

造成了严重的不公。从本质上说，居民化排斥与市民化排斥均为城乡二元结构所引起，前者既是依附于后者的新型问题，也是在农村社会长期潜伏的固有问题。因此，留守儿童是我国城镇化进程中特殊的遗留问题，也需要还归于城镇化的进程中予以解决。而在制度上解决留守儿童的相关问题，有赖于首先从户籍制度及其附带的福利着手开展相应的改革。换言之，应当通过改变户籍制度基础上的福利限制来增强留守儿童与外出家庭团聚的机会，使其能够首先获得外出家庭的照顾性服务。从目前儿童福利供应的模式来看，外出家庭对于儿童的福利供应是极为关键的，父母不但可以为留守儿童提供必要的资金支持，也可以通过福利服务的形式满足儿童的基本需要。随着父母的离开，特别是女性家庭成员的离开，留守儿童在福利供应上所遭受到的损失是显而易见的，其福利服务的整体水平会发生大幅度的滑坡。因此，在保有既有城乡二元结构的基础上开展留守儿童福利问题的讨论，不但不易于缓解留守儿童所遭受到的福利排斥，同样也会极大地损伤我国社会政策的执行效果。然而，由于我国城市管理者对于城市福利资源承载能力和城市居民反对声音的双重担忧，目前我国在推进城市化的过程中还在制度上排斥外来务工人员及其家庭享受城市中的福利资源，城乡二元结构在福利供应上尚没有开启相应的改革。

　　基于社会公正的价值理念和国际经验，同时考虑到中国的实际，中国社会保障中长期存在的重城市、轻农村的倾向应当尽快改变。[①] 而从根本上改变留守儿童面临的福利问题，需要在放宽户籍制度的同时努力推进城镇地区和农村地区在福利供应上的平衡发展，通过促进中西部地区产业的提升来带动当地的就业。首先，我国应当以新型城镇建设作为基本依托逐步放宽小城镇、城镇带对于户籍制度的森严约束，逐步允许部分外来务工者及其家庭享受与城市相同的福利，逐步鼓励外来务工人员和子女一起生活和居住；其次，在新型城镇化的建设过程中应当积极推动农村传统社区向现代社区的转型，应当在社区建设上增强农村社区的资源整合能力，提升农村社区的福利服务水平，使农民也能够同步共享改革开放的成果；再次，我国应当积极发展农村地区的小城镇，特别是中西部地区的小城镇，努力形成产业结构的合理分布，培育新型经营主体，构建集约化、专业化、组织化、社会化相结合的新型农业经营体系，使外来务工人员在本地

---

① 李迎生：《中国社会保障制度改革的目标定位新探》，《社会》2006 年第 2 期。

也能得到较好的发展。

二　逐步构建家庭支持型社会政策

从现代福利理论来看，虽然构建一种混合福利体系已经成为福利供应的主流，但是国家、市场、家庭、社区、志愿组织形成怎样的责任分担制度、怎样合理地建构适合本国的福利体系则是理论界和实践界苦苦追寻的。正如斯维特里克（Svetlik）所言，"当前社会政策的主要问题已经不是在这个或者那个主体之间进行选择，而是有效地组合起多种主体来更有效率地用在经济和社会事务上"①。在这种情形下，我国的儿童福利体系要重新思考未来的发展路径，就必须摆脱对于国家或者家庭主体的绝对依赖，而要形成一种适合我国国情的福利供应框架。从实际的调研与分析来看，我国儿童福利的构建需要进一步增强国家、社区和志愿组织的责任，缓解家庭在福利供应中的压力，构建家庭支持型的社会政策。

留守儿童福利供应问题的解决，有赖于重新优化既有的福利供应模式，打破以"家庭为主体、多元主体少量辅助"的固有模式，重新构建一个以"国家为主导、家庭为基础、社区为平台、志愿组织积极参与"的福利供应体系。这种体系的形成首先必须要以国家作为主导，因为目前政府等公共组织在调动资源方面具有天然的优势，且在协调各个主体的作用方面具有强大的引导力，因此其作用必须得到进一步的加强。但是，考虑到我国的经济社会发展状况及西方福利国家的缺陷，我国在儿童福利供应体系中并不能完全照搬西方的模式，而应当在发挥家庭作用的基础上来开展，既充分利用传统的家庭互济职能，又逐步提升国家在福利供应中的涵盖项目和支持力度，将家庭的过度责任予以减轻。当然，随着社区建设的更趋完善，特别是新农村建设中"合村"政策的推行，为未来农村地区公共服务的推广带来了新的生机，以农村社区为平台构建的服务平台也具有现实的可行性。而志愿组织的发展虽然在中国，尤其是西部偏远地区存在很大的难度，但是其在儿童保护中的作用仍然需要进一步加强，其在儿童福利供应中的辅助作用也需要加以明确。

---

① Ivan Svetlik, "The Future of Welfare Pluralism in the Post Communist Countries", *European Center for Social Welfare Policy and Research*, Vol. 15, No. 7, July 1991, pp. 13–24.

　　当然，考虑到我国具有东亚福利体制中"家庭为中心"的福利传统，且民间社会也往往较多地将家庭视为我国儿童福利供应的主要来源，因此我国应当首先发展家庭福利与国家福利并重的福利建设思路，形成公共组织对于家庭的支持型政策。从发达国家的经验来看，公共组织建立针对家庭的支持型政策已经成为理论界与实践界的共识。珍森（Jenson）在对西方家庭支持政策的研究中发现西方社会在福利供应中已经通过家庭增收计划、儿童健康津贴、省级儿童津贴、低收入儿童照顾补贴、儿童照顾者资助、儿童维持服务6种方式来对家庭的福利供应进行支持。① 而东亚国家在实践上也明显呈现出了对于家庭支持型政策的青睐，如日本目前就建立起了儿童家庭支援中心、儿童咨询所、社区儿童养育中心、育儿支持体系、健全母子医疗体制、婴儿院、儿童自立志愿设施、早期儿童检查计划等制度，有效地形成了对家庭的直接扶助。因此，未来我国也应当在福利多元主义架构的建设中突出家庭支持型福利政策的重要作用，通过对家庭提供针对性的服务培训来协助家庭完成对于儿童的照料。

三　逐步实现儿童福利制度的转型

　　尽管我国社会福利制度具有一定的特殊性，但是分享世界范围内主流福利理念，构建一个普惠型的儿童福利制度应当成为未来儿童福利体系建构过程中必须坚持的首要原则。一些学者基于福利国家的教训，往往反对我国构建普惠型的儿童福利制度，并认为福利供应的方向仍然应当以补缺型为主，这样才不会给我国的经济发展带来过大的压力。但是，本书认为经济发展数据本身并不是经济进步的最终目的，而唯有满足需要基础上的国民福祉提升才是经济增长的永恒动力，因此建立一种逐步优化的社会福利制度势在必行。

　　由于社会福利的发展需要以当前民政福利框架作为逻辑起点，因此未来的发展路径必然是在对当前儿童福利问题的弥补与改进基础上形成的。从普惠的角度来看，我国必须优先发展覆盖所有困境儿童的社会福利制度，并在此基础上逐步强化覆盖面的广泛性，最终覆盖到所有儿童。非常

---

① Jenson Jane, *Redesigning the Welfare Mix for Famillies*：*Policy Challenges*, Disscution Paper F | 30 Fammilly Network, Canadian Policy Research Netswork Inc., Ottawa, Febrary 2003, pp. 1-63.

可喜的是，随着我国社会福利制度的进步，我国有关儿童福利事业的发展已经在实践上呈现出了蓬勃的发展势头：2004 年民政部李立国副部长在谈及民政工作之时认为仅有"孤儿"才是民政工作的范畴；① 2006 年民政部窦玉沛副部长就已经开始强调"新形势下应当将失去父母的儿童和事实上无人抚养的未成年人纳入儿童福利之中"；② 三年之后的 2009 年，李立国副部长在中国社会工作研究中成立大会上则表示"我国儿童救助保护中出现的问题和难点不断增加，出现了留守儿童问题、艾滋孤儿问题、单亲家庭和重组家庭问题、流动儿童问题等一系列社会转型中的伴生性新问题，迫切需要专业社会工作新理念、新思路和新方法的介入"③。可见，近年来我国民政领域的发展思维出现了重大的转变，已经开始从单纯的孤儿保护逐步向困境儿童进行扩展。从未来的福利建设来看，我们应当进一步强化以留守儿童为代表的困境儿童的福利供应力度，通过开展多种形式的福利供应行动来缓解其福利衰减。

具体到政策走向，本书认为应当实现从失依儿童到全部困境儿童再到全部儿童的转变。原有制度中对于特殊儿童的具体界定将大多数儿童排斥在了国家福利的供应体系之外，这样就使很多处于困境之中但并不符合社会福利机构供养条件的儿童暴露在了严重的社会风险之下。同样，由于社会结构性流动带来了新的人口问题，也进一步使原本脆弱的补缺型供应模式越来越不适应时代的要求。比如，随着大量农民工的流动，使数千万的儿童成为留守儿童和流动儿童，这部分群体虽然也可能深处困境之中，但是却不符合我国现行补缺型社会福利制度的基本保障要求，且无法分享城市的福利资源；西部贫困农村地区的女童和少数民族儿童，也很可能因为社会福利的缺失而陷入困境之中，但是他们也不属于现行民政福利的保障范畴。这些群体都没有被纳入现行社会福利制度中，从而使之生活难以摆脱贫困的代际转移，其个体行为失范可能会引发更大范围的群体失范。近些年来，我国虽然已经从孤儿、残疾儿童、遗弃儿童的保障逐步扩大到了流浪儿童、受艾滋病影响儿童和灾区儿童，并构成了目前的失依儿童群体。但是显然，这种儿童福利的覆盖面还不足以保障陷入困境的儿童都保

---

① 李立国：《发展社会福利　促进社会公平》，《中国民政》2004 年第 11 期。
② 窦玉沛：《孤儿救助步入发展新阶段》，《社会福利》2006 年第 5 期。
③ 李立国：《打造新平台、促进儿童福利事业发展》，《中国民政》2009 年第 12 期。

持与正常孩子平等的资金、机会与服务，因此在未来一段时间应当主要围绕包括孤残儿童、流浪儿童、留守儿童、流动儿童、单亲儿童、受虐待儿童、受艾滋病影响儿童在内的困境儿童开展工作，并逐步扩大到所有儿童。

附　录

附录 A　调查问卷提纲

项目	指标	二级指标	三级指标	具体问题
福利获取	生活福利	生活资金	食物消费	你每天中午用于吃饭的费用大致为多少钱？
			衣物消费	你平均多长时间买一件新衣服？
		生活保护	体罚情况	你是否经常遭受体罚？
			打骂情况	你是否遭遇过比较严重的殴打和长期无原因的打骂？
		生活照顾	家务劳动	你每天家务劳动的时间有多长？
			照顾水平	你的生活照顾细致吗？
	健康福利	健康资金	健康费用	每次看病时，你的医疗费用充足吗？
			健康花费	如果你突然肚子疼，一般会如何处理？
		健康维护	营养摄入	你多长时间喝一次牛奶？
			营养支持	你多长时间吃一次肉？
		健康照顾	健康提醒	你经常会被提醒要注意个人卫生吗？
			健康看护	你在生病期间能够得到细致照顾吗？
	教育福利	教育资金	教育花费	与同学们相比较，你的教育花费如何？
			教育费用	你的教育费用能够满足你的需要吗？
		教育机会	辍学现象	你曾经几次由于经济原因而辍学？
			学习机会	你很可能由于经济的原因不会读大学而会选择打工吗？
		教育辅助	学业教育	有人经常检查你的作业吗？
			家庭教育	有人对你不良的行为进行约束吗？

续表

项目	指标	二级指标	三级指标	具体问题
外出家庭福利供应	生活福利	生活资金	生活资金	你的生活费用是否主要由爸爸妈妈提供？
		生活保护	生活保护	爸爸妈妈是否会经常打骂你？
		生活照顾	生活照顾	爸爸妈妈对你日常的生活照顾是否细致？
	健康福利	健康资金	健康资金	爸爸妈妈是否会不遗余力地为你看病，而不计较花费？
		健康维护	健康维护	爸爸妈妈经常为改进你的营养而努力吗？
		健康照顾	健康照顾	爸爸妈妈能够在生病的时候照看你吗？
	教育福利	教育资金	教育资金	当你想买书籍的时候，爸爸妈妈会满足你在资金上的要求吗？
		教育机会	教育机会	爸爸妈妈是否支持你读书？
		教育辅助	教育辅助	爸爸妈妈经常教你功课吗？
留守家庭福利供应	生活福利	生活资金	生活资金	你的亲属会定期分担你的生活费吗？
		生活保护	生活保护	如果你的父母打骂你，亲属们会出面制止吗？
		生活照顾	生活照顾	亲属们会经常照顾你的生活吗？
	健康福利	健康资金	健康资金	在你生病时，你的亲属一般会为你付医药费吗？
		健康维护	健康维护	你的亲属多长时间为你改善一次生活（做些鱼、虾、肉、蛋等食物）？
		健康照顾	健康照顾	你生病期间，亲属们是否会主动来照顾你？
	教育福利	教育资金	教育资金	你的亲属会定期为你购买学习用品吗？
		教育机会	教育机会	如果你的父母不希望你继续读书，你的亲属是否会全力支持你读书？
		教育辅助	教育辅助	亲属们辅助你的学业吗？
国家福利供应	生活福利	生活资金	生活资金	你家是否接受过政府提供的低保等社会救助资金？
		生活保护	生活保护	政府会经常进行儿童保护方面的宣传吗？
		生活照顾	生活照顾	政府为你们家提供过家务服务或家务服务方面的培训吗？
	健康福利	健康资金	健康资金	你参加医疗保险了吗？
		健康维护	健康维护	你们学校的免费午餐怎么样？
		健康照顾	健康照顾	政府或者学校的工作人员会对你生病期间进行一些看护吗？

续表

项目	指标	二级指标	三级指标	具体问题
	教育福利	教育资金	教育资金	你接受过政府或学校提供的奖学金或助学金吗？
		教育机会	教育机会	近两年来在你周围是否有由于经济原因而辍学的同学？
		教育辅助	教育辅助	政府和学校是否和你的监护人沟通过孩子教育的问题？
社区福利供应	生活福利	生活资金	生活资金	社区组织（居委会、村委会等）或邻居支持过你的生活费用吗？
		生活保护	生活保护	你们家所在的社区组织和邻居是否会制止家长长期辱骂或殴打孩子？
		生活照顾	生活照顾	如果你的监护人外出，是否会有社区组织或邻居照看你？
	健康福利	健康资金	健康资金	社区或邻居为你提供过药物或支持过你的医疗费用吗？
		健康维护	健康维护	社区组织或邻居是否会提高你的营养状况？
		健康照顾	健康照顾	社区组织或者邻居是否在你生病时为你提供过照顾？
	教育福利	教育资金	教育资金	如果你的学费出现了困难，社区组织或邻居会提供资金帮助吗？
		教育机会	教育机会	如果有儿童辍学，社区和邻居会管吗？
		教育辅助	教育辅助	你们家所在的社区组织或邻里间是否经常会培训孩子教育的问题？
志愿组织福利供应	生活福利	生活资金	生活资金	你是否得到过志愿组织或者志愿者提供的生活资助？
		生活保护	生活保护	你的家庭是否有过志愿组织宣传儿童人身保护的政策？
		生活照顾	生活照顾	你是否得到过志愿组织或者志愿者提供的家务劳动或者培训？
	健康福利	健康资金	健康资金	你是否得到过志愿组织或者志愿者提供的医疗资助？
		健康维护	健康维护	志愿组织和志愿者是否为提高你的营养状况而努力？
		健康照顾	健康照顾	你是否在生病期间得到过志愿组织和志愿者的照顾？
	教育福利	教育资金	教育资金	你是否得到过志愿组织或者志愿者提供的教育资助？
		教育机会	教育机会	是否有志愿组织或者志愿者为辍学儿童的再入学而努力？
		教育辅助	教育辅助	志愿者是否为你的监护人讲解如何教育儿童？

附录 B　访谈人员一览表

类别	被访者	基本状况
政府官员	F 先生	50 岁，农村户口，育有子女，兴文本地人，长期负责留守儿童的关爱事务，对于留守儿童比较熟悉
	S 先生	45 岁，农村户口，育有子女，兴文本地人，长期负责社会福利等事务的工作，对于社会福利事务比较熟悉
	P 先生	32 岁，城市户口，已婚无子女，湖北宜昌人，长期从事团委工作，对于留守儿童比较熟悉
	Z 先生	40 岁，农村户口，已婚有子女，兴文本地人，对于卫生保健事务比较熟悉
	Z 女士	45 岁，农村户口，育有子女，兴文本地人，长期负责女童保护等方面的工作，对于儿童事务比较熟悉
	L 女士	30 岁，农村户口，未婚，四川自贡人，长期负责团委的工作，对于儿童事务比较熟悉
	M 女士	35 岁，农村户口，已婚育一子，兴文本地人，负责少先队工作，对于留守儿童事务比较熟悉
社区工作者	Z 女士	35 岁，城市户口，育有一子，兴文本地人，长期从事基层社区管理工作，对于留守儿童比较熟悉
	Z 先生	30 岁，农村户口，结婚有一子，兴文本地人，长期从事基层社区管理工作，对于留守儿童比较熟悉
	F 先生	35 岁，农村户口，结婚无子女，兴文本地人，长期从事基层社区管理工作，对留守儿童比较熟悉
	R 女士	30 岁，农村户口，结婚有一子，内蒙古人，在基层社区进行管理工作，对于留守儿童比较熟悉
中学领导	S 女士	35 岁，农村户口，婚育不详，兴文本地人，负责管理学校的德育工作，对于留守儿童比较熟悉，中学副校长
	P 先生	40 岁，农村户口，婚育不详，兴文本地人，负责学校的学生管理工作，对于留守儿童比较熟悉，中学副校长
	X 先生	50 岁，农村户口，婚育不详，兴文本地人，负责学校的党务事务和一年级事务，中学党委书记
	T 先生	40 岁，农村户口，婚育不详，兴文本地人，负责学校的德育工作和一年级事务，中学德育主任

续表

类别	被访者	基本状况
班主任	L 先生	36 岁，农村户口，已婚有子女，兴文本地人，长期担任班主任工作，本科学历，对于留守儿童很熟悉
	R 先生	40 岁，农村户口，已婚有子女，兴文本地人，长期从事班主任工作，本科学历，对留守儿童很熟悉
	T 女士	40 岁，农村户口，已婚有子女，兴文本地人，长期从事班主任工作，本科学历，对留守儿童很熟悉
任课老师	M 先生	30 岁，农村户口，婚否不详，四川广安人，在中学任课 3 年，本科学历，对留守儿童比较熟悉
	L 先生	35 岁，农村户口，婚否不详，兴文本地人，在中学任课 6 年，本科毕业，对留守儿童比较熟悉
	R 先生	35 岁，农村户口，已结婚生子，兴文本地人，在中学任教 5 年，本科毕业，对留守儿童很熟悉
邻居	X 先生	50 岁，农村户口，已婚有子女，兴文本地人，务农，对于留守儿童很熟悉
	X 先生	45 岁，农村户口，已婚有子女，兴文本地人，有时出去务工，对于留守儿童很熟悉
	W 女士	40 岁，农村户口，已婚有子女，兴文本地人，务农，对于留守儿童很熟悉
儿童	L 男童	13 岁，爸爸妈妈在广东打工，过年才能回来一次，爷爷奶奶负责照顾，有一个姐姐一起生活
	Z 女童	14 岁，爸爸妈妈在广东打工，过年才能回来，外公外婆负责照顾，弟弟和爸爸妈妈在一起，在广东生活了 6 年
	W 男童	14 岁，爸爸妈妈在浙江打工，过年才能回来，爷爷奶奶负责照顾，姐姐读技能学校，弟弟读小学五年级
	S 女童	14 岁，爸爸妈妈在广东打工，一年回家两次，爷爷奶奶负责照顾，和伯伯家的弟弟一起居住
	Q 男童	15 岁，爸爸妈妈去广东打工，过年时候回家，由姑姑负责照顾，和姑姑的女儿生活在一起，
	D 女童	14 岁，爸爸妈妈在贵州工作，哥哥在上海工作，自己独立生活，爸爸妈妈三四个月回来一次

索　引

参考文献

中文文献部分

1. 成海军、陈晓丽：《改革开放以来中国儿童福利法治建设及其特点》，《新视野》2011 年第 3 期。

2. 陈向明：《社会科学中的定性研究方法》，《中国社会科学》1996 年第 6 期。

3. 陈良瑾、唐钧：《建立有中国特色的社会福利制度》，《学术研究》1992 年第 3 期。

4. 陈劲松：《转型时期我国社会福利体系的重构与社会认同的转型》，《中国人民大学学报》2009 年第 2 期。

5. 崔凤、曾东：《"大福利"视角下的社会保障体系重构》，《中共青岛市委党校学报》2010 年第 2 期。

6. 邓大松、林毓铭、谢圣远：《社会保障理论与实践发展研究》，人民出版社 2007 年版。

7. 邓和平：《德国的社会保障体系探析》，《武汉大学学报》（哲学社会科学版）1995 年第 2 期。

8. 丁元竹：《基本公共服务均等化的国际视角》，《浙江经济》2008 年第 8 期。

9. 丁杰、吴霓：《农村留守儿童问题研究报告》，《教育研究》2004 年第 10 期。

10. 段成荣、杨舸、王鹰：《关于农村留守儿童的调查研究》，《学海》2005 年第 6 期。

11. 窦玉沛：《中国社会福利的改革与发展》，《社会保障研究》2006 年第 5 期。

12. 窦玉沛：《儿童福利：从补缺型向适度普惠型转变》，《社会福利》2011 年第 1 期。

13. 发改委城市与小城镇改革发展中心课题组：《我国城镇化的现状、阻碍与推进策略（上）》，《中国党政干部论坛》2010 年第 1 期。

14. 高鉴国、杨克：《论补缺型福利制度的特征》，《福建论丛》2011 年第 10 期。

15. 高灵芝：《城市边缘社区福利：困境与出路》，《社会科学战线》2008 年第 10 期。

16. 国家长期战略研究小组：《最严重的警告：中国社会不稳定的状况调查与分析》，《书摘》2008 年第 1 期。

17. 姜又春：《家庭社会资本与"留守儿童养育的亲属网络"》，《南方人口》2007 年第 3 期。

18. 景天魁：《底线公平与社会保障的柔性调节》，《社会学研究》2006 年第 6 期。

19. 景天魁、毕天云：《从小福利迈向大福利：中国特色福利制度的新阶段》，《理论前沿》2008 年第 11 期。

20. 景天魁：《底线公平：和谐社会的基础》，北京师范大学出版社 2009 年版。

21. 江立华：《乡村文化的衰落与留守儿童的困境》，《江海学刊》2011 年第 4 期。

22. 李立国：《发展社会福利 促进社会公平》，《中国民政》2004 年第 11 期。

23. 李立国：《打造新平台、促进儿童福利事业发展》，《中国民政》2009 年第 12 期。

24. 李迎生：《从分化到整合：二元社会保障体系的起源、改革与前瞻》，《教学与研究》2002 年第 8 期。

25. 李迎生：《中国社会保障制度改革的目标定位新探》，《社会》2006 年第 2 期。

26. 李强：《完善社会学的定量研究和定性研究》，《中国社会科学报》2009 年 10 月 18 日。

27. 林卡：《东亚生产主义社会政策模式的产生和衰落》，《江苏社会科学》2008 年第 4 期。

28. 林闽钢、王章佩：《福利多元化视野中的非营利组织研究》，《社会科学研究》2001 年第 6 期。

29. 林闽钢：《中国适度普惠型社会福利体系发展战略》，《中共天津市委党校学报》2011 年第 4 期。

30. 刘继同：《社会福利与社会保障界定的"国际惯例"及其中国版涵义》，《学术界》2003 年第 2 期。

31. 刘继同：《国家与社会：社会福利体系性变迁规律与制度框架特征》，《社会科学研究》2006 年第 3 期。

32. 刘继同：《社会转型期儿童福利的理论框架与政策框架》，《中国青年研究》2008 年第 7 期。

33. 刘志军：《留守儿童：基于一个村落的人类学研究》，《中南民族大学学报》2008 年第 3 期。

34. 刘霞、赵景欣、申继亮等：《初中留守儿童社会支持状况的调查》，《中国临床心理学杂志》2007 年第 2 期。

35. 陆士桢：《简论中国儿童福利》，《华中师范大学学报》1997 年第 6 期。

36. 陆士桢、常晶晶：《简论中国儿童福利与儿童福利政策》，《中国青年政治学院学报》2003 年第 1 期。

37. 埋桥孝文：《再论东亚社会政策》，《社会保障研究》2006 年第 2 期。

38. 米红、王丽郦：《从覆盖到衔接：论中国和谐社会保障体系"三步走"战略》，《劳动保障世界》2010 年第 1 期。

39. 纽曼：《社会研究方法：定性与定量的取向》，郝大海译，中国人民大学出版社 2011 年版。

40. 潘璐、叶敬忠：《农村留守儿童研究综述》，《中国农业大学学报》2009 年第 2 期。

41. 彭华民、黄叶青：《福利多元主义：福利提供从国家到多元部门的转型》，《南开学报》2006 年第 6 期。

42. 彭华民：《福利三角中的社会排斥——对中国城市新贫困社群的一个实证分析》，世纪出版集团 2008 年版。

43. 彭华民、万国威：《从沉寂到创新：中国社会福利 30 年之学术轨迹审视》，《东岳论丛》2010 年第 8 期。

44. 彭华民：《论需要为本的社会福利转型的目标定位》，《南开学报》2010 年第 4 期。

45. 彭华民：《中国组合式普惠型社会福利制度的构建》，《学术月刊》2011 年第 10 期。

46. 钱宁：《社会正义、公正权利与集体主义——论社会福利的政治与道德基础》，社会科学文献出版社 2007 年版。

47. 秦亚青：《国际关系的定量研究和事件分析方法》，《中国社会科学》2005 年第 1 期。

48. 青连斌：《我国新农村建设的难点重点》，《科学社会主义》2006 年第 1 期。

49. 尚晓援：《"社会福利"与"社会保障"再认识》，《中国社会科学》2001 年第 3 期。

50. 尚晓援：《建立国家主导的新型儿童福利制度》，《社会福利》2010 年第 12 期。

51. 尚晓援：《中国儿童福利政策的重大突破与发展方向》，《社会福利》2011 年第 1 期。

52. 唐钧：《中国需要适度普惠的儿童福利政策》，《中国社会保障》2011 年第 6 期。

53. 田毅鹏：《东亚"新公共性"的构想及其限制》，《吉林大学社会科学学报》2005 年第 6 期。

54. 田毅鹏、吕方：《单位社会的终结及其社会风险》，《吉林大学社会科学学报》2009 年第 6 期。

55. 田毅鹏、刘杰：《"单位社会"历史地位的再评价》，《学习与探索》2010 年第 4 期。

56. 田凯：《机会与约束：中国福利制度转型中非营利部门发展条件的分析》，《社会学研究》2003 年第 2 期。

57. 田北海：《社会福利概念辨析》，《学术界》2008 年第 2 期。

58. 田北海：《社会福利社会化的困境与出路》，《社会》2008 年第 6 期。

59. 万国威：《"东亚福利体制"的内在统一性：以东亚六地区为例》，《人口与经济》2011 年第 1 期。

60. 王思斌：《当前我国社会保障制度的断裂与弥合》，《江苏社会科学》2004 年第 3 期。

61. 王思斌：《我国适度普惠型社会福利制度的建构》，《北京大学学报》2009 年第 3 期。

62. 王思斌：《改革中弱势群体的政策支持》，《北京大学学报》2003 年第 6 期。

63. 王海燕：《家庭福利政策的选择——转型期日本社会福利政策调整的圭臬》，《社会保障研究》2005 年第 2 期。

64. 汪明、罗汉书：《构建农村留守儿童教育保护体系》，《国家教育行政学院学报》2007 年第 6 期。

65. 韦克难：《我国城市社区服务弱可获得性的实证分析》，《社会科学研究》2013 年第 1 期。

66. 吴鲁平：《志愿者的参与动机：类型、结构》，《青年研究》2007 年第 5 期。

67. 吴炜、朱力：《农民工住房福利现状与政策走向》，《长白学刊》2012 年第 2 期。

68. 夏学銮：《构建整合社会福利制度探讨》，《北京大学学报》2006 年第 3 期。

69. 肖正德：《我国农村留守儿童教育问题的研究进展》，《社会科学战线》2006 年第 1 期。

70. 熊跃根：《转型经济国家中的"第三部门"发展：对中国现实的解释》，《社会学研究》2001 年第 1 期。

71. 熊跃根：《国家力量、社会结构和文化传统——中国、日本和韩国福利范式的理论探索与比较分析》，《江苏社会科学》2007 年第 4 期。

72. 熊跃根：《需要、互惠与责任分担——中国城市老年人照顾的政策与实践》，世纪出版集团 2008 年版。

73. 徐月宾：《儿童福利服务的概念与实践》，《民政论坛》2011 年第 3 期。

74. 薛在兴：《美国儿童福利政策最新变革与评价》，《中国青年研究》2009 年第 2 期。

75. 杨团：《一场新的慈善革命："慈善资本主义"与公益伙伴关系》，《学习与实践》2007 年第 3 期。

76. 杨菊花：《人口学领域的定量研究过程与方法》，《人口与经济》2008年第 1 期。

77. 野口定久：《建设东亚福祉社会的观点》，《社会保障研究》2010 年第 2 期。

78. 叶敬忠、王伊欢、张克云等：《父母外出务工对留守儿童生活的影响》，《中国农村经济》2006 年第 1 期。

79. 叶仁荪、曾国华：《国外亲属抚养与我国农村留守儿童问题》，《农村经济问题》2006 年第 11 期。

80. 叶齐华：《社会研究方法实践与思考——运用定量和定性方法探究中国家庭暴力问题》，《华中师范大学学报》2011 年第 2 期。

81. 尹蔚民：《建立覆盖城乡居民的社会保障体系》，《求是》2010 年第 24 期。

82. 岳颂东：《中国社会福利体制的改革》，《管理世界》1991 年第 4 期。

83. 岳经纶：《共和国 60 年公共政策变迁》，《湖湘论坛》2009 年第 4 期。

84. 岳经纶：《个人社会服务与福利国家：对我国社会保障制度的启示》，《学海》2010 年第 4 期。

85. 曾华源、郭静晃：《少年福利》，亚太出版社 1999 年版。

86. 张梦中、霍哲：《定性研究方法总论》，《中国行政管理》2001 年第 11 期。

87. 张秀兰、徐月宾：《我国社会福利社会化的目标及途径探讨》，《江苏社会科学》2006 年第 2 期。

88. 张秀兰：《改革开放 30 年：在应急中建立的中国社会保障制度》，《北京师范大学学报》2009 年第 2 期。

89. 张秀兰、方黎明、王文君：《城市家庭福利需求压力和社区福利供应体系建设》，《江苏社会科学》2010 年第 2 期。

90. 张克云、叶敬忠：《留守儿童社会支持网络的特征分析》，《中国青年研究》2010 年第 2 期。

91. 张结海、徐安琪：《家庭结构与未成年子女的福利》，《中国人口科学》2003 年第 6 期。

92. 张晓霞：《美法两国儿童福利制度的差异比较》，《社会》2003 年第 6 期。

93. 郑功成：《从高增长低福利到国民经济与国民福利同步发展》，《天津社会科学》2010 年第 1 期。

94. 郑功成：《中国社会保障改革与未来发展》，《中国人民大学学报》2010 年第 5 期。

95. 郑功成：《中国社会福利改革与发展战略：从照顾弱者到普惠全民》，《中国人民大学学报》2011 年第 2 期。

96. 中国发展研究基金会：《中国发展报告 2008/2009：构建全民共享的发展型社会福利体系》，中国发展出版社 2009 年版。

97. 周福林、段成荣：《留守儿童研究综述》，《人口学刊》2006 年第 3 期。

98. 周福林：《从已婚妇女的子女状况看留守儿童的形成》，《统计研究》2008 年第 6 期。

99. 周沛：《论社会福利的体系构建》，《南京大学学报》2007 年第 6 期。

100. 周镇欧：《儿童福利》，巨流图书出版社 1996 年版。

英文文献部分

1. Adalbert Evers, *Shifts in the Welfare Mix: Introducing a New Approach for the Study of Transformations in Welfare and Social Policy*, Vienna: Eurosocial, 1988.

2. Adalbert Evers, Ivan Svetlik, *Banlancing Pluralism: New Welfare Mixes in Care for the Elderly*, London: Averbury, 1993.

3. Adalbert Evers, "Civicness and Civility: Their Meanings for Social Services", *Voluntus*, Vol. 20, No. 6, June 2009.

4. Barber Robert, *The Social Work Dictionary 4th Edition*, Washington D. C. : NASW Press, 1999.

5. Bureau of Public Assistance, *Social Welfare Administration in the United States of America*, Washington D. C. : Social Security Administration, 1950.

6. Costa Esping-Anderson, "Power and Distribution Regimes", *Politics and Society*, Vol. 14, No. 2, June 1985.

7. Costa Esping-Anderson, "Hybrid or Unique?: the Japanese Welfare State Between Europe and America", *Journal of European Social Policy*, Vol. 7, No. 3, June 1997.

8. Costa Esping-Anderson, "Two Societies, One Sociology, and No Theory", *The British Journal of Sociology*, Vol. 51, No. 1, August 2008.

9. Fridrich Hayek, *The Road to Serfdom*, London: Combridge University Press, 1944.

10. Geof Wood, Ian Gough, "A Comparative Welfare Regime Approach to Global Social Policy", *World Development*, Vol. 34, No. 10, October 2006.

11. Harold Wilensky, Charles Lebeaux, *Industrial Society and Social Welfare*, New York: The Free Press, 1965.

12. Ian Gough, *Social Policy Regimes in the Developing World*, Aldershot: Elderward Elgar, 2003.

13. Ian Holiday, "Productive Welfare Capitalism: Social Policy in East Asia", *Political Studies*, Vol. 48, No. 4, September 2000.

14. Ivan Svetlik, "The Future of Welfare Pluralism in the Post Communist Countries", *European Center for Social Welfare Policy and Research*, Vol. 15, No. 7, July 1991.

15. James Midgley, *Social Welfare in Global Content*, London: Sage, 1997.

16. Janice Morse, "Approaches to Qualitive-quantitative Metherdological Traingulation", *Nursing Research*, Vol. 40, No. 2, 1991.

17. Jean-Louis Laville, "Childcare and Welfare Mix in France", *Annals of Public and Coororative Economics*, Vol. 74, No. 4, 2003.

18. Jenson Jane, *Redesigning the Welfare Mix for Famillies: Policy Challenges*, Disscution Paper F | 30 Fammilly Network, Canadian Policy Research Netswork Inc. , Ottawa, Febrary 2003.

19. Jin-Wook Kim, "Dynamics of Welfare Mix in the Republic of Korea: An Expenditure Study Between 1990 to 2001", *International Social Security Review*, Vol. 58, No. 4, April 2005.

20. John Wolfenden, *The Future of Voluntary Organisations: Report of the Wolfenden Committee*, London: Croom Helm Ltd. , 1978.

21. Kathrin Komp, Theo van Tilburg, Marjolein Broese van Groenou, "Age, Retirement, and Health as Factorsin Volunteering in Later Life", *Nonprofit and Voluntary Sector Quarterly*, Vol. 41, No. 2, April 2012.

22. Linda Wong, "Privatization of Social Welfare in Post-Mao China", *Asian Survey*, Vol. 34, No. 4, April 2005.

23. Lin Ka, "Confucian Welfare Cluster: A cultural Interpretation of Social Welfare", Tampere: University of Tampere, 1999.

24. Lucas Meijs, "Changing the Welfare Mix: Going from a Corporatist to a Liberal Non-profit Regime", ISTR Sixth International Conference, Ryerson University and York University, Toronto, Canada, July 2004.

25. Luis Moreno, "Welfare Mix, CSR and Social Citizenship", *International Journal of Sociology and Social Policy*, Vol. 30, No. 11/12, November 2010.

26. Martin Kohli, "Private and Public Transfers Between Generations: Linking with the Familly and the State", *European Societies*, Vol. 1, No. 1, 1999.

27. Martin Powell, Martin Hewitt, "The End of Welfare State?", *Social Policy and Administration*, Vol. 32, No. 1, March 1998.

28. Martin Powell, Armando Barrientos, "Welfare Regimes and Welfare Mix", *European Journal of Political Research*, Vol. 43, No. 1, January 2004.

29. Martin Rhodes, "Southern European Welfare States: Identity, Problems and Prospects for Reform", *South European Society and Politics*, Vol. 1, No. 3, December 2009.

30. Mary Daly, *Care as a Good for Social Policy*, London: Cambridge University Press, 2002 .

31. Michael Moran, "Crisis of Welfare State", *British Journal of Political Science*, Vol. 18, No. 3, July 1988.

32. Milton Friedman, "The Social Responsibility of Business Is to Increase Its Profits", *The New York Times Magazine*, September 13, 1970. Column of Corporate Ethics and Corporate Government, pp. 173-178.

33. Neil Gilbert, "Remodeling Social Welfare", *Society*, Vol. 42, No. 7, July 1998.

34. Neil Johnson, "Problem for the Mixed Economy of Welfare", In Alan Ware & Robert Goodin (eds.), *Needs and Welfare*, London: Sage Publication Ltd., 1990.

35. Neil Johnson, *Mixed Economies of Welfare: A Comparative Perspective*, London: Prentice Hall, 1999.

36. Nick Fielding, "The Thatcher Audit", *New Statesman and Society*, Vol. 28, No. 11, November 1990.

37. Paul Dekker, Adalbert Evers, "Civicness and the Third Sector: Introduction", *Voluntus*, Vol. 20, No. 6, July 2009.

38. Peter Abrahamson, "Researching Poverty and Social Exclusion in Europe", *Journal of European Social Policy*, Vol. 13, No. 3.

39. Ramesh Mishira, *The Welfare State in Crisis: Social Thought and Social Change*, Sussex: Wheattsheaf Books, 1984.

40. Ralph M. Kramer, "A Third Sector in the Third Millenium", *International Journal of Voluntary and Nonprofit Organizations*, Vol. 11, No. 1, January 2000.

41. Richard Rose, "Common Goals but Different Roles: The State's Contribution to the Welfare Mix", In Richard Rose & Shiratori Rei (eds), *The Welfare State: East and West*, Oxford: Oxford University Press, 1986.

42. Richard Titmuss, "Welfare State and Welfare Society", *Nurthing Mirror and Midvives Journal*, Vol. 126, No. 10, 1968.

43. Sharon White, Greg Marston, Catherine McDonald, "The Role of Non-profit Orgniztions in the Mixed Economy of Welfare-to-Work in the UK and Austrilia", *Social Policy and Administration*, Vol. 45, No. 3, June 2011.

44. Sigrid Betzelt, *Activating Labour Market Policies and Their Impact on the Welfare Triangle and Social Inequality*, The ESP Anet Conference 2007, Vienna, September 2007.

45. Steve Rogowski, "Towards a hundred issues of Critical Social Policy", *Critical Social Policy*, Vol. 29, No. 3, July 2009.

46. William Robson, *Welfare State and Welfare Society: Illusion and Reality*, London: George Allen and Unwin, 1976.

47. UNICEF, "A League Table of Child Poverty in Rich Nations", Innocenti Report Card # 1. Florence, Innocenti Research Centre. 2000. http: // www. unicef-icdc. org.

48. Zsuzsa Szeman, Vera Gathy, "The Voluntary Sector in the Welfare Mix: The Hungarian Maltese Charity Service", *Journal of European Social Policy*, Vol. 3, No 1, Janaury 1993.

49. Zsuzsa Szeman, "The Welfare Mix in Hungry as a New Phenomenon", *Social Policy and Society*, Vol. 2, No. 2, Febrary 2003.

后　记

　　本书的基础是我在南开大学就读博士期间的毕业论文，后在兰州大学担任副教授期间进行了积极的整理和修改，历经三年时间今天终于付梓，在兴奋之余颇感做学问之艰难。同时，本书受到了南京大学彭华民教授主持的教育部重大攻关项目"中国适度普惠型社会福利理论和制度构建研究"（项目编号10JZD0033）的资金支持，并有幸成为其重要的阶段性成果，在此谨向不断支持我的导师彭华民教授致以最高的敬意与感谢。

　　与西方健全的社会福利制度相比，中国社会福利制度尚处于起步阶段，不但各项民政福利事宜仍然保留着"补缺型"的制度特点，而且在福利危机之后去积极推动中国民政福利制度的转型在政策层面也颇为不易。更为重要的是，中国有关民政福利转型的研究在学术界也未能得到认真的对待，相比于社会保险、社会救助等热点领域，对于中国民政福利予以认真思考的学者还非常匮乏，研究成果也非常单薄。然而，中国社会福利学科的发展不仅仅需要急功近利的政策追随者，还需要具有社会担当精神和学术耐力的守望者，更需要青年学者以前瞻性的眼光对中国潜在制度的构建赋予拳拳期盼与孜孜热情。鉴于此，本书所选择的路径并非传统社会保障领域的热点议题，而是试图通过管窥留守儿童的福利问题来推动中国民政福利的长期转型，并期待为10年后到来的"普惠型"社会福利制度的构建提供早期的积淀。

　　本研究的切入点是留守儿童的福利问题，并利用福利多元框架论证了中国当前社会福利体系的制度局限和未来走向。之所以选择该议题进行研究，一是因为留守儿童作为规模达到数千万的困境儿童业已成为我国城镇化过程中的重要利益受损者，另一方面也是源于我在四川调研期间深刻感受到的该群体在生存、发展、参与和被保护方面的种种艰困局面，因而研究选题本身不但有很强的理性因素，也掺杂着个人的感情期盼。从当前的研究来看，学者们虽然自 2005 年以来对留守儿童问题给予了高度的关注，并形成了大量的实证性研究，但是绝大多数研究都侧重于对该群体可能遭受到的"问题"进行探讨，很少有学者去考虑城镇化因素以外的制度"诱因"，因而不得不说相关研究还未能解答我心中的诸多疑惑。本书的最大创新之处在于打破当前留守儿童研究过程中只强调弱势现象而忽视弱势原因的学科陋习，而是希望通过实证调研深入考察留守儿童陷入福利困境的真实诱因，进而反思中国社会福利制度在设计过程中可能存在的反向剥夺。换言之，作者希望本成果不仅仅能够唤起读者对于留守儿童的同情心，更希望使大家去真诚反思社会发展过程中的平衡性问题。

值得一提的是，在书籍的写作过程中两个理论基础给了我很多灵感。一是社会福利理论的争议。由于中国在制度层面上存在着"补缺型"与"普惠型"的差异，在学理层面存在着"小福利"和"大福利"的争议，使得作者在阅读相关资料的早期阶段往往容易陷入迷茫，"能否对话？""与谁对话？"及"怎么对话？"一直成为萦绕我博士阶段的重要问题。厘清思绪以后，作者认为"普惠型"社会福利制度应当成为我国未来民政福利的改革方向，社会福利界定方式的差异实际上代表着现实与未来制度设计中的潜在不同，而学术互动正是在这种争鸣中才得以发展。二是福利多元主义的范式。自 20 世纪 70 年代末逐步形成该理论以来，以福利多元主义为依托的研究正在从一种理论解释走向一种分析框架，这使得利用福利多元框架展开的分析能够更好地应用于实践。本研究通过福利多元主义范式的运用，既有利用实证调查资料独立成文的意图，更希望最大限度地启发中国视域下的相关研究，成为青年学者利用福利多元主义范式的一个样本。

当然，研究不得不在这里特别感谢过去八年间对本书付出宝贵心血的老师和家人，没有他们就不会有本书的出版。首先，我的导师彭华民教授在论文撰写期间对我的关心、鼓励、督促和厚爱已经印入我的脑海，成为我此生最为宝贵的财富。由于特殊的原因，我不能陪伴在她身边加以照顾，不能亲自跟随她学习很多做人的道理，这可能也是我这几年来最大的遗憾。同时，我还要感谢在我论文行文或修改过程中给予帮助的关信平老师、王思斌老师、李迎生老师、岳经纶老师、田毅鹏老师、青连斌老师、赵万里老师、王楚辉老师和宣朝庆老师，感谢各位老师对我的不断批评和指正。当然，还有我亲爱的爸爸妈妈，父母对我学术生涯的支持是一如既往的，他们无怨无悔的付出成为我追逐学术梦想的宝贵财富，我也希望未来通过不断的努力让他们见证我的成长。

在本书出版之际，我将重新回归南开大学周恩来政府管理学院担任副教授。想起三年前，当我带着依依惜别之情以博士毕业生的身份从天津奔赴兰州时，兰州大学管理学院领导和老师们对我的垂爱让我快速融入了管院的大家庭。在这三年中，管理学院领导、老师和同学对我关怀备至、呵护有加，不但给予了我在学术上深深的帮助和暖暖的勉励，而且给我提供了不断进步的学术动力和交流空间，因此在这里也谨向积极培育我的管理学院给予深深的感谢。时光荏苒，白驹过隙，三年的时光如梭一般匆匆走过，如今我将重新回到母校，期待在母校南开大学能够以更加昂扬的斗志不断地推动中国社会福利制度的进步。

万国威

2016 年 4 月 1 日